OSSIAN,

SUIVI DES

VEILLÉES POÉTIQUES.

AMIENS. — IMPRIMERIE DE CARON-DUQUENNE,
IMPRIMEUR DU ROI.

OSSIAN,

BARDE DU TROISIÈME SIÈCLE.

POÉSIES GALLIQUES EN VERS FRANÇAIS,

SUIVI DES

VEILLÉES POÉTIQUES;

PAR BAOUR-LORMIAN,

DE L'ACADÉMIE FRANÇAISE.

Cinquième Édition,

ORNÉE DE DEUX SUPERBES GRAVURES.

48876.

PARIS,

CHEZ P. J. GAYET, LIBRAIRE-ÉDITEUR,

RUE DAUPHINE, N°. 20.

1827.

NOTE EXPLICATIVE.

Fingal, roi de Morven, était fils de Comhal. Il eut deux femmes, Roscrana et Clatho. La première le rendit père d'Ossian, de Rino, de Fergus, d'une fille nommée Bosmina ; et la seconde, de Fillan (en prononçant ce nom il ne faut point mouiller les *ll*).

Dans la lecture de ses poésies il ne faut point oublier qu'Ossian est toujours en scène, et qu'il se désigne lui-même par différentes qualifications, telles que le père d'Oscar, le vieillard de Selma, le roi des concerts, etc.

Ossian n'eut qu'un fils appelé Oscar ; il lui donna pour épouse Malvina, fille de Toscar ; et, après la mort de ce fils tant aimé, il adressa à sa veuve la plupart des poëmes qu'il composa pour charmer les ennuis de sa vieillesse et de sa cécité.

DISCOURS
PRÉLIMINAIRE.

Les hymnes d'un chantre sauvage se sont conservés jusqu'à nous. Quinze siècles ont respecté ce monument, irrégulier sans doute, mais majestueux, mais hardi comme la nature du Nord. Les Français lisent Ossian : ils admirent son génie brut, ses couleurs fortes, sa touche sombre ; et cependant ils lui reprochent des incohérences, des répétitions. Qu'en faut-il conclure contre son second traducteur? rien, ce me semble. Les chants du barde étaient encore inconnus parmi nous lorsque Letourneur les publia. Cet écrivain dut les offrir à notre nation dans leur état primitif, ou du moins tels qu'il les avait reçus; il dut les considérer comme une mine qu'il fallait d'abord exploiter tout entière, pour séparer ensuite l'alliage du métal. Mais ce qui fut sous sa plume une utile fidélité n'eût été de ma part qu'une aveugle condescendance. Aussi n'ai-je pas travaillé sur le même plan. Il traduisit, et j'imite ; il conserva tout, et je choisis ; il voulut faire connaître Ossian, et je tâche d'atténuer ses défauts, sans modifier en rien ses traits caractéristiques.

Malgré cela, beaucoup de gens, certains littérateurs sur-tout, penseront que j'ai trop fait encore. Mes vers, cités à leur tribunal, n'y seront pas plus heureux que la prose de Letourneur. Ils y trouveront aussi du désordre et de la monotonie. Je suis loin de m'en affliger. Mon modèle n'eût plus été lui, si j'avais totalement fait disparaître ses imperfections. Elles sont inhérentes à son ouvrage ; elles tiennent aux lieux, aux climats qui les virent naître. Ossian, étranger aux arts et séparé du reste du monde, chante au milieu des frimas, et, pour ainsi dire, du chaos. La nature qui l'environne offre sans cesse à ses yeux des monts stériles ; les pertes qu'il fait dans les combats affligent sans cesse son ame : et il ne peint que ce qu'il voit ; il n'exprime que ce qu'il sent. Détruisez l'uniformité, l'irrégularité de ses tableaux ; ajoutez aux maximes simples de sa morale, et vous aurez presque un poète de la cour d'Auguste, un philosophe du dix-huitième siècle.

« Dans ce cas, diront ses détracteurs, il
» ne fallait pas le reproduire : on commen-
» çait à l'oublier, et notre littérature n'y per-
» dait rien, ou très-peu de chose. » Tout me paraît injuste dans cette assertion : je vais y répondre par quelques détails; cinq ans d'examen m'en donnent peut-être le droit.

Sans doute Ossian se répète. Mais ne nous répétons-nous pas dans nos poésies descriptives? nos sites champêtres n'y sont-ils pas éternellement mis à contribution ? n'y rencontrons-nous pas à chaque page les bergers, les troupeaux, les ruisseaux, le zéphyr, le gazon, la rose ? Et, puisque nous tolérons ces peintures, qui certes n'ont pas pour elles le charme de la nouveauté, pourquoi ne pardonnerions-nous pas au poète écossais ses torrents, ses neiges, ses bruyères ? Quoi qu'en dise la prévention, le premier de ces deux genres n'a pas tous les avantages. L'un retrace ce qui est sous nos yeux; l'autre, ce que nous n'avons jamais vu : celui-là procure aux sens des émotions douces ; celui-ci élève l'ame, il la fortifie, il l'habitue à lutter contre le malheur, il la prépare aux vicissitudes de la vie par le spectacle du désordre des éléments. Observons d'ailleurs que si le barde emploie les mêmes images plus souvent que les poètes français, il raconte aussi beaucoup plus qu'eux, et brise l'uniformité de ses descriptions par la variété de ses récits. Lorsqu'il a rassemblé dans ses chants les objets inanimés dont l'attrait le touche, ou dont l'horreur l'épouvante, il évoque les héros, il les suit au sein des périls, il énumère leurs exploits, il raconte de quelle manière leur valeur a succombé, et se montre ainsi tour-à-tour peintre, poète et historien. D'un autre côté, le défaut d'ordre se ferait peut-être moins sentir dans ses ouvrages, si M. Macpherson, en visitant le nord de l'Écosse et les îles Hébrides, n'eût recueilli dans la bouche des montagnards tout ce qui semblait, au premier coup d'œil, porter l'empreinte de l'Homère écossais. Plusieurs journalistes étrangers le lui reprochèrent dans le temps ; et l'on serait tenté de croire qu'ils n'eurent pas tort, lorsqu'on examine de près la collection que l'Europe doit à ses recherches. Non, celui qui a fait *Minona, Carthon, Témora, Lorma*, etc., ne peut être auteur de *Catloda* et de *Fingal*. Ces derniers poëmes sont un long tissu d'incohérence ; et dans les premiers les idées se lient comme les faits, les transitions sont bien ménagées, l'intérêt suit la marche progressive. On voit, en les analysant, que le barde tient toujours en main le fil de la méthode naturelle. Il faut nécessairement, ou qu'on lui ait attribué quelques essais de ses successeurs, ou que ses propres chants aient subi de grandes altérations ; ce qui est encore plus présumable après une durée de quinze siècles. Quoi qu'il en soit, ses détracteurs veulent faire entendre qu'il ne sait jamais ni d'où il vient, ni où il va ; et sa marche est souvent aussi directe, aussi sûre que celle de nos bons auteurs.

En un mot, on outre le blâme : je ne veux pas outrer l'éloge ; mais je dois dire qu'Ossian étonne à-la-fois par la pompe des images, par la grandeur des sentiments, et par le charme des fictions. Lorsqu'on examine attentivement ses tableaux, on s'oublie, on se transporte dans les contrées qu'il habita; on voit le mont escarpé, le pin solitaire, la sombre forêt; on entend l'aboiement du dogue, le cri de l'aigle; on marche au fracas du torrent, aux lueurs de la tempête; et, quand l'illusion finit avec la peinture, on ne croit pas avoir lu, il semble qu'on ait rêvé.

Quoi de plus pur que sa morale? Quel héros de l'antiquité l'emporte sur lui en affections louables, en dévouement magnanime? Que fait-il lorsqu'un roi, sauvé par ses armes, lui offre sa fille éprise d'un autre guerrier? Il surprend le secret de celle-ci, renonce à ses droits, et, quoique sensible à ses attraits, l'unit au brave qu'elle aime. L'ennemi qui le défiait, l'étranger superbe est-il abattu, au lieu de lui donner la mort il lui tend la main. Mathos rentre-t-il dans Selma avec l'épouse qu'il a ravie en violant l'hospitalité, il arme Fingal d'un front sévère, il lui prête des accents terribles; il accuse, il épouvante, il accable le ravisseur. Le meurtrier de son fils, l'assassin de son cher Oscar lui demande-t-il, par l'organe de Cathmor, l'entrée du palais des vents; aux soupirs de son ombre plaintive, il oublie ses attentats, et fait chanter son hymne funèbre. Il ne croit jamais que la vengeance ait le droit de s'étendre au-delà du tombeau. Il prise l'humanité, la foi, la piété, presque autant que le courage. Quoique sa vie s'écoule dans les combats, quoiqu'il se joue des périls, et ne connaisse qu'une gloire, il commence toujours la guerre par des propositions de paix; il prévient l'effusion du sang par tous les moyens compatibles avec la fierté de son caractère et la trempe de ses mœurs. Ses hymnes, lorsqu'il les composa, durent inspirer la vertu : de nos jours, ils la supposent dans ceux qui se plaisent à les lire ; et s'il était un héros qui aimât Ossian comme Alexandre aimait Homère, je répondrais par cela même de la bonté de son cœur.

Les dieux de la Grèce ont vieilli ; l'imagination s'est lassée de les trouver, de les admirer par-tout sous leurs innombrables formes. La mythologie d'Odin révolte même les peuples du Nord; ils ne peuvent songer sans horreur à son Vaxhalla, palais effroyable où le destin des guerriers est de se ranger en bataille, de se tailler en pièces, de renaître pour s'égorger de nouveau, et de boire la bière forte dans le crâne sanglant d'un ennemi. Le seul avantage de ces horribles fictions est d'accoutumer aux périls et de fortifier la valeur. Tel est aussi le but que se propose d'atteindre et qu'atteint en effet la mythologie d'Ossian. Mais il n'a pas besoin pour cela de constituer l'homme en éternel état de guerre ; aucune goutte de sang ne rougit son palais aérien ; les héros n'y conservent leurs boucliers et leurs lances qu'en mémoire de leurs combats et de leurs triomphes ; ils s'y réconcilient avec ceux qu'ils ont jadis détestés et combattus ; ils y retrouvent tous les objets de leurs affections. Le dirai-je ? sous le rapport mythologique, Ossian ne l'emporte pas seulement sur Odin, il peut encore être mis en parallèle avec les Grecs. Les Grecs puisèrent leurs fictions dans leur esprit ; Ossian trouva les siennes dans son cœur. Ses ombres durent avoir sur les choses d'ici-bas plus de pouvoir que n'en obtinrent leurs dieux ; elles y tenaient par des rapports plus directs; elles s'y rattachaient par des nœuds plus forts. Un père, du haut d'un nuage, appelant son fils aux exploits, et lui donnant pour exemple sa propre vie, était sans doute mieux écouté que Mars agitant son panache d'or. Quelque belle que fût Vénus, elle ne pouvait, aux yeux d'un amant, égaler les charmes d'une amante. D'ailleurs les divinités du paganisme ne s'offraient pas sous des traits connus; il fallait les deviner en partie : il était même difficile de saisir leurs vrais attributs; ils variaient à l'infini; chaque poète les modifiait selon son caprice ou son goût; on mettait en problème jusqu'à l'origine des personnages célestes; on ne savait comment concilier leurs passions, et servir l'un sans déplaire à l'autre; on ignorait lequel était le plus vénérable du Ciel ou de Jupiter, lequel était le plus vil de Mercure ou de Vulcain, laquelle était la plus chaste de Minerve ou de Diane. Les dieux du second ordre n'inspiraient que peu de crainte; les demi-dieux, que peu de respect : tous prenaient part aux faiblesses, aux passions humaines; et, dans ce conflit, dans ce chaos, l'homme hésitait, incertain de ses devoirs comme de leurs droits. Combien la mythologie du barde est plus simple, plus naturelle, plus consolante sur-tout? Qu'est l'Élysée, par exemple, auprès du palais aérien? Connaît-on d'avance les êtres qu'on y trouvera? Prévoit-on d'une manière positive les décisions de Minos? Non, sans doute; l'incertitude arrête la consolation; et quand on perd un objet aimé, on peut craindre de le perdre pour toujours. Trois juges infernaux prononcent ici sur les destinées de l'autre vie; là, au contraire, ce sont les vivants qui règlent l'avenir des morts. Celui qui fut brave, généreux, hospitalier, peut quitter la terre sans effroi; son hymne funèbre est chanté, ses amis le reverront, ou plutôt ils ne cesseront pas de le voir. Il va devenir leur conseiller, leur régulateur suprême. Il leur apparaîtra, tantôt satisfait et porté sur un nuage radieux, tantôt menaçant, entouré d'éclairs, assis sur le char des tempêtes. Les leçons qu'il leur donnera seront d'autant plus faciles, d'autant plus douces à suivre, qu'il les pratiqua sous leurs yeux. Voilà la plus belle de toutes les conceptions fabuleuses. Elle n'offre rien de compliqué, rien de vague ; elle nous donne pour guides ceux que nous avons chéris, pour modèles ceux que nous avons admirés; elle n'impose à l'homme aucun effort surnaturel ; elle le rend meilleur dans ce monde, et lui fait jouer dans l'autre un rôle presque divin.

La position d'Ossian ajoute encore à l'intérêt de ses poëmes. Les ténèbres qu'il peint l'entourent de leurs horreurs, il est aveugle; il a pris part aux combats qu'il chante ; il a perdu tous ses amis; Malvina seule lui reste. Il n'a que son bras pour le soutenir, que sa voix pour le consoler. Il gémit comme frère, comme père, comme fils. Le souvenir de ses malheurs se mêle sans cesse au souvenir de ses exploits. Le passé, le présent l'accablent. Sa harpe est humide de pleurs, chacun de ses sons est un sanglot. Aussi n'est-ce pas à l'esprit, c'est au cœur à le juger.

HYMNE DU SOIR.

L'ombre à peine voile les cieux :
Des temps évanouis la splendeur éclipsée
    Se retrace dans ma pensée,
Et m'inspire des chants dignes de mes aïeux.
Tout repose ou se tait... Les harpes suspendues
    Languissent détendues.
Dernier fils d'un héros que la gloire enflamma,
Mes pas silencieux se traînent dans Selma (1);
Selma, palais des rois, asile des conquêtes,
Fingal n'invite plus l'étranger à tes fêtes ;
Tes murs harmonieux, par la mousse couverts,
Ne retentissent plus du doux bruit des concerts.
Les braves ont vécu; Fingal même succombe :
Autour de moi tout dort du sommeil de la tombe...
Et je ne puis mourir! et ma plaintive voix
Dit aux siècles futurs nos antiques exploits!
Quand la reine des nuits ne brille point encore,
Quand sous l'obscurité la fleur se décolore,
Que les vapeurs du soir, comme un nuage épais,
Enveloppent les monts, les lacs et les forêts,
De mon génie éteint le flambeau se rallume :

Le besoin de chanter m'embrase et me consume.
La tendre Malvina, charme de mes vieux jours,
De son bras attentif me prête le secours :
Elle guide Ossian au pied du roc sauvage ;
Il s'assied sous un chêne au mobile feuillage.
De mon destin alors s'adoucit la rigueur :
Une puissante voix vient réveiller mon cœur ;
C'est la voix du passé... Les siècles mémorables
Se pressent sous mes yeux, chargés de faits brillants ;
Soudain je les recueille, et mes chants favorables
Éternisent le nom de mille chefs vaillants.
Non, du ruisseau fangeux ils ne sont point l'image,
Ces chants qui de Lutha rappellent les concerts ;
Doux et mélodieux, ils enchantent les airs.
O terre de Lutha ! que j'aime ton rivage,
Quand la veuve d'Oscar, sous ses doigts vagabonds,
  Anime la harpe sonore !
Ses accords amoureux réjouissent les monts.
Aimable Malvina, toi que le Barde implore,
  Prête l'oreille à ses accents :
Fille charmante, accours ; viens ranimer encore
Les feux de mon génie affaibli par les ans.

OÏNA.

Je n'étais point encore appesanti par l'âge,
Fingal arme mon bras : il commande ; et soudain
Mes rapides vaisseaux, sous un ciel sans nuage,
Voguent vers Inistore aux lueurs de Cathlin (2).
J'allais du vieux Malor dissiper les alarmes :
La guerre rugissait au bord de ses torrents ;
Une étroite amitié, que respectaient les ans,
Aux armes de mon père avait uni ses armes.
J'arrive : il reconnaît l'étendard des héros ;
Et, me tendant la main, il m'adresse ces mots :
« Fils du roi de Morven, sur mes vertes collines
 » Quel esprit a guidé tes pas?
» Chef du sauvage Ullin (3) et des plaines voisines,
» Dunthalmon de ma fille adorait les appas :
» Je n'ai pu l'accorder à son impatience ;
 » Nos pères étaient ennemis (4).
» Mais dix mille guerriers, à ses ordres soumis,
» Sur nos bords malheureux promènent la vengeance.
» Seul, privé des secours qui me furent promis,
» J'ai voulu réveiller la foi de mes amis ;
» Mais tous, fermant l'oreille à ma voix importune,

» Ont oublié Malor au jour de l'infortune.
— » Tes maux me sont connus ; je viens les soulager,
» Et servir de mon bras ta cause glorieuse ;
» Ne crois pas qu'Ossian soit une ombre trompeuse
» Qui se dissipe et fuit à l'aspect du danger.
» J'ai promis à Fingal de veiller sur ta tête :
» Il se souvient encor du jour où la tempête
» Le jeta sur ces bords témoins de ta splendeur.
» Tes secours, tes présents, charmèrent sa douleur :
 » Tu le fis asseoir à ta fête ;
» Mais sa reconnaissance égale sa valeur.
» De Trenmor dans mes mains tu vois briller l'épée :
 » Si j'en crois ma fougeuse ardeur,
» Ton attente, Malor, ne sera point trompée.
— » Des guerriers de Morven je connais le pouvoir.
» Fils d'un roi généreux, appui de la faiblesse,
» Tu fais luire à mon ame un doux rayon d'espoir ;
 » Ta voix console ma tristesse :
» Tel daigne nous parler l'orageux Cruthloda (5),
» Lorsque, resplendissant des feux du météore,
» Sa voix vient réjouir les vallons du Loda,
» Et fait taire les vents sur les rocs d'Inistore (6).
» Cependant l'aigle altier abandonne les airs ;
 » Déjà la nuit, taciturne, voilée,
» Commence à parcourir sa carrière étoilée.
» Viens t'asseoir dans mes tours, noble enfant des concerts
Je le suis. A ma vue Oïna se présente :
L'abattement se peint dans ses traits douloureux ;

Et sous ses doigts la harpe obéissante
    Pousse des soupirs langoureux.
Ses yeux d'azur, que voile un sinistre nuage,
Roulent, chargés d'amour, de tristesse et de pleurs :
Tels deux astres du soir brillent dans le feuillage,
Ou telles nous voyons, au pied du roc sauvage,
Les larmes du matin qui tremblent sur les fleurs.

    Le roi du jour s'apprêtait à répandre
    Sur l'horizon ses nouvelles clartés,
Que j'écoutais encor sa voix naïve et tendre.
Des cris tumultueux soudain se font entendre ;
La bataille et la mort grondent de tous côtés ;
Dunthalmon contre nous s'avançait dans la plaine.
Je vole ; et de mon œil enflammé par la haine,
S'échappent à-la-fois et la foudre et l'éclair.
En vain mille guerriers, sous un rempart de fer,
Veulent couvrir leur chef : il tombe, et je l'enchaîne
Le vieux roi satisfait me presse dans ses bras :
« Ossian, me dit-il, tu ne partiras pas
» Sans emporter le prix de ta noble vaillance :
» Ma fille doit payer ce que tu fis pour nous ;
» Sa beauté, sa candeur, son aimable innocence,
    » Réjouiront l'ame de son époux.
    » Je te la donne... Au lever de l'aurore
» Qu'elle vogue avec toi sur l'orageuse mer.
    » Pour ton bonheur que puis-je faire encore ?
    » De mes trésors accepte le plus cher. »

Pour la seconde fois sur la plaine glacée
La nuit sombre descend, de frimas hérissée ;
Mais le sommeil me fuit... Des sanglots douloureux
    Frappent mon oreille attentive :
C'est Oïna, solitaire et plaintive,
    Qui dans l'ombre chante ses feux.

    « Objet de mon unique amour,
» Sur ton rocher désert, le cœur rempli d'alarmes,
» Peut-être, de l'aurore implorant le retour,
    » Loin de moi tu verses des larmes.

    » Hélas ! tes vœux sont superflus.
» L'aurore renaîtra plus touchante et plus belle ;
» Mais ses jeunes rayons ne me trouveront plus
    » Dans la demeure paternelle.

    » Monts escarpés, sombres forêts,
» Solitaires vallons, noirs rochers, doux ombrages,
» Vous ne me verrez plus de mes rapides traits
    » Poursuivre les chevreuils sauvages.

    » O ma harpe ! qui tant de fois
» Adoucis les tourments de mon ame éperdue,
» Repose désormais dans l'asile des rois,
    » Silencieuse et détendue. »

Elle se tait. Soudain près d'elle je m'élance...

« Belle Oïna, lui dis-je, apaise tes douleurs ;
   » C'est à moi de sécher les pleurs
» Que fait couler une injuste puissance :
» Loin des chefs de Morven le barbare plaisir
» De presser dans leurs bras une vierge tremblante !
  » Fille des rois, ta beauté ravissante
» Dans mon cœur un moment éveilla le désir ;
   » Mais j'entends une voix sévère
» Qui me crie : Ossian, respecte le malheur !
  » Fils d'un héros, sois digne de ton père,
   » Étouffe une coupable ardeur.
» Tes larmes, Oïna, n'auront point été vaines :
» Je cède à Dunthalmon tous mes droits sans retour. »
Du guerrier à ces mots ma main brise les chaînes.
Pourquoi, dis-je à Malor, rompre ces nœuds d'amour ?
Dunthalmon avec gloire a fait briller sa lance.
  Si vos aïeux d'une auguste alliance
    Rompirent jadis les liens,
Maintenant de la haine ils ne sont plus la proie,
Et vident à longs traits la coupe de la joie
    Dans leurs palais aériens (7).

NOTES D'OÏNA.

(1) *Selma*, nom du palais de Fingal, roi de Morven, et père d'Ossian.

(2) *Cathlin*, nom de l'étoile du soir chez les Calédoniens. Voici, d'après Macpherson, les sept étoiles principales de ces peuples : *Caumathon*, Tête de l'ours; *Colderna*, Rayon oblique; *Uloicho*, Guide nocturne; *Cathiin*, Rayon des flots; *Reldurath*, Étoile du crépuscule; *Berthin*, Feu de la colline; *Tonthena*, Météore des vagues.

(3) *Ullin*, ancien nom de l'Ulster, partie de l'Irlande.

(4) Lorsque les ancêtres de deux guerriers avaient été désunis, leurs descendants héritaient de leur haine; elle se perpétuait jusqu'aux générations les plus reculées : les liens de l'amitié étaient également indissolubles. Deux Calédoniens se rencontraient-ils dans la mêlée, si leurs aïeux avaient été divisés, il n'en fallait pas davantage pour qu'il s'engageât entre eux un combat opiniâtre et mortel; si, au contraire, l'intelligence avait régné entre leurs familles, ils échangeaient leurs armes, et se juraient une éternelle amitié.

(5) *Cruthloda*, un des aïeux de Malor.

(6) *Inistore* était une des Orcades.

(7) Les Calédoniens croyaient que tous ceux qui s'étaient distingués par leur bravoure ou leur vertu habitaient après leur mort un palais de *nuages*; ils y conservaient tous leurs goûts, et s'y livraient aux mêmes plaisirs qu'ils avaient connus durant leur vie;

et comme la chasse était un des principaux, armés d'un arc de *neige*, ou d'une lance de *vapeurs*, ils poursuivaient, dans les vastes plaines du firmament, des chevreuils de *météores* et des sangliers de *brouillards*. Là s'éteignait tout sentiment de haine; les habitants du palais aérien apparaissaient quelquefois à leurs enfants et à leurs amis; ils disposaient à leur gré des éléments, déchaînaient les tempêtes, troublaient les mers, mais n'avaient d'ailleurs aucun pouvoir sur les hommes : ils étaient divisés en bons et mauvais esprits; les premiers ne se montraient qu'aux rayons d'un jour pur, sur le bord des ruisseaux, ou dans les riantes vallées; les seconds, au contraire, ne paraissaient qu'environnés d'éclairs, au bruit du tonnerre, et dans les nuits orageuses.

DARTHULA.

SUJET.

Cromnal, roi d'Étha, eut trois fils, Nathos, Ardan et Morar. Ils attaquèrent Caïrbar, usurpateur de l'Irlande, et le défirent dans plusieurs combats. Darthula, fille de Colla, roi de l'Ulster, était aimée de Caïrbar : mais elle vit Nathos, l'aima, et s'enfuit avec lui. Une tempête rejeta leur vaisseau sur les côtes mêmes où Caïrbar campait avec son armée. Les trois frères se défendirent long-temps avec courage; mais ils succombèrent enfin sous le nombre, et furent massacrés. L'infortunée Darthula se perça sur le corps de son cher Nathos.

OSSIAN.

Ainsi qu'une jeune beauté
Silencieuse et solitaire,
Des flancs du nuage argenté
La lune sort avec mystère.

Fille aimable du ciel, à pas lents et sans bruit,
Tu glisses dans les airs où brille ta couronne;

Et ton passage s'environne
Du cortége pompeux des soleils de la nuit.
Que fais-tu loin de nous quand l'aube blanchissante
Efface à nos yeux attristés
Ton sourire charmant et tes molles clartés?
Vas-tu, comme Ossian, plaintive, gémissante,
Dans l'asile de la douleur
Ensevelir ta beauté languissante?
Fille aimable du ciel, connais-tu le malheur?
Maintenant, revêtu de toute sa lumière,
Ton char voluptueux roule au-dessus des monts :
Prolonge, s'il se peut, le cours de ta carrière,
Et verse sur les mers tes paisibles rayons.

Nathos de l'Océan ouvre le sein humide ;
A ses côtés sont Ardan et Morar.
Les trois fils de Cromnal d'une course rapide
Se dérobent au trait du puissant Caïrbar.
Quelle est cette jeune étrangère
Qui des mers auprès d'eux brave les flots bruyants?
Ses longs cheveux en boucles ondoyants
Flottent sur sa taille légère...
C'est Darthula, l'amante de Nathos :
De Caïrbar elle fuit la tendresse,
Et ses regards où se peint la tristesse
Errent languissamment sur son jeune Héros.
O douleur! les vents infidèles,
Couple charmant, abusent votre espoir.

Ces monts chargés de glaces éternelles,
Ces ruisseaux que vos yeux viennent d'apercevoir.
Ne mouillent point Étha d'une onde fugitive ;
Les tours de Caïrbar pèsent sur cette rive ;
  Vous retombez en son pouvoir.
  Vous qui déçûtes leur attente,
 Vents du midi, que faisiez-vous alors ?
  Pourquoi sur nos paisibles bords
Dépouiller le chardon de sa robe piquante ?
Que n'alliez-vous enfler les voiles de Nathos ?
Que ne présentiez-vous à sa vue empressée
Et le toit paternel, et les riants coteaux
Où sa jeune valeur s'était tant exercée ?
Qu'aisément, ô Nathos ! tu maîtrisas le cœur
De la jeune beauté qui te suit et t'implore !
  Ton visage avait la douceur
  Des premiers rayons de l'aurore ;
  Tes cheveux passaient en noirceur
  L'aile du corbeau d'Inistore ;
  Le gazouillement des ruisseaux,
  Le doux murmure du zéphire
  Qui se joue entre les roseaux,
  L'air pur que le chasseur respire
  Assis le soir au bord des eaux,
  Sur les sens avaient moins d'empire
  Que les sons flatteurs de ta voix.
Mais quand dans les combats tu poursuivais les rois,
 Tu ressemblais à la mer irritée

Dont les vents orageux troublent le vaste sein ;
    Au bruit de tes armes d'airain
S'enfuyait des héros la foule épouvantée.
    Ce fut ainsi que te vit Darthula.
      Tranquille au palais de ses pères,
      D'un feu soudain elle brûla ;
Des pleurs d'amour mouillèrent ses paupières...
      Mais les vents ont trompé tes vœux,
O fille de Colla, tu t'égares dans l'ombre !
Arrêtez, vents jaloux ; silence, vague sombre ;
Laissez-moi recueillir ses accents douloureux.

DARTHULA.

Quelle clarté lutte avec les ténèbres ?
Entends-je de Nathos les torrents écumeux ?
    Revois-je Étha ? Ces tours funèbres,
    Sont-ce les tours de mes aïeux ?
Eh quoi ! Nathos me répond par des larmes...
Où sommes-nous ?

NATHOS.

    Auprès de Caïrbar,
Dans ses états : la nuit et le hasard
A de nouveaux périls vont exposer tes charmes.
    Non, Darthula, cette faible clarté
    N'éclaire point la salle de nos fêtes (1).

Nous revoyons Ullin, noir séjour des tempêtes :
Voilà de Caïrbar le palais détesté.
  Ardan, Morar, mes jeunes frères,
Descendez avec moi ; cherchons quelque sentier
  Qui nous dérobe aux fureurs meurtrières
   De cet homicide guerrier.
  Toi, Darthula, que ton cœur s'abandonne
  Au doux espoir ; il t'est encor permis :
A l'ombre de ce roc, loin de nos ennemis,
  Repose en paix, mon glaive t'environne.

Il dit et part. Seule avec ses douleurs,
Son amante s'assied sur la mousse sauvage,
 Et ses beaux yeux se remplissent de pleurs
Tremblante au bruit des flots grondant sur le rivage,
Elle promène au loin ses regards inquiets :
Elle appelle Nathos d'une voix douce et tendre ;
  Mais Nathos ne peut plus l'entendre,
Ses cris ne vont frapper que des rochers muets.

  « Pâle, craintive, délaissée,
» Je veille dans l'horreur d'une profonde nuit.
  » Oh ! que mon ame est oppressée !
» J'ai besoin de secours, et mon amant me fuit !

  » Il me fuit, où donc peut-il être ?
» Quel charme impérieux le retient loin de moi ?

» Nathos, hâte-toi de paraître!
» Je suis seule, reviens dissiper mon effroi.

» Déjà bourdonne la tempête ;
» Les vents séditieux se heurtent dans les airs :
 » Hélas! où reposer ma tête?
» Où trouver un asile en ces climats déserts?

 » O lune, écarte les orages!
» Astres silencieux, que vos pâles rayons
 » Brillent à travers les nuages!
» Guidez mes pas errants sur la cime des monts.

 » Mais l'amour vers moi le ramène ;
» C'est lui, j'entends ses pas au loin retentissants.
 » Pourquoi cette terreur soudaine?
» Chef d'Étha, quelle crainte a passé dans tes sens? »

Nathos revint morne et farouche ;
Des soupirs sortaient de sa bouche ;
La haine allumait ses regards ;
La pâleur couvrait son visage :
Tel se plonge au sein des brouillards
Le soleil vaincu par l'orage.

DARTHULA.

O mon héros! j'attendais ton retour :
 Tu le sais; contrainte à la fuite,

Sans parents, sans appui, je n'ai que ton amour.
A quel affreux destin les combats m'ont réduite !
Un silence éternel règne dans Selama (2).
    La tombe a dévoré mon père,
  Il s'est éteint, le feu qui l'anima ;
Et ce vieillard n'est plus qu'une froide poussière.

Les voiles de la nuit embrassaient l'univers ;
Les flots tumultueux, appaisés par les ombres,
Rampaient au pied des rocs que la mousse a couverts,
Et les hiboux, cachés dans leurs retraites sombres,
Troublaient seuls par leurs cris le silence des airs.
Assise sur les tours de mon palais antique,
Je songeais à mon frère, au généreux Colmar,
  Qui loin de nous combattait Caïrbar,
Quand soudain à mes yeux, pâle, mélancolique,
Se présente mon père ; un glaive arme sa main,
Et de fréquents soupirs s'élèvent de son sein.
« Darthula, me dit-il, ma famille est éteinte ;
» Ton frère infortuné vient de perdre le jour ;
» Mais d'un coup plus amer ma vieillesse est atteinte,
» Et c'est encor sur toi que gémit mon amour.
» Caïrbar triomphant, suivi de son armée,
» S'avance vers ces lieux, et nous porte des fers.
» Qu'il vienne, je l'attends ; ma valeur ranimée
» Pourra venger les maux que nous avons soufferts.
» Prends ce casque, arme-toi du glaive de tes pères ;
» Demain, dès que le jour aura sur les bruyères

» De ses premiers rayons versé le doux éclat,
» Suivis de nos guerriers nous irons au combat. »

Le jour paraît. Je charge mon armure,
Mon bras fléchit sous un lourd bouclier,
 Et le poids d'un casque d'acier
 Presse ma noire chevelure ;
 Mon père m'ouvre le chemin :
 Quelques braves glacés par l'âge
D'un pas tardif et lent suivent leur souverain.
Tous nos jeunes guerriers, trahis par leur courage,
Naguère étaient tombés dans un climat lointain :
Leurs pères affaiblis s'avancent hors d'haleine ;
 La lance pèse à leurs bras languissants ;
Et les zéphyrs, portés sur une aile incertaine,
 Frémissent dans leurs cheveux blancs.
 « Témoins de ma triste vieillesse,
» Leur dit Colla, plus terrible et plus fier
» Vous m'avez vu jadis sous un rempart de fer
» Dans les périls sanglants signaler mon adresse.
» Hélas! ils sont passés ces jours de ma valeur :
» Comme moi vous pleurez vos forces éclipsées ;
» Jours de gloire présents à nos tristes pensées,
» Que votre souvenir réveille notre ardeur ! »
 Il dit, et tirant son épée
 Colla s'élance furieux.
Soudain d'un bruit confus notre oreille est frappée :
 Nous avançons, et bientôt à nos yeux

S'offrent mille guerriers en ordre dans la plaine.
    Déjà la fureur et la haine
    Ont donné le signal affreux.
Mais pourquoi retracer ces moments douloureux ?
Percé d'un trait mortel je vis tomber mon père :
Je volais recueillir l'ame de ce vieillard ;
Mes mains allaient fermer sa sanglante paupière,
Quand je vois accourir le sombre Caïrbar.
  A mon aspect une joie homicide
Brille en son œil farouche et sur son front livide.
Il ose me parler de son barbare amour ;
Dans mon propre palais il me traîne expirante...
Le reste t'est connu. Je maudissais le jour,
Et j'appelais la mort à mes désirs trop lente,
Lorsque, brillant d'ardeur, de gloire et de beauté,
Tu parus tout-à-coup à mon œil enchanté ;
Tu parus : Caïrbar vit resplendir ta lance,
Et s'enfuit devant toi comme un chevreuil léger.
    Mais qui peut encor t'affliger ?
Avons-nous, cher Nathos, perdu toute espérance ?

NATHOS.

Je crains peu les combats. A peine en mon printemps,
  Je m'embrasais des feux de la victoire ;
    Fils des héros, rempli de leur mémoire,
  Je brûlais d'égaler leurs exploits éclatants ;
    Et la guerre était pour mon ame

Ce que l'astre du jour est pour les frais vallons,
    Quand au midi, couronné de rayons,
        Il y verse un torrent de flamme.
O souvenirs! ô stériles regrets!
Plus d'une fois dans les champs du carnage
J'avais lancé d'inévitables traits,
    Avant que mon jeune courage
Eût d'un joug tyrannique affranchi tes attraits,
Tes attraits aussi doux que la brillante étoile
Qui tremble dans le ciel au milieu de la nuit.
Mais le nuage approche, et va, d'un sombre voile,
    Envelopper l'astre pur qui me luit.
O Darthula! les vents ont déçu ma tendresse.
Le palais de ton père est encor loin de nous;
    Nous sommes seuls, exposés au courroux
        Du ravisseur de ta jeunesse.
Mes frères, il est vrai, secondant mes efforts,
Au péril de leurs jours vont défendre tes charmes;
    Mais que pourront nos faibles armes
Contre tant de guerriers défenseurs de ces bords?

ARDAN.

    Nathos, notre perte est certaine.
J'ai vu flotter d'Érin (3) le puissant étendard;
    J'ai reconnu la voix de Caïrbar :
    Ses guerriers veillent dans la plaine.
A la lueur des rapides éclairs,

Vois rouler leur phalange sombre,
Vois briller leurs dix mille fers.

NATHOS.

Va, je les vois, et n'en crains pas le nombre.
O mer d'Ullin (4)! avec tant de fracas
Pourquoi précipiter tes ondes furieuses?
Pourquoi déployez-vous vos ailes orageuses,
Enfants de l'air et des frimas?
Pensez-vous que vos vains éclats
Sur ce roc aride et sauvage
De Nathos enchaînent les pas?
Non, il n'est retenu que par son seul courage,
Par l'espoir glorieux d'effacer son outrage,
Ou de périr dans les combats.

Il se couvre, à ces mots, de l'airain homicide,
La lance paternelle arme son bras nerveux;
Un casque étincelant embrasse ses cheveux.
Et la fureur se peint dans son œil intrépide.
« Morar, dit le héros, dans les flancs du rocher
» Serpente une grotte profonde;
» Mon amante peut s'y cacher.
» Va, de ses jours que ta foi me réponde.
» Pour nous, Ardan, marchons à l'ennemi;
» Et si mon bras mal affermi
» Se refuse à servir ma haine;

» Si je dois tomber sur l'arène,
» Morar, embarque-toi ; regagne mon palais :
» Va du triste Cromnal adoucir la misère ;
  » Dis-lui, pour calmer ses regrets,
» Que Nathos expirant songeait à son vieux père ;
» Qu'il est mort accablé, mais non pas abattu ;
  » Que, même à son heure dernière,
» Il n'a point démenti son sang et sa vertu :
  » Et toi, lorsque le sombre automne,
» Sur les gazons flétris, dans les bois dépouillés,
  » De son éclat stérile et monotone
» Viendra frapper tes yeux de pleurs toujours mouillés,
  » Darthula, dans nos tours antiques,
» Convie à tes banquets les filles des héros ;
  » Et que leurs voix mélancoliques
» Éternisent le nom du malheureux Nathos.
  » Mais plus heureux si la harpe sonore
» Sous les doigts d'Ossian (5) pleurait en mon honneur ;
» Mon ombre, alors errante au sein d'un météore,
  » S'enivrerait de joie et de bonheur. »

OSSIAN.

Nous étions cette nuit dans la salle des fêtes ;
  Et tandis qu'au bruit des torrents
Se mêlaient les soupirs des fantômes errants,
Nous, du roi de Morven nous chantions les conquêtes.
  Soudain un vent impétueux

Arrache un son de mort (6) à ma harpe plaintive.
    Fingal pâlit... l'effroi qui le captive
        Perce dans ces mots douloureux :
« Un héros de Morven en ce moment succombe :
» La harpe de mon fils ne gémit point en vain ;
» Que de tristes accords s'élèvent sur sa tombe !
        » Ossian, pleure son destin. »

    Il se tait. Son front plus tranquille
        Cache le trouble de son cœur.
Cependant j'obéis, et ma harpe docile
        Commence ce chant de douleur :

    « Penchez-vous du sein des nuages,
    » Ombres pâles de nos aïeux.
    » Écartez de vous les orages,
    » La terreur, le sang et les feux.
    » Voyez d'un regard favorable
    » Celui qui meurt en ce moment ;
    » Et que votre main secourable
    » Ouvre pour lui le firmament !

    » Déployez sa robe légère,
    » Trempez son glaive nébuleux ;
    » A son char brillant de lumière
    » Attelez des coursiers fougueux :
    » A l'heure où le sommeil nous plonge
    » Dans un repos délicieux,

» Qu'il vienne sur l'aile du songe
» Réjouir nos cœurs et nos yeux. »

Cependant, sur les bords d'une mer courroucée,
L'intrépide Nathos veillait, pâle d'horreur :
Darthula, près de lui, sous ses maux affaissée,
Garde un morne silence et cache sa terreur.
Le jour renaît enfin ; sa clarté vacillante
Découvre à leurs regards un essaim de héros :
Chacun est revêtu d'une armure brillante,
Chacun avec fierté brandit deux javelots.
Tel qu'un vaste rocher qui commande à la plaine,
Du milieu des guerriers s'élève Caïrbar ;
Sa voix gronde, et son œil, enflammé par la haine,
Dans un orbite affreux roule un affreux regard.

NATHOS, à Caïrbar.

Viens, chef de Témora, descends sur le rivage ;
Ose me disputer l'objet de mon amour :
Tu ne peux l'obtenir qu'en m'arrachant le jour.
Viens, nous sommes tous deux affamés de carnage.
Jadis tu me fuyais palpitant de frayeur,
Quand aux plaines d'Étha je guidais mon armée :
Maintenant je suis seul ; ta prudente valeur
    D'un nouveau feu s'est allumée.

CAÏRBAR.

Jeune présomptueux, modère cette ardeur :

Crois-tu que Caïrbar, dégradant son épée,
La trempe dans le sang d'un guerrier inconnu?
Le nom de tes aïeux ne m'est point parvenu;
La terre de leur gloire a-t-elle été frappée?
  Sont-ils montés au rang des rois?
Aux murs de leurs palais des armes attachées,
Par leur bras redoutable aux héros arrachées,
  Rappellent-elles leurs exploits?

 Nathos rougit; et de son œil humide
 Tombe une larme : il fait briller son fer....
  Ses frères, plus prompts que l'éclair,
Déjà se sont armés de leur glaive homicide :
  Caïrbar, de meurtres avide,
Donne l'affreux signal; les dards sifflent dans l'air...
Percés, couverts de sang, Nathos et ses deux frères
Sur le sable rougi tombent décolorés;
  La mort a fermé leurs paupières :
  Tels, de fraîches eaux entourés,
 Au haut d'un mont croissent trois jeunes chênes;
 Le voyageur, arrêté dans les plaines,
 D'un œil surpris les mesure tous trois.
Mais la Nuit à son char attelle les tempêtes,
Les Autans font mugir leurs effrayantes voix;
  Les chênes, battus à-la-fois,
Et courbant sous les vents leurs orgueilleuses têtes,
Roulent au pied du mont dont ils furent les rois.
  Darthula, muette, immobile,

L'œil morne, les cheveux épars,
Dans sa fureur sourde et tranquille,
Promène par-tout ses regards.
Mais bientôt ses genoux fléchissent :
Un dard est caché dans sa main ;
Elle le plonge dans son sein,
Et des flots de sang en jaillissent.
Caïrbar accourt, mais en vain....
De remords, de douleur son ame est déchirée,
Et sur sa victime expirée
Il se penche, et maudit le barbare destin.

OSSIAN.

Tu n'es plus, ô beauté charmante !
La tombe te dévore.... Un sommeil éternel
De l'aimable Nathos presse la jeune amante.
Honneur de Sélama, sous le toit paternel
Tu ne toucheras plus la harpe frémissante.
Un deuil lugubre et solennel
Voile d'Ullin la rive gémissante.

Objet de l'amour des héros,
Quand t'échapperas-tu de l'étroite demeure ?
Jamais, sans doute, hélas! Qui peut connaître l'heure,
L'instant où doit finir ton funeste repos ?
Quand le soleil, vainqueur de la nuit orageuse,
Viendra dorer le haut des monts,

Il te retrouvera, sous la pierre fangeuse,
Pâle, froide, insensible au feu de ses rayons.

Relève-toi, fille adorée :
Dejà le doux printemps succède aux noirs hivers ;
La fleur, fraîchement colorée,
Du parfum matinal embaume au loin les airs.
Prends ton arc, le chasseur s'éveille ;
Va percer de tes traits le chevreuil bondissant.....
Mais contre lui ton arc est impuissant ;
Près de toi détendu, dans la tombe il sommeille.

NOTES DE DARTHULA.

(1) Aucun peuple n'a porté plus loin l'hospitalité que les anciens Écossais : chaque souverain avait dans son palais une *salle des fêtes*; tous les étrangers y étaient admis sans distinction. Les bardes chantaient et jouaient de la harpe. S'ils connaissaient l'étranger, ils ne manquaient jamais de célébrer ses exploits et ceux de ses ancêtres. La fête durait trois jours, pendant lesquels le chef ignorait le nom de ses hôtes. Dans ces climats où, comme nous l'avons déjà observé, la haine des familles était héréditaire, cette découverte aurait été souvent funeste à l'étranger reçu : aussi Ossian, en parlant d'un roi barbare, ajoute-t-il qu'il *demandait son nom à l'étranger.*

(2) Palais qu'habitait Darthula dans l'Ulster.

(3) *Erin*, ancien nom de l'Irlande.

(4) Ancien nom de l'Ultonie.

(5) Aucun guerrier n'était reçu dans le palais de *nuages*, que les bardes n'eussent chanté son hymne funèbre. Nathos, prêt à périr, forme des vœux pour qu'Ossian chante la sienne. On ne peut concevoir quelle était l'influence des bardes chez les habitants du Nord, et le fanatisme de valeur que leurs hymnes inspiraient. « Venez nous voir combattre, leur disaient les rois prêts à livrer une bataille, et chantez-nous. » C'est par eux que la Gaule, la Germanie, l'Irlande et l'Écosse, se défendirent si long-temps contre les Romains; et lorsque, dans le neuvième siècle, Édouard tenta la conquête du pays de Galles, il ne put l'asservir qu'en faisant massacrer tous les

bardes : mais il ne put anéantir leurs chants, qui perpétuèrent dans ces contrées la haine du vainqueur et l'amour de l'indépendance. Les scaldes chez les Scandinaves étaient aussi les dispensateurs de l'immortalité; nourris dans le culte sanglant d'Odin, leurs poëmes désordonnés sont pleins d'une éloquence rude et farouche ; on n'y retrouve point cette mélancolie touchante, cette loyauté presque chevaleresque, qui font le charme des vers d'Ossian. Mais que sont devenus les poëmes de ces scaldes norwégiens et suédois? peut-être sont-ils ensevelis sous les murs d'Odensée, ou dans les campagnes d'Upsal, si célèbre jadis par les temples qu'on y avait bâtis en l'honneur d'Odin. Les Saxons avaient aussi leurs bardes. Charlemagne, par les soins d'Éginhard, avait recueilli plusieurs de leurs ouvrages; les siècles se sont écoulés, et, comme un torrent rapide, en ont emporté les débris.

(6) Lorsqu'un guerrier célèbre était exposé à un grand péril, les harpes rendaient d'elles-mêmes un son lugubre et prophétique; souvent les ombres des aïeux du guerrier en pinçaient les cordes. Les bardes alors commençaient un chant de mort, dont l'effet était si salutaire, que les fantômes retournaient dans leurs palais, pour y recevoir avec empressement et revêtir de ses armes fantastiques le héros décédé.

CHANT DE FINGAL

SUR LA RUINE DE BALCLUTHA.

—

Elle n'est plus cette cité superbe
Dont la splendeur remplissait nos déserts ;
Le sommet de ses tours s'élançait dans les airs,
Et maintenant elle languit sous l'herbe.
Le deuil, le désespoir, les cris,
Habitent son morne rivage :
J'ai vu moi-même ses débris :
Par-tout croît la mousse sauvage ;
Par-tout, au souffle des Autans,
Frémit le chardon solitaire.
Quelques chênes encor vivants
Versent une ombre funéraire
Sur l'écume des noirs torrents.
Bardes, prenez vos harpes douloureuses ;
Entonnez les chants de la mort ;
De ces héros éteints plaignez le triste sort,
Et consolez leurs ombres malheureuses.
Ils sont tombés : nous tomberons comme eux.

Quelle fatale erreur t'entraîne,
Homme faible et présomptueux ?
Pourquoi ces palais fastueux ?
Le temps, dans sa course incertaine,
Traverse tes soins et tes vœux.
Aujourd'hui, rayonnant de joie,
Du haut de tes superbes tours
Ton regard au loin se déploie,
Et de ta plaine immense embrasse les contours :
Du voile des sombres années
Demain tu dormiras couvert ;
Et dans ces tours abandonnées
Sifflera le vent du désert.

Braves guerriers, où sont vos pères ?
Dans les combats ces astres ont brillé ;
Et maintenant, ombres légères,
De sa splendeur leur front est dépouillé.
Le bruit seul de leur renommée
Nous atteste qu'ils ont vécu :
Leur gloire cependant est par-tout imprimée,
Et leur bras a toujours vaincu.
Puisqu'il faut succomber, laissons un nom célèbre ;
Brillons après la mort d'un éclat lumineux :
Ainsi, l'astre du jour, ceint d'un voile funèbre,
Dans l'occident lointain et nébuleux,
Laisse encore après lui la trace de ses feux.
Vers leur déclin mes jours se précipitent ;

Dejà mon bras est affaibli :
Mais je ne tombe point dans l'ombre de l'oubli ;
　Du palais errant qu'ils habitent
　Mes aïeux se penchent vers moi....
O mon père ! ô Comhal ! je vais m'unir à toi.

Ainsi chantait Fingal. Dans un profond silence,
Sur nos harpes courbés, nous écoutions sa voix ;
Moins douce est au chasseur, fidèle ami des bois,
L'haleine du zéphyr qui dans l'air se balance.
Fingal, tu souriais comme aux jours de l'hymen.
Que ton front était pur ! que ta voix était fière !
　Mais tu n'eus point de rival, ô mon père !
　Fils de Comhal, roi puissant de Morven.

MINONA.

SUJET.

Minona, fille d'Anir, roi de Duvranna, aimait passionnément Swaran, fils du roi d'Inistore. Le jour où l'on devait les unir était fixé, quand Fingal envoya ordre à Swaran de se rendre à Morven pour l'accompagner dans une expédition. Swaran obéit, mais il promit à Minona que, s'il survivait à cette entreprise, il reviendrait sur-le-champ, et fixa même le jour de son retour. D'un autre côté, Anir, accompagné de son fils Lathmon, fut obligé de partir pour la guerre, et Minona resta seule dans le palais de Duvranna. Elle avait autrefois dédaigné l'amour de Duromath, souverain de l'île de Tromaton. Cet amant méprisé profita de l'absence d'Anir et de Lathmon, enleva Minona, et la conduisit dans son île. Le poëme commence au moment où Swaran arrive à Duvranna, et n'y trouve plus son amante.

L'OBSCURITÉ couvrait le palais de Lathmon :
Aux rives du couchant, pâle, silencieuse,
La lune ne versait qu'une clarté douteuse,
Et le vent du minuit sifflait dans le vallon.
L'intrépide Swaran s'avance dans la plaine :

Auprès de Minona sa flamme le ramène.
Mais quel morne silence habite son palais !
Sur les monts, sous les eaux, dans les airs tout sommeille,
Et la voix d'une amante, à cette heure de paix,
Du héros empressé ne frappe point l'oreille.
« Que fais-tu, mon amour ? quel obstacle jaloux
» Aux regards de Swaran peut te cacher encore ?
» Rappelle-toi l'instant, si cruel et si doux,
» Où l'honneur m'entraîna sur les mers d'Inistore :
» Ta beauté des destins accusa le courroux ;
» Je vis, à mon départ, tes yeux noyés de larmes ;
» Ton beau sein palpita de douleur et d'amour ;
» Ta défaillante voix m'exprima tes alarmes....
» Et tu ne parais point pour chanter mon retour ! »

Il dit. Mais du palais les portes sont ouvertes :
Le seuil est tout jonché de feuillages flétris,
Et le Nord, mugissant sous les voûtes désertes,
De la douleur, au loin, semble pousser les cris.
Nulle clarté ne luit : sur la roche glacée
Le malheureux Swaran s'assied triste et rêveur.
De noirs pressentiments roulent dans sa pensée,
Et des projets confus se heurtent dans son cœur.
Cependant le sommeil, des peines qu'il endure
Vient redoubler encor le tumulte et l'horreur ;
Et d'un songe, trois fois, l'épouvantable augure
Dans ses sens éperdus fait passer la terreur.
Il revoit Minona, que son ame idolâtre :

Un nuage de pleurs voile ses yeux charmants ;
Ses noirs cheveux épars sont le jouet des vents,
Et le sang à longs flots rougit son sein d'albâtre.
« Il dort sur son rocher l'objet de mes amours ;
» Il dort ! et Minona, qu'il avait tant chérie,
» Par des cris impuissants l'appelle à son secours.
» Éveille-toi, Swaran.... Une mer en furie
» Autour de Tromaton précipite ses eaux :
» Là, dans un antre obscur, image des tombeaux,
» Je veille, je languis, à ma tristesse en proie.
» Mais l'affreux Duromath y veille à mes côtés ;
» Il insulte à mes maux, et mes pleurs font sa joie....
» Swaran, viens me ravir à ses feux détestés. »

Soudain le vent rugit dans les feuillages sombres,
Et l'aimable fantôme a fui comme l'éclair.
Swaran frémit, s'éveille ; il agite son fer :
Furieux, il en frappe et les vents et les ombres.
Sur l'orient obscur il attache les yeux ;
Son désespoir maudit la lenteur de l'aurore....
Enfin de son éclat le firmament se dore,
Et le premier rayon sur les flots écumeux
Voit bondir le vaisseau du guerrier d'Inistore.
Pour la troisième fois, du sein de l'Océan
Sous une armure d'or, le roi du jour s'élance,
Quand aux yeux inquiets du farouche Swaran
Sur une mer d'azur Tromaton se balance.
Minona sur la rive exhale ses douleurs :

A l'aspect du guerrier, à l'éclat de ses armes,
La honte, la pudeur, décolorent ses charmes,
Et de ses yeux baissés coule un ruisseau de pleurs.
« D'où naît, lui dit Swaran, l'effroi de mon amante ?
» Lit-elle sur mon front la haine ou le trépas ?
» N'es-tu pas un rayon dont la clarté charmante
» Sur ces bords inconnus vient éclairer mes pas ?
» Est-ce un vil étranger qui cause tes alarmes ?
» Déjà sûr de punir ses complots inhumains,
» Mon glaive impatient frémit entre mes mains.
» Réponds, fille d'Anir... Ne vois-tu point mes larmes ? »

MINONA.

Ah ! que n'ai-je vécu comme la fleur des champs
Qui sur le roc désert naît et meurt inconnue !
A peine seize fois des volages printemps
Mon œil sur nos forêts vit la robe étendue ;
Et la tombe déjà s'ouvre pour m'engloutir !
O douleur ! ô remords ! ma cendre dédaignée
Des larmes des héros ne sera point baignée !
Mais peut-être sensible à mon vif repentir,
Peut-être déplorant mon crime involontaire,
Mon amant quelquefois, dans la nuit solitaire,
Donnera des regrets à la fille d'Anir.

SWARAN.

Rassure-toi : Swaran peut te venger d'un traître :

Où donc se cache-t-il ? qu'il est lent à paraître !
Je le vois déjà mort. Mais si mon faible bras
Cède à ton ravisseur une indigne victoire,
O mon unique amour! prends pitié de ma gloire,
Et qu'elle m'accompagne au-delà du trépas :
Élève mon tombeau sur la roche escarpée,
Et, lorsque d'un esquif tes yeux verront les mâts,
Cours aux enfants des mers confier mon épée ;
Qu'ils la portent soudain au triste Coldanard ;
Et qu'instruit de mon sort ce malheureux vieillard,
L'ame de mon retour à toute heure occupée,
N'attache plus sur l'onde un avide regard.

MINONA.

Et tu veux, et tu crois l'emporter en courage !
Non : à mourir aussi je borne mon orgueil ;
Nous dormirons tous deux dans le même cercueil.
Mon cœur n'est point formé d'une roche sauvage,
Et mon ame n'est point comme ces flots errants
Qui, bercés par le calme ou gonflés par l'orage,
A travers les écueils roulent indifférents.
Va, mon ame déjà de la tienne est rivale :
Tombons, mon cher Swaran, percés des mêmes traits.
Ile de Tromaton, île à jamais fatale,
Je ne quitterai point tes sanglantes forêts.

Mon frère (1) combattait en de lointains rivages :

Seule dans mon palais je veillais tristement ;
Et le noir aquilon, précurseur des orages,
A travers les sapins murmurait sourdement.
Près de moi tout-à-coup des armes retentissent ;
Le fer frappe le fer, et les coursiers hennissent....
Dans mon cœur à ce bruit se glisse un doux espoir ;
O mon héros! mes yeux vont enfin te revoir....
Non, l'affreux Duromath se présente à ma vue :
Son glaive dégouttait du sang de mes amis ;
Sans respect pour mon nom, sans pitié pour mes cris,
Au sein de ses vaisseaux il m'entraîne éperdue.
Que pouvait contre lui la faible Minona?
Je t'appelais en vain.... Mais c'est lui.... Le voilà
Qui fend les flots roulants d'une mer enflammée.
Regarde ; aperçois-tu son innombrable armée?
Fuis, malheureux guerrier, ce barbare tyran.

SWARAN.

Moi fuir devant ses pas! moi céder sans combattre!
Qu'il ose abandonner l'orageux Océan,
Et ce fer paternel à mes pieds va l'abattre :
La crainte est étrangère à l'ame de Swaran.
Toi, descends, mon amour, dans cette grotte obscure :
Vous, fidèles amis, compagnons de mon sort,
Que Duromath expie une coupable injure,
Et que vos arcs vengeurs fassent voler la mort.
Il dit ; et Minona sous une voûte sombre

S'enfonce. Les soupirs n'agitent plus son cœur ;
Un aimable incarnat succède à sa pâleur ;
Tel luit un long éclair qui serpente dans l'ombre.

Duromath cependant s'avançait à grands pas :
La colère ridait son sinistre visage ;
Et, sous de noirs sourcils, messagers du trépas,
Roulaient ses yeux de sang allumés par la rage.
« Étrangers, leur dit-il, les vents tumultueux
» Vous ont-ils dans la nuit poussé sur cette rive ?
» Ou bien nourrissez-vous l'espoir présomptueux
» D'arracher de mes bras une beauté captive ?
» Minona pour mon île est un astre serein ;
» Mon cœur s'épanouit à sa douce lumière.
» Jeune et faible rival, d'une beauté si chère
» Voudrais-tu me priver ? est-ce là ton dessein ?
» Oui ; mais reverras-tu le palais de ton père ? »

SWARAN.

As-tu donc oublié le fils de Coldanard ?
Ne te souvient-il plus du jour où mon épée
Te chassait devant moi comme un chevreuil fuyard,
Que le dogue poursuit sur la roche escarpée ?
En vain mille guerriers veillent autour de toi :
Mon amante, bientôt à tes fers échappée,
Dans le palais d'Anir va rentrer avec moi.

Aussi prompt que l'éclair, à ces mots il s'élance.
Le lâche Duromath fuit dans ses bataillons.
Swaran le suit, l'atteint, le perce de sa lance ;
Et son sang de la plaine inonde les sillons.
Ses timides soldats à cet aspect funeste
Se dispersent, poussant des lamentables cris :
Les flèches de Morven en poursuivent le reste ;
Et bientôt le rivage est purgé d'ennemis.

Swaran court aussitôt vers l'antre favorable
Où Minona repose à l'abri des hasards.
Mais quel triste spectacle a frappé ses regards !
Un jeune homme soupire, étendu sur le sable,
Et de son sein percé le sang coule à longs flots.
Le grand cœur de Swaran frémit à ses sanglots :
Il s'approche, il lui tend une main secourable,
Et d'une voix émue il prononce ces mots :
« Compte, jeune inconnu, sur mes soins tutélaires :
» Ton ame peut encor se livrer à l'espoir ;
» Je connais les vertus des plantes salutaires (2) ;
» Ma main sur plus d'un brave essaya leur pouvoir,
» Et Swaran fut payé par la reconnaissance.
» Oh ! qu'il me serait doux de calmer ta souffrance !
» Quel climat fut témoin de tes premiers exploits ?
» Sans doute tes aïeux brillaient parmi les rois ?
— » Oui, répond l'inconnu, mes aïeux sont célèbres :
» Ils rougiront, hélas ! de me donner des pleurs ;
» Ma gloire a disparu dans ces déserts funèbres,

» Comme un rayon du jour au milieu des vapeurs,
» Aux bords de Duvranna, sur ces rochers antiques,
» Que le temps couronna de lugubres sapins,
» S'élève un vieux palais dont les torrents voisins
» Réfléchissent au loin les tours mélancoliques;
» Là mon frère m'attend, inquiet de mon sort...
» Va... Remets-lui ce casque, et l'instruis de ma mort... »

Elle dit; et Swaran, que touche sa prière....
Minona... Quel moment! Elle avait revêtu
Au fond de son asile une armure guerrière,
Et parmi les soldats elle avait combattu.
« O fils de Coldanard! point d'indigne faiblesse,
» Dit-elle : le trépas s'empare de mes sens.
» Je n'ai plus, je le sais, de droits à ta tendresse,
» Mais daigne recueillir mes douloureux accents.
» Une tempête affreuse a battu ma jeunesse.
» Que n'ai-je pu rester aux murs de Duvranna!
» Sensible à mon amour, Anir dans sa vieillesse
» Aurait béni du moins l'heureuse Minona. »

Elle expire. Swaran dans l'étroite demeure
Ensevelit son corps glacé par le trépas :
Sur la tombe attaché, durant trois jours il pleure.
Mais la guerre l'appelle en de nouveaux climats :
Il regagna Morven; nous vîmes sa tristesse.
Ma voix (3), de Minona célébrant la beauté,
Fit luire dans son ame un rayon d'allégresse;

Cependant les soupirs de son cœur agité
En trahissaient souvent la blessure profonde.
Ainsi, lorsque le calme a reconquis les airs,
Quand un soleil nouveau vient éclairer le monde,
Dans le lointain encor brillent quelques éclairs.

NOTES DE MINONA.

(1) Minona raconte son enlèvement.

(2) La plupart des guerriers de ces temps héroïques connaissaient la propriété des plantes salutaires que la nature prodigue aux montagnes du nord de l'Écosse. Fingal sur-tout se rendit célèbre par ses connaissances médicinales.

(3) C'est Ossian qui parle.

HYMNE AU SOLEIL.

Roi du monde et du jour, guerrier aux cheveux d'or,
Quelle main, te couvrant d'une armure enflammée,
Abandonna l'espace à ton rapide essor,
Et traça dans l'azur ta route accoutumée ?
Nul astre à tes côtés ne lève un front rival ;
Les filles de la nuit à ton éclat pâlissent ;
La lune devant toi fuit d'un pas inégal,
Et ses rayons douteux dans les flots s'engloutissent.
Sous les coups réunis de l'âge et des autans
Tombe du haut sapin la tête échevelée ;
Le mont même, le mont, assailli par le temps,
Du poids de ses débris écrase la vallée :
Mais les siècles jaloux épargnent ta beauté ;
Un printemps éternel embellit ta jeunesse ;
Tu t'empares des cieux en monarque indompté,
Et les vœux de l'amour t'accompagnent sans cesse.
Quand la tempête éclate et rugit dans les airs,
Quand les vents font rouler, au milieu des éclairs,
Le char retentissant qui porte le tonnerre,
Tu parais, tu souris, et consoles la terre.
Hélas ! depuis long-temps tes rayons glorieux

Ne viennent plus frapper ma débile paupière!
Je ne te verrai plus, soit que, dans ta carrière,
Tu verses sur la plaine un océan de feux ;
Soit que, vers l'occident, le cortége des ombres
Accompagnent tes pas, ou que les vagues sombres
T'enferment dans le sein d'une humide prison !
Mais peut-être, ô Soleil, tu n'as qu'une saison ;
Peut-être, succombant sous le fardeau des âges,
Un jour tu subiras notre commun destin,
Tu seras insensible à la voix du matin,
Et tu t'endormiras au milieu des nuages.

OLGAR ET SULMINA.

La nuit est orageuse et sombre ;
Les pins déracinés roulent du haut des monts ;
Le météore errant de ses faibles rayons
Éclaire seul les flots qui rugissent dans l'ombre.
    Au bout de l'horizon lointain,
    Sur la bruyère desséchée,
Un fantôme apparaît à mon œil incertain.
    Il gémit : sa tête est penchée ;
    Le Nord détache les liens
    De son épaisse chevelure ;
Et le brouillard, qui lui sert de ceinture,
Découvre en voltigeant ses flancs aériens.
Écoutons... Quelle voix !... Ombre toujours chérie,
Noble et vaillant Olgar, qui t'amène vers moi ?
Viens-tu pour m'annoncer mon départ de la vie ?
    Mon cher Oscar est-il auprès de toi ?
Au sommet de l'Arven, peuplé de cerfs timides,
Cet enfant de la chasse accompagnait tes pas :
    Sur les ailes des vents rapides,
Descendez-vous tous deux du palais des frimas ?

L'OMBRE D'OLGAR.

Il dort, le chantre de la gloire ;
Il dort, et ses amis au tombeau descendus
Attendent qu'Ossian consacre leur mémoire...
    Et ses accords sont suspendus !
Aux rochers de Loclin la mort vint me surprendre.
Tu le sais trop ! hélas ! l'étranger orgueilleux,
Sans connaître mon nom, foule à ses pieds ma cendre.
Olgar n'ira-t-il pas rejoindre ses aïeux.

OSSIAN.

Ah ! s'il m'était permis de t'embrasser encore !...
Mais il s'enfuit. Le vent chasse son corps trompeur :
    Dans le désert éclairé par l'aurore
Telle s'évanouit une humide vapeur.
    Bientôt, du milieu des ténèbres,
S'échappera le jour, de feux éblouissant ;
Jusqu'au retour du soir, les fantômes funèbres
Déserteront du ciel l'azur resplendissant :
Mais la nuit de mon cœur sera toujours obscure.
    O toi, qui tombas sous mes coups,
Que j'aimais comme un frère, eh quoi donc ! sans courroux
Tu montres à mes yeux ta fatale blessure !
Le sang jaillit encor de ton flanc déchiré !
Noble Olgar, et c'est moi dont le bras égaré... !

Je traversais la forêt ténébreuse
Qui du palais d'Olgar enveloppe les tours ;
   Une beauté, l'objet de ses amours,
Sulmina, devançant l'aurore lumineuse,
Un carquois sur l'épaule, et son arc à la main,
Pressait d'un pas léger et la biche et le daim.
Le plumage du cygne et la neige nouvelle
   N'égalaient point l'albâtre de son sein.
Jeune fleur du désert, viens, mon amour t'appelle,
M'écriai-je... Ossian, de tes charmes épris...
  « Chef des héros, me répond cette belle,
 » Mon cœur du tien ne peut être le prix.
 » J'aime. — Heureux le guerrier qui te rend si fidèle !
 » Quel est son nom ? Morven connaît-il ses exploits ?
 » Est-il digne des feux qu'en ton ame il fit naître ?
   » — Mon amant est du sang des rois ;
 » Les armes à la main il t'égale peut-être. »
En achevant ces mots elle échappe à mes yeux.
   Le cœur rempli de son image,
Jusqu'à l'heure où le soir vint obscurcir les cieux,
J'errai dans les détours de la forêt sauvage.
Tout-à-coup, à travers le calme de la nuit...
Ce n'est point une erreur : oui, Sulmina s'avance,
  Je l'entrevois. Mais un guerrier la suit.
Un rayon de la lune a fait briller sa lance.
Tout entier à l'amour, dont l'attrait me séduit,
   Près de Sulmina je m'élance.
Elle me reconnaît... pousse un cri... Le guerrier

Arme sa main du glaive meurtrier.
Gardant tous deux un farouche silence,
Nous combattons. La flamme, en longs éclairs,
    Sillonne l'airain de nos armes ;
    Et Sulmina, dans les alarmes,
De sanglots douloureux remplit les bois déserts.
    Mais la victoire m'est fidèle.
    A mes pieds, sans force et sans voix,
    Frappé d'une atteinte mortelle,
    L'inconnu tombe ; et sous son poids
    La terre au loin tremble et chancelle.
« Je meurs, dit-il ; mon sang se glace sans retour.
» Que ma gloire du moins, lorsque je perds la vie,
» D'un opprobre éternel ne soit pas poursuivie :
» Est-ce un héros fameux qui m'arrache le jour ?
» Je laisse à mon ami le soin de ma vengeance.
» Ossian... » Il expire ; et moi désespéré,
Je mouille de mes pleurs son front décoloré :
    C'était Olgar, l'ami de mon enfance !
    Et Sulmina ! qui peindrait sa douleur ?
Sa voix n'a plus d'accents, ses yeux n'ont plus de larmes
Elle reste abattue, immobile, et ses charmes
Se flétrissent, couverts d'une sombre pâleur.
« O toi, dont ma tendresse a causé l'infortune,
» Prends ce fer ; obéis à ta juste fureur,
» Lui dis-je : affranchis-moi d'une vie importune.
» A tes yeux comme aux miens Ossian fait horreur.
» Ou si ton faible bras n'ose servir ta haine,

» Ne m'ôte pas l'espoir de consoler ta peine.
» Viens aux murs de Selma. Fingal par sa bonté,
» Nos vierges par leurs chants, dans ton cœur attristé
» Ramèneront peut-être un calme salutaire.
   » Mon crime fut involontaire.
» Tu me verras languir sous le poids du remords ;
   » Mon désespoir saura te plaire :
» De ton amant il doit venger la mort. »
Je me tais : Sulmina ne pouvait plus m'entendre ;
Ses beaux bras entouraient Olgar ensanglanté :
Le souffle de la vie avait déjà quitté
Le cœur de Sulmina si fidèle et si tendre.
D'un vain reste d'espoir ne pouvant me défendre,
Toute la nuit, en pleurs, j'attendis leur réveil ;
Et quand du haut de monts j'eus vu l'aube descendre,
Je répandis sur eux la terre du sommeil.

   J'ai chanté ton hymne de gloire :
Cher Olgar, sois content. Ne crains pas que jamais
   Ton souvenir sorte de ma mémoire.
Du vieillard de Morven ne trouble plus la paix.

———

CARTHON.

SUJET.

Clessamor, roi des vallées de Lora, fut jeté par une tempête à Balclutha. Reuthamir, roi de cette ville, le reçut chez lui, et lui donna en mariage sa fille Moïna. Un chef étranger, qui en était épris, insulta Clessamor. Les deux rivaux se battirent : le chef fut tué; mais ses guerriers forcèrent Clessamor de s'enfuir et de se retirer à Morven près de Fingal. Moïna, que Clessamor avait laissée enceinte, donna le jour à un fils nommé Elmor, et mourut peu de temps après. Elmor était encore dans l'enfance lorsque Comhal, père de Fingal, prit et brûla la ville de Balclutha. Elmor fut sauvé du carnage par les soins d'un barde fidèle; mais, quand il fut en âge de porter les armes, il résolut de venger le malheur de sa patrie sur Fingal, qui depuis la mort de Comhal régnait à Morven. Voilà où commence l'action du poëme : Clessamor, qui a quitté sa retraite pour féliciter Fingal sur la nouvelle expédition dont il est sorti vainqueur, se met, malgré son grand âge, au nombre des guerriers du roi de Morven : il combat contre son fils sans le connaître, et lui donne la mort.

ELMOR.

—

ÉVÉNEMENTS des siècles écoulés,
Qu'à votre souvenir le barde se réveille.
Tes ruisseaux, ô Lora, plaisent à mon oreille,
Et rendent la vigueur à mes sens accablés.

Malvina (1), vois ce mont couronné de bruyère,
    D'où pendent trois pins sourcilleux,
Qui versent en tout temps une ombre funéraire :
    A leur pied les vents amoureux
    Caressent la fleur matinale,
    Et le vallon silencieux
Respire, en souriant, le parfum qu'elle exhale.

  Entre ces rocs que la mousse a voilés
    Un couple belliqueux sommeille.
Événements des siècles écoulés,
Qu'à votre souvenir le barde se réveille (2).
    Environné de ses guerriers,
    Quel héros traverse la plaine ?
La paix semble adoucir ses regards meurtriers :
    Ils ne respirent plus la haine ;

Calme comme un rayon du soir
Qui luit à travers les nuages,
Ou comme un roi des airs dont l'aimable pouvoir
Enchaîne les bruyants orages,
Il revient glorieux des rives du Balva.
C'est le roi de Morven ; c'est Fingal ; c'est mon père.
Mille flambeaux (3) brillant d'une vive lumière
Éclairent à sa voix les voûtes de Selma.
La coupe de la joie, à la ronde vidée,
Éveille dans nos cœurs les transports les plus doux.

« Pourquoi donc Clessamor n'est-il point avec nous ?
» Dit Fingal ; de douleur son ame possédée
» S'endort dans le silence et dans l'oisiveté ;
» Mais je le vois... il vient d'un pas précipité...
» Tel un coursier fougueux, que les vents avertissent,
» Sent de loin ses fiers compagnons ;
» Ses yeux lancent l'éclair, ses longs crins se hérissent ;
» Agile, du sommet des monts
» Il accourt, et ses pieds sur les rocs retentissent.
» Salut à Clessamor. Fils des braves, pourquoi
» Ne viens-tu pas t'asseoir à mes nocturnes fêtes ?
» — Roi de Morven, mon cœur jouit de tes conquêtes ;
» Mais un faible vieillard, que pourrait-il pour toi ?
» Ils ne sont plus ces jours et de gloire et d'ivresse,
» Ces jours où Moïna, fille aimable des rois,
» Vit Clessamor pour la première fois,
» Et lui donna sa naïve tendresse.

» — Raconte-nous tes premières amours.
» Au bord de tes ruisseaux, accablé de tristesse,
» A d'éternels ennuis tu livres tes vieux jours ;
» Dis-nous quels noirs chagrins en ont troublé le cours. »

CLESSAMOR.

    Le zéphyr soufflait dans mes voiles,
    Et mon vaisseau fendait les mers
    A l'éclat trompeur des étoiles ;
    Soudain les vents troublent les airs,
    La tempête s'élève, gronde,
    Et, le front allumé d'éclairs,
    Un noir esprit tourmente l'onde.
    Battu des flots, jouet des vents,
Enfin de Balclutha j'aborde le rivage.
    Reuthamir, par des soins touchants,
    Me consola de mon naufrage.
    Je vis sa fille Moïna :
    L'amour descendit dans mon ame ;
    Elle fut sensible à ma flamme ;
    Et son père me la donna.
Mais un chef étranger brûlait aussi pour elle :
Il arrive au palais ; et son orgueil jaloux
Empoisonne le cours de l'ardeur la plus belle.
    Nous combattons ; il tombe sous mes coups :
De ses guerriers soudain les armes étincellent,
    Des flots de sang sous mon glaive ruissellent ;

Mais je cède moi-même après de longs efforts ;
Je lance mon esquif sur la mer azurée,
Et le flot mugissant m'éloigne de ces bords.
Moïna sur la rive, inquiète, éplorée,
Ses noirs cheveux épars, son sein mouillé de pleurs,
M'apparaît ; mais les vents emportent ses douleurs,
Et je fuis, entraîné par l'onde impitoyable.
Hélas! depuis ce jour tristement mémorable,
Mes yeux n'ont point revu la belle Moïna :
Elle dort, m'a-t-on dit, aux murs de Balclutha ;
Elle dort ; et souvent son ombre gémissante,
  Du sein des brouillards entr'ouverts,
Vient m'attrister, semblable à la lune naissante
Quand la neige en flocons tombe du haut des airs,
Et que des vents du Nord la fureur rugissante
  Épouvante les bois déserts.

  « Pleurons cette beauté chérie,
» Dit mon père : des ans le fleuve s'est accru ;
  » Moïna repose sans vie....
  » Balclutha même a disparu. »

Le matin cependant nous trouve dans la joie ;
A nos yeux satisfaits l'horizon se déploie,
Le firmament sourit à l'éclat d'un jour pur,
Et le calme s'assied sur son trône d'azur.
O surprise! soudain la mer gronde, s'allume,
Et roule en bouillonnant ses flots blanchis d'écume ;

De l'abyme s'élève une sombre vapeur;
Elle a pris d'un vieillard le vêtement trompeur;
Déjà de tous ses traits l'œil démêle la forme;
Bientôt c'est un géant, c'est un fantôme énorme,
Il nous montre le trait qui tremble dans son flanc,
Se dissout, et sur nous fond en gouttes de sang.
Témoin de ce prodige, et, le cœur plein d'alarmes,
De son aïeul Trenmor (4) Fingal revêt les armes.
Les héros de Morven, l'œil attaché sur lui,
Immobiles, muets, partagent son ennui;
Dans ses traits menaçants chacun croit voir la guerre,
Et dans ses yeux l'éclair, messager du tonnerre:
Les dogues, pénétrés d'une secrète horreur,
Par de longs aboiements annoncent leur terreur (5):
Les filles de Selma, d'épouvante glacées,
Ne roulent dans leur sein que de sombres pensées:
Et nous, prêts à combattre, à vaincre résolus,
Nous attendons du roi les ordres absolus.
« O mes héros, dit-il, un orage s'apprête,
» Et la mort en courroux plane sur notre tête:
» Une ombre protectrice a prévu le danger;
» La mer roule en ses flancs le superbe étranger;
» Remplissez vos carquois de flèches meurtrières,
» Détachez de ces murs les armes de vos pères (6),
» Du pesant bouclier chargez vos bras nerveux,
» Et qu'un casque d'airain presse vos noirs cheveux. »
Des cris se font entendre : une foule ennemie
Par le flot écumant sur nos bords est vomie;

Triomphante, elle fuit l'empire des écueils.
Tel qu'un cerf entouré de rapides chevreuils,
Tel s'élevait Elmor ; ses armes frémissantes
Sous des étoiles d'or brillaient resplendissantes.
« O Carril ! dit Fingal, va, sors de mon palais,
» Et porte à ce guerrier des paroles de paix ;
» Dis-lui que les combats plaisent à nos courages,
» Que nos fers de héros ont peuplé les nuages ;
» Mais que le brave, admis à nos banquets joyeux,
» S'en retourne chargé de présents glorieux :
» Dis-lui que de Tremnor le pouvoir me seconde,
» Et qu'au bruit de mon nom tremblent les rois du monde. »
Carril part en chantant ; et mon père rêveur
De loin sur l'ennemi jette un œil de douleur.
« Que ta démarche est noble, enfant du mont sauvage !
» La lance entre tes mains est un feu qui ravage ;
» Ta jeunesse est un chêne au front audacieux,
» Qui supporte la voûte où reposent les cieux :
» Mais cet arbre superbe, atteint dans sa racine,
» Bientôt de ses débris va joncher la colline ;
» Ta belle épouse en pleurs vainement sur les eaux
» D'un regard inquiet cherchera tes vaisseaux. »

Déjà devant Elmor le messager fidèle
Entonnait fièrement son hymne solennelle.
« Chef des braves, salut ! Jusque dans ces climats
» Quel fantôme de gloire a pu guider tes pas ?
» Regarde autour de toi ces collines désertes :

» Sous ces pierres, de deuil et de mousse couvertes,
» Dorment d'un roi puissant les faibles ennemis.
» Ah! plutôt dans Selma que tes braves admis....
» — Moi, répond le héros, moi guerrier sans audace,
» Aux fêtes de Selma que j'aille prendre place !
» O barde de Morven, connais-tu bien mon cœur ?
» Va dans celui du lâche éveiller ta terreur :
» Sais-tu bien que la guerre éleva mon enfance,
» Et que le sang des rois a coulé sur ma lance ?
» Eh quoi donc ! sous les coups de Comhal furieux
» J'aurais vu Balclutha s'abymer dans les feux,
» Et j'irais, trahissant ma race glorieuse,
» Partager de son fils la fête injurieuse ;
» Et j'irais de la paix serrer les doux liens
» Avec le fils d'un roi fléau de tous les miens !
» J'étais bien jeune alors, et ne pouvais comprendre
» D'où naissaient tous les pleurs que je voyais répandre,
» En voyant nos amis s'enfuir de toutes parts,
» Une innocente joie animait mes regards ;
» J'aimais à contempler ces flammes meurtrières
» Qui dévoraient les murs élevés par mes pères :
» Mais quand l'âge eut enfin éclairé mes esprits,
» Quand je vis du palais les informes débris,
» La ronce serpenter autour de nos murailles,
» Et la pierre couvrir le champ des funérailles,
» Des héros décédés plaignant le triste sort,
» Furieux, j'appelai la vengeance ou la mort ;
» Mes soupirs éclataient au lever de l'aurore,

» Et la nuit dans les pleurs me retrouvait encore :
» Ne combattrai-je point ? me disais-je tout bas ;
» Et le fils de Comhal ne me verra-t-il pas ?
» Il me verra bientôt. Va, fuis de ma présence,
» O barde ! Tout mon cœur frémit d'impatience :
» D'une guerre sans fin j'allume le flambeau,
» Et je n'offre à ton roi que la paix du tombeau. »

Il dit, et de ses yeux quelques larmes jaillissent :
Mille fers à sa voix dans les airs resplendissent,
Et de loin au combat il appelle Fingal.
« Dois-je attaquer moi-même un si jeune rival ?
» Dit mon père, et faut-il que, d'une main fatale,
» J'arrache avant le soir cette fleur matinale ?
» Quelle honte pour moi si les bardes futurs
» Plaçaient cette victoire au rang des faits obscurs,
» Si pour vaincre un guerrier faible et sans renommée
» Ils disaient que Fingal eut besoin d'une armée !
» Je ne marcherai point ; debout sur la hauteur,
» Je serai du combat tranquille spectateur ;
» Si l'étranger triomphe, alors, prenant ma lance,
» Sur lui, tel qu'un torrent, à grand bruit je m'élance.
» Amis, lequel de vous marchera le premier ? »

L'intrépide Connal, Connal aux flancs d'acier,
Attaque l'étranger, et mesure la plaine ;
Cathol le suit ; Elmor le renverse et l'enchaîne.
Digne ami de mon père, illustre Clessamor,

Dans un repos oisif tu sommeilles encor ;
Qu'attends-tu ? le destin à nos vœux est contraire....
Va, terrasse l'orgueil d'un jeune téméraire.
Mais Clessamor se lève et marche. Cependant
L'audacieux Elmor sur le rocher pendant
S'arrête. Il voit de loin, à travers la poussière,
S'avancer fièrement son nouvel adversaire ;
Il soupire, et sur lui jetant un long regard :
« Tremperai-je mes mains dans le sang d'un vieillard ?
» Se dit-il à lui-même : affamé de carnage,
» Elmor ne doit-il rien aux vertus de son âge ?
» Ah ! mon cœur malgré moi s'émeut à son aspect,
» Et ses cheveux blanchis commandent le respect. »

Mais déjà Clessamor d'un bras nerveux encore
Le frappe, et fait gémir son armure sonore.
« Que me veux-tu, vieillard ? ton invincible roi
» Ne peut-il m'opposer d'autres guerriers que toi ?
» Ou n'as-tu point d....s dont l'ardente jeunesse
» Couvre d'un bouclier ta débile vieillesse ?
» Quel est ton nom, ton rang ? puis-je sans déshonneur
» Sur un chef inconnu signaler ma fureur ?

» —Jeune présomptueux, je me ferai connaître ;
» Mais apprends qu'un héros, qui te vaut bien peut-être,
» Du plus beau sang des rois illustre rejeton,
» A l'ennemi jamais ne révéla son nom :
» Ces lieux sont pleins encor de mon antique gloire ;

» Le barde à l'avenir portera ma mémoire :
» Cède, ou, sans m'accabler d'un reproche insultant,
» Donne-moi le trépas, que ma douleur attend. »
Ils combattent. Elmor, que la pitié modère,
Semble craindre en frappant de frapper son vieux père;
Enfin de Clessamor le fer vole en éclats :
Déjà pour l'enchaîner Elmor lève le bras,
Mais le vieillard, honteux d'une semblable injure,
Le perce d'un poignard caché sous son armure.

Fingal a vu tomber Clessamor pâlissant;
Du sommet du Cromla, furieux, il descend.
L'armée à son aspect s'arrête tout émue :
Tel, avant que l'éclair ait déchiré la nue,
Quand un tonnerre sourd résonne au haut des monts,
Le chasseur inquiet tremble dans les vallons.
Le roi de Balclutha, qui se soutient à peine,
Voit accourir Fingal enflammé par la haine :
Appuyé sur le roc, le front toujours serein,
Il l'attend avec joie, et le glaive à la main.
A l'aspect de son sang Fingal troublé s'arrête :
« Jeune héros, dit-il, mon triomphe s'apprête :
» Tu meurs; mais tes aïeux dans leurs palais mouvants
» Vont te revoir porté sur les ailes des vents ;
» Qu'un sort si glorieux dissipe ta tristesse :
» Cède au roi de Morven ; tu le peux sans faiblesse.

» — Es-tu donc ce guerrier fameux par tant d'exploits,

» Et cet astre de mort qui consume les rois ?
» Moins rapide est un aigle aux ailes étendues,
» Moins terrible un torrent du mont voisin des nues.
» Ah! que n'ai-je péri sous ton bras redouté !
» Par les bardes lointains mon nom serait chanté ;
» Mais je meurs inconnu, la gloire m'est ravie,
» Et le glaive du faible a terminé ma vie.
» — Non, Elmor doit laisser un brillant souvenir ;
» Emporte cet espoir ; les fils de l'avenir,
» Par la harpe avertis de ta gloire immortelle,
» A leurs fiers descendants t'offriront pour modèle,
» A l'heure où, fatigués de la longueur des nuits,
» Ils rediront les faits des temps évanouis. »
Dans les regards d'Elmor brille un rayon de joie ;
Il sourit à la mort qui vient saisir sa proie,
S'avance d'un pas lent vers Fingal attristé,
Et remet en ses mains son glaive ensanglanté.
« Conserve, lui dit-il, conserve cette épée,
» Faible et vil instrument de ma gloire trompée.
» Que tes bardes du moins par-delà le trépas
» D'un chant injurieux ne me poursuivent pas.
» J'ai brillé pour m'éteindre au matin de la vie ;
» Mais de quels pleurs amers ma mort sera suivie !
» Quel long deuil va régner sur les bords du Lora,
» Et combien va gémir l'époux de Moïna ! »

Il expire à ces mots : Clessamor, sur le sable
Tombe près de son fils, le reconnaît sanglant,

Jette un cri douloureux, et meurt en l'embrassant.
  Trois jours entiers à leur fin déplorable
    Nous donnâmes de justes pleurs ;
  Trois jours entiers la harpe lamentable
En funèbres accords exprima nos douleurs.
Fille du grand Toscar, au pied de cette roche
S'élève leur tombeau, du chasseur respecté ;
  Un noir fantôme en interdit l'approche :
    Et quand de son char argenté
  La lune épanche une clarté douteuse,
  De Moïna l'ombre mystérieuse
    Y vient gémir en liberté.

NOTES DE CARTHON.

(1) La plupart des poëmes d'Ossian sont adressés à Malvina. Elle était fille de Toscar, roi de l'Ulster, et avait épousé Oscar, fils d'Ossian. Ce barde célèbre devint aveugle sur la fin de ses jours. Malvina ne l'abandonna point; elle le conduisait par-tout, apprenait par cœur ses ouvrages, et les chantait en s'accompagnant de la harpe. Les soins touchants qu'elle prodiguait à ce vieillard, la reconnaissance de celui-ci, prouvent, comme l'observe judicieusement Macpherson, que la noblesse des sentiments n'est point le partage exclusif des peuples civilisés.

(2) Ossian termine quelquefois sa première strophe par les deux vers qui l'ont commencée.

(3) C'étaient sans doute des flambeaux de cire qui faisaient partie du butin que les Calédoniens avaient rapporté d'une province romaine.

(4) Tremnor eut deux fils, Trathal, et Comhal, père de Fingal. Fingal eut à son tour cinq enfants, Fergus, Ryno, Fillan, Ossian, et la belle Bosmina.

(5) On croyait que les animaux voyaient les ombres des morts : aujourd'hui même, dans les montagnes d'Écosse, lorsqu'un animal tressaille subitement sans aucune cause apparente, le peuple attribue ce mouvement à l'apparition d'un fantôme.

(6) Lorsqu'un guerrier n'était plus en âge de porter les armes, il les attachait aux murs de son palais. Rien n'égalait le respect religieux que ses enfants avaient pour elles; et ce n'était que dans les occasions importantes qu'ils osaient s'en revêtir.

(7) **Les Romains.**

COMBAT DE FINGAL

ET

DU FANTOME DE LODA.

—

Quand reviendra ma brillante jeunesse?
Resplendissant sous mes armes d'airain,
Quand irai-je aux combats déployer mon adresse,
Et de tous ses forfaits punir un souverain?
O Selma! je revois tes riantes collines :
Fingal s'offre à mes yeux, entouré des héros
Qui reviennent vainqueurs des nations voisines.
Mon père est au milieu des bardes mes rivaux :
Ils chantent ses exploits, sa douce bienfaisance,
La force de son bras craint même par les morts;
Et le roi de Morven, appuyé sur sa lance,
Écoute en souriant leurs belliqueux accords.
Quels regards il lançait aux jours de sa colère!
Que ses yeux étaient doux au sortir des combats!
Mais, hélas! il n'est plus, ce guerrier tutélaire;
L'œil ne peut retrouver l'empreinte de ses pas.

Approche, Malvina ; d'une douce lumière
Les phosphores du soir remplissent mes forêts.
Asseyons-nous tous deux sur la pâle bruyère ;
Par des hymnes tous deux endormons nos regrets.
Apporte de Selma la harpe secourable ;
Unis ta voix légère à mes tristes accents :
Le barde va chanter un combat mémorable...
Vois ce qu'était Fingal à la fleur de ses ans.

———

L'ombre voilait et les monts et les plaines ;
Tout reposait dans les camps ennemis ;
Les casques d'or des guerriers endormis
Étincelaient au feu mourant des chênes.
Mon père seul, consumé de chagrin,
Au doux sommeil se dérobait encore,
Et promenait son regard incertain
Sur les débris du palais d'Inistore.
Déjà Cathlin sur son lit de frimas
S'était assis, et souriait au monde.
Dans les détours de la forêt profonde
A sa lueur Fingal porte ses pas :
Soudain les vents se heurtent et mugissent ;
Du firmament les clartés s'obscurcissent,
Et, du milieu d'un nuage entr'ouvert,
Fond à grand bruit un fantôme homicide,
De feux, de sang, et de terreur couvert !

Un glaive ardent arme sa main livide ;
L'éclair jaillit de ses yeux irrités ;
La mort s'étend sur son visage pâle,
Et les accents de sa voix sépulcrale
Grondent au loin, par l'écho répétés.
Fingal sourit à cette horrible vue ;
Et, s'avançant vers le spectre jaloux :
« Fils de la nuit, retourne dans ta nue,
» Et sur tes vents échappe à mon courroux ;
» Pourquoi t'offrir sous ta forme hideuse ?
» Te flattais-tu d'intimider mon cœur ?
» Que peut, dis-moi, ta lance nébuleuse,
» Ton arc de neige, et ton glaive imposteur ?
» Jouet des vents, tu roules dans l'espace,
» Et tu croirais m'inspirer quelque effroi...
» Fantôme vain, fuis, et dérobe-toi
» Au châtiment dont mon bras te menace.
» —Ignores-tu qu'en ces bois révérés
» Un peuple entier se prosterne et m'implore ?
» Dois-je quitter l'enceinte où l'on m'adore,
» Où tout fléchit sous mes ordres sacrés ?
» A mes accents les tempêtes rugissent ;
» Mon souffle exhale et la guerre et la mort ;
» Des nations mes mains règlent le sort,
» Et devant moi leurs rois s'évanouissent ;
» Tandis qu'assis sur mon trône d'azur,
» Enseveli dans une paix profonde,
» J'entends gronder les orages du monde

» Flottant sous moi comme un brouillard obscur.
» —Repose donc sur ton trône mobile,
» Et laisse-moi poursuivre mes desseins.
» Fingal jamais troubla-t-il ton asile ?
» Va, contre lui tes efforts seront vains.
» De l'ennemi les tribus menaçantes
» En le voyant frémissent de respect :
» Fingal connaît tes armes impuissantes ;
» Épargne-lui l'horreur de ton aspect.
» —Roi de Morven, regagne ta patrie ;
» J'apaiserai les vents impétueux :
» Embarque-toi ; des flots tumultueux
» Mon bras puissant calmera la furie.
» Ton adversaire est le roi de Sora :
» Depuis long-temps je veille sur sa gloire ;
» En ce moment il assiége Lora,
» Et mon secours lui promet la victoire.
» Fuis donc, ou crains ma trop juste fureur. »
L'ombre, à ces mots, penchant sa tête informe,
Contre Fingal pousse une lance énorme :
Mais le héros rappelle sa valeur ;
Il fait briller son glaive redoutable,
Frappe, et l'acier perce le corps trompeur.
L'ombre vaincue en jette un cri d'horreur,
Roule dans l'air sa masse épouvantable,
Et se dissout en humide vapeur.

COMALA.

POËME DRAMATIQUE.

SUJET.

Fingal était à la veille d'épouser la belle Comala, lorsqu'on vint lui annoncer l'invasion d'un roi étranger. En partant pour le combat, il laissa son amante sur une colline, et lui promit de venir la rejoindre le soir même, s'il survivait à la bataille. Il vainquit, et envoya Hidallan à Comala pour lui annoncer son retour. Celui-ci, pour se venger des dédains de Comala, lui dit que Fingal a péri dans le combat. Un moment après Fingal arrive, et Comala meurt de joie.

BOSMINA.

La nuit descend ; ses voiles sombres
Enveloppent les flots glacés,
Et les fantômes courroucés
De cris sourds remplissent les ombres.
Ce sont des présages de mort :
Un roi compte sa dernière heure ;

Il tombe, trahi par le sort,
Au fond de l'étroite demeure.
Comala, fille des héros,
Viens t'associer à nos larmes :
Il goûte l'éternel repos,
Celui qu'avaient soumis tes charmes.
Hélas! avant la fin du jour,
Fingal, resplendissant de gloire,
Devait offrir à ton amour
Les premiers fruits de sa victoire ;
Mais la nuit a voilé les cieux ;
Fingal ne paraît point encore...
Comala, lève tes beaux yeux,
Et vois briller ce météore...
Fingal est parmi ses aïeux.

COMALA, s'adressant au torrent.

Enfants des monts et des tempêtes,
Pourquoi rouler des flots sanglants ?
Sur tes bords nos guerriers tremblants
Ont-ils suspendu leurs conquêtes ?
Dort-il mon héros indompté ?
O lune perce le nuage
Qui couvre ton globe argenté,
Et fais luire sur ce rivage
Une favorable clarté.
Chef des rois, parais à ma vue,

Brillant comme un rayon serein
Qui serpente à travers la nue
Humide des pleurs du matin.

HIDALLAN, envoyé par Fingal pour annoncer son retour à Comala.

Où traîner ma douleur amère !
O regrets, ô cris superflus !
Nos chefs ont mordu la poussière :
Le roi des boucliers n'est plus.

COMALA.

Quel monarque a perdu la vie ?
Avait-il la vive blancheur
Ou des frimas de la prairie,
Ou du cygne, amour du chasseur ?
Son œil était-il intrépide ?
Et dans les combats meurtriers
Sa lance, comme un feu rapide,
Consumait-elle les guerriers ?

HIDALLAN, feignant de ne pas l'entendre.

Oh ! que n'entends-je son amante,
Assise au pied du roc désert,
Appeler d'une voix touchante
L'aimable guerrier qu'elle perd !

Fils du printemps, zéphyr folâtre,
Soulève l'or de ses cheveux ;
Découvre-moi son sein d'albâtre,
Et l'humide azur de ses yeux.

COMALA.

Fingal dort d'un sommeil paisible...
Réponds, sinistre messager ;
Celui qui bravait le danger
N'est-il plus qu'une ombre insensible ?

HIDALLAN.

Oui, le chef du peuple est tombé :
Ses guerriers mesurent la plaine ;
Aux rigueurs d'une mort prochaine
Le hasard seul m'a dérobé.

COMALA.

Que par-tout la mort t'environne,
Transfuge de nos étendards,
Qui du trouble où je m'abandonne
Repais tes avides regards !
Qu'une amante désespérée,
Témoin de ton juste trépas,
Sur ta tombe déshonorée

Pleure et meurtrisse ses appas.
Barbare, ton récit coupable
Comble l'horreur de mon destin :
Sans toi le malheur qui m'accable
Pourrait être encore incertain ;
Un arbre, un rocher, un nuage,
Auraient pu séduire mes yeux,
Et m'offrir la trompeuse image
De mon héros victorieux.

BOSMINA.

Quel drapeau dans l'air se déploie ?
Quel bruit entends-je sur Arven ?
Comala, renais à la joie,
Voici les braves de Morven.

FINGAL.

Dépositaires de la gloire,
Bardes, commencez vos concerts ;
Et que les chants de la victoire
Retentissent dans ces déserts.
O Comala, fille charmante,
Viens applaudir à mes exploits ;
Sors de tes rochers, mon amante,
Que j'entende ta douce voix.

COMALA, *croyant parler à l'ombre de Fingal.*

Emporte-moi dans tes nuages,
Ombre si chère à mon amour.

FINGAL.

Fingal des vents et des orages
N'habite pas le noir séjour ;
Il a revu l'objet qu'il aime,
Il le presse contre son cœur...
Comala, reviens à toi-même,
Et souris à Fingal vainqueur.

COMALA.

C'est mon héros... ma main tremblante
Touche son invincible main ;
Voilà ses traits, son front serein,
Et sa chevelure flottante
Au souffle des vents du matin.
Mais quoi !... mes forces s'affaiblissent...
Je cède à l'excès du bonheur ;
Et déjà mes yeux s'obscurcissent,
Chargés d'une noire vapeur.

HIDALLAN.

Elle expire... O douleur tardive !

Pourquoi d'une amante craintive
Ai-je éveillé le désespoir?
Mes yeux ne pourront plus la voir
Forcer la biche fugitive;
Et nul dans le calme du soir
N'écoutera sa voix plaintive.

FINGAL.

Jeune homme aux farouches regards (1),
Éloigne-toi, fuis ma présence;
Abandonne mes étendards,
Et dans la honte du silence
Va languir parmi les vieillards.
Vous, bardes, chantez cette belle;
Chantez au bord de ce torrent;
Et qu'une plainte solennelle
Console ce fantôme errant.

BARDES.

Comala repose sans vie,
Ses yeux sont éteints pour jamais;
Le trépas d'une ombre ennemie
Enveloppe ses doux attraits.
Quand rouvriras-tu ta paupière,
O la plus belle des beautés?
Quand viendras-tu sur la bruyère

Presser les daims épouvantés ?
Aussitôt que la nuit obscure
Aura bruni l'azur des cieux,
Oh ! reviens enchanter nos yeux,
Laissant flotter à l'aventure
Les plis du voile nébuleux
Qui va te servir de parure.

NOTES DE COMALA.

(1) Les rois n'infligeaient à leurs sujets aucune peine capitale. Fingal, désespéré de la mort de Comala, victime d'un faux rapport, se contente de bannir Hidallan. De tous les affronts c'était le plus sensible pour un guerrier : peu y survivaient ; plusieurs se donnaient la mort, ou la demandaient à leurs pères. La cause de ce désespoir découlait de la croyance où ils étaient que l'ame d'un guerrier banni par son chef devait, avant d'être reçue dans les nuages, gémir plusieurs siècles aux bord des torrents bourbeux ou dans les plaines arides.

LA MORT D'HIDALLAN.

Du palais de Morven pour jamais exilé,
Hidallan, furieux, l'œil morne, échevelé,
Franchissant les torrents, les rochers, les bruyères,
Regagnait tout pensif l'asile de ses pères.
Durant trois jours entiers il erra sur les monts ;
Et déjà le soleil, couronné de rayons,
Faisait de pourpre et d'or resplendir l'étendue,
Quand les tours du Balva s'offrirent à sa vue.
Son père, en ce moment, sous un chêne voisin
Respirait la fraîcheur et l'air pur du matin ;
Ses yeux depuis long-temps étaient voilés par l'âge ;
Seul au bord du ruisseau, dans son désert sauvage,
Il songeait à son fils, espoir de ses vieux ans,
Et des siècles passés il murmurait les chants.
Soudain à son oreille un bruit confus résonne :
Le vieillard attentif et se tait et frissonne :
Il pressent le retour de son fils bien-aimé.

LAMOR.

Entends-je d'Hidallan le pas accoutumé ?

Ou bien n'est-ce qu'une ombre errante, fugitive,
Qui près de moi s'arrête et gémit sur la rive ?
Mon fils, as-tu péri sur les bords du Carron ?
Et ne me reste-t-il que ta gloire et ton nom ?
Mais, si tu vis encor, qu'as-tu fait de nos braves ?
Ont-ils perdu le jour ? hélas ! sont-ils esclaves ?
Jadis, avec la paix regagnant tes foyers,
Tu me les ramenais au bruit des boucliers.

HIDALLAN.

Mon père, les héros si chers à ta mémoire
Vivent pour les combats, et se couvrent de gloire...
De gloire... il n'en est plus pour ton fils malheureux :
Le destin me condamne à languir dans ces lieux,
Tandis que, loin de moi, plus prompt que le tonnerre,
Le fer vole, emporté sur l'aile de la guerre.

LAMOR.

Ah ! lorsque les périls invitaient les héros,
Tes aïeux s'indignaient des douceurs du repos.
Regarde cette tombe où sommeille mon père ;
Chargé d'ans et de gloire il finit sa carrière :
N'entends-tu pas sa voix qui me crie : « O mon fils !
» Que fais-tu loin de moi ? tes destins sont remplis ;
» Viens joindre ta dépouille à ma cendre honorée. »
Tombe de Germalon, tombe si révérée,

Dans ton sein désormais peux-tu me recevoir ?
Hidallan, mon orgueil, a trahi son devoir.

HIDALLAN.

Roi du sombre Balva, n'afflige point mon ame ;
Ah ! le même courage et m'anime et m'enflamme :
Ne me reproche point une molle langueur ;
Vois quel est mon destin, et connais sa rigueur.
Fingal, de Comala pleurant la mort fatale,
Charge de cette mort ma tendresse rivale.
Il me défend la gloire, et dérobe aux combats
Par un ordre jaloux ma jeunesse et mon bras :
« Retourne, m'a-t-il dit, retourne dans tes plaines ;
» Va, cours te dessécher aux bords de tes fontaines,
» Pareil au vieux sapin dont les vents mutinés
» Battent la tête chauve et les flancs décharnés. »

LAMOR.

Lorsque mes yeux en pleurs, du sommet des nuages,
Tomberont sur ces bords témoins de mes outrages,
Naissez, épais brouillards, fils de l'obscurité,
Et cachez Hidallan à son père irrité !

HIDALLAN.

Plains un jeune guerrier que son chef déshonore.

Mais pour te consoler que puis-je faire encore ?
Dois-je porter ma lance en de nouveaux climats ?
Sur ces monts, couronnés par d'éternels frimas,
Si je poursuis le daim, la biche aux pieds rapides,
Si Branno, si Luath, mes dogues intrépides,
Forcent le sanglier dans ses retranchements,
Souriras-tu, mon père, à ces amusements,
Et, le cœur satisfait, le front brillant de joie,
De tes tremblantes mains toucheras-tu ma proie ?

LAMOR.

Aux murs de ce palais bâti par mes aïeux,
Le fer de Germalon va s'offrir à tes yeux.
Prends, mon fils, prends ce fer, et l'apporte à ton père.
Hidallan obéit. « Près de cette onde claire,
» Dit encor le vieillard, et sous le chêne épais,
» Dans son asile étroit ton aïeux dort en paix :
» Guide mes pas. » A peine il en touche la pierre :
» Toi, dont l'œil nébuleux veille sur cette terre,
» Illustre Germalon, du haut du firmament
» Contemple ta famille à son dernier moment.
» Comme sa honte, hélas ! sa douleur est extrême. »
Il dit, frappe son fils, et se frappe lui-même.

LORMA.

SUJET.

Fingal, à son retour d'Irlande d'où il avait chassé Swaran, donna une fête à tous ses héros : il oublia d'inviter Maronnal et Mathos, deux chefs qui ne l'avaient point accompagné dans son expédition. Ils conçurent un vif ressentiment de cet oubli, et passèrent au service d'Erragon, l'ennemi déclaré de Fingal, et roi d'un canton de la Scandinavie appelé Sora. La valeur de Mathos lui acquit bientôt une grande réputation dans Sora ; et Lorma, femme d'Erragon, conçut pour lui une violente passion. Il trouva les moyens de s'évader avec elle, et de revenir auprès de Fingal qui demeurait alors à Selma. Erragon fit une descente en Écosse, et fut tué dans le combat par Gaul, fils de Morni, après avoir rejeté les propositions de paix que Fingal lui avait offertes. Mathos fut tué par Erragon son rival ; et l'infortunée Lorma mourut de douleur.

Enfant de la roche isolée (1),
Les doux sons de ta voix réjouissent mon cœur ;
Ils se mêlent au bruit flatteur
Du clair ruisseau qui baigne la vallée :
Solitaire étranger, sur ces gazons flétris

Un moment que ton œil s'arrête :
Là s'élève une tombe au milieu des débris
Que du sommet des monts a roulés la tempête ;
Là tu dors, Erragon, chef des rois belliqueux :
De l'éclat de ton nom Sora n'est plus frappée,
Et la rouille des ans a noirci ton épée
    Dans le palais de tes aïeux ;
Un long deuil de tes mers attriste les rivages.
O toi, pour les combats, pour la gloire nourri,
Vaillant chef de Sora, comment as-tu péri
    Sur ces bords lointains et sauvages ?

Swaran était vaincu ; Fingal et ses guerriers
Revoyaient de Selma les murs hospitaliers.
Mon père satisfait nous commande une fête :
A remplir tous ses vœux chacun de nous s'apprête ;
Nous tendons l'arc fatal ; le trait obéissant
Va percer dans les bois le chevreuil bondissant ;
Et tous vers le palais, pleins d'orgueil et de joie,
Nous revenons, chargés d'une sanglante proie.
Les bardes au banquet invitent les héros :
Deux seuls sont oubliés, Maronnal et Mathos.
Un farouche dépit dans leurs yeux étincelle ;
Sinistres, à travers la joie universelle,
Ils s'élèvent, pareils à deux brouillards errants
Qui pèsent sur les flots azurés et riants :

L'aquilon est muet, le ciel est sans nuage ;
Mais le vieux nautonier tremble et prévoit l'orage.

« Partons, dit Maronnal ; que nos légers vaisseaux
» Fendent des mers du Nord les turbulentes eaux ;
» Mathos, on nous oublie, et des chefs de l'armée
» Nous ne partageons point la fête accoutumée.
» Du superbe Fingal quittons les étendards :
» Erragon nous appelle à de nouveaux hasards ;
» Son palais retentit des chants de la victoire.
» Viens, et dans ses combats allons chercher la gloire. »

Ils voguent, et bientôt arrivent à Sora :
De présents et d'honneurs Erragon les combla,
Et les vit, sous ses lois, par d'éclatants services
Lui rendre chaque jour les destins plus propices.
Mais du jeune Mathos la grace et la valeur
De l'aimable Lorma surent toucher le cœur.
Épouse d'Erragon, Lorma dans son aurore
Brillait comme la fleur que le printemps colore.
Ses yeux charmants roulaient dans les feux de l'amour :
Assise chaque soir au sommet d'une tour,
Elle s'entretenait des peines de son ame.
Lasse enfin de combattre une amoureuse flamme,
Elle fait à Mathos le plus doux des aveux ;
Et du palais des rois ils s'éloignent tous deux :
Tous deux gagnent Morven. Les regards de mon père
S'allument à l'instant d'un feu sombre et sévère :

« Infidèle Mathos, lui dit-il, est-ce à moi
» D'apaiser la fureur d'un époux et d'un roi ?
» Dois-je contre Erragon défendre ces murailles,
» Et briser dans ses mains la lance des batailles ?
» Injuste ravisseur, qui voudra désormais
» Recevoir mes guerriers au sein de son palais ?
» Retourne dans tes bois, va dans leur solitude
» Déplorer et ta faute et ton ingratitude :
» Tu rallumes la guerre en ces tristes climats.
» O mon père ! ô Tremnor ! des ombres du trépas
» Vois quelle est de ton fils la fatale vieillesse :
» Au milieu des combats j'ai passé ma jeunesse ;
» Faut-il, hélas ! faut-il combattre de nouveau,
» Et marcher dans le sang jusqu'aux bords du tombeau?
» O Morven ! l'avenir se découvre à ma vue ;
» Je vois sur mon palais la tempête étendue
» En écraser les murs si long-temps glorieux.
» Quand la mort de mes fils aura fermé les yeux,
» Une race timide, habitant ce rivage,
» Y trouvera mon nom consacré d'âge en d'âge,
» Et de tous mes exploits le brillant souvenir
» Ne paraîtra qu'un songe aux siècles à venir. »

Erragon cependant, enflammé du furie,
A la hâte rassemble une foule aguerrie :
Il s'embarque avec elle ; et déjà nos forêts
S'offrent à ses regards farouches et distraits.
A peine de Morven ses pieds touchent la terre,

Il députe à Selma le barde de la guerre.

Tous nos jeunes guerriers en ce moment fatal
Chassaient dans le désert, éloignés de Fingal.
Ce héros, entouré de ses amis fidèles,
De ces hardis vieillards, nos illustres modèles,
Se rappelait près d'eux les antiques combats,
Lorsque le vieux Narmor, précipitant ses pas,
Entre dans le palais : « Braves guerriers, aux armes !
» Erragon à sa suite entraîne les alarmes ;
» Son barde vous appelle aux combats meurtriers.
» Prends, lui répond Fingal, les superbes coursiers
» Que nous avons conquis sur les maîtres du monde ;
» Et que de mes projets ton zèle me réponde.
» Ma fille, tu suivras ce généreux vieillard :
» Va trouver Erragon, et dis-lui de ma part
» Que, s'il veut se placer au banquet de ton père,
» Nous serrerons les nœuds d'une amitié sincère ;
» Dis-lui que de Mathos les trésors souverains,
» S'il peut les désirer, vont passer dans ses mains ;
» Dis-lui qu'en mon palais nous sommes sans défense,
» Et que l'âge a glacé notre antique vaillance. »

Il se tait. Bosmina, vers le camp ennemi,
S'avance le front calme et d'un pas affermi.
Sa main droite soutient une coupe dorée ;
Dans sa gauche étincelle une flèche acérée ;
Sa taille, sa beauté, son souris gracieux,

Sur elle en un moment attachent tous les yeux ;
Et le sombre Erragon de sa douleur extrême
A son aimable aspect est consolé lui-même.

« Roi, lui dit Bosmina, je t'apporte la paix.
» Viens t'asseoir avec nous sous le feuillage épais
» Qui voile de Selma les tours silencieuses,
» Et laisse reposer tes armes belliqueuses.
» Si les trésors des rois peuvent flatter tes sens,
» Du généreux Mathos accepte les présents :
» Il te donne cent chars, cent cuirasses légères,
» Cent rapides faucons, cent belles étrangères,
» Cent superbes coursiers accoutumés au frein,
» Cent dogues aux flancs noirs, et cent casques d'airain :
» D'or et de diamants dix coupes radieuses
» Brilleront à Sora dans tes fêtes joyeuses ;
» Ou bien, si pour ton cœur, plein de justes regrets,
» Une infidèle épouse a les mêmes attraits,
» A ton amour bientôt Lorma sera rendue :
» Mais qu'une paix durable à ce prix soit conclue. »

« — Fille aimable des rois, lui répond l'étranger,
» A fléchir sous Fingal penses-tu m'engager ?
» Que lui-même à mes pieds dépose ses richesses,
» Qu'il me cède deux monts, et joigne à ces largesses
» Les armes qu'autrefois portèrent ses aïeux ;
» Mon armée à ce prix abandonne ces lieux.
» — Erragon, dit ma sœur avec un fier sourire,

» A de pareils traités Fingal ne peut souscrire,
» De l'ennemi jamais il ne reçut la loi :
» Regarde, et vois la mort prête à fondre sur toi. »
Elle dit, et retourne au palais de mon père.

Fingal, en la voyant taciturne et sévère,
Se lève furieux, prend son armure d'or,
Et couvre ses cheveux du casque de Tremnor.
Quand il porte la main à sa lance fatale,
Le soleil à regret verse une clarté pâle ;
Un nuage sanglant des cieux voile l'azur ;
Mille ombres, se penchant sur leur brouillard obscur,
Présagent le trépas de cent guerriers célèbres,
Et semblent murmurer des chants sourds et funèbres.
Une gaieté terrible anime nos vieillards ;
Le zèle belliqueux brille dans leurs regards ;
Tous, songeant aux beaux jours de leur adolescence,
Autour de leur vieux roi se pressent en silence :
Ils marchent : mais soudain les dogues aboyants
Annoncent le retour des chasseurs triomphants.
Orcar est le premier ; Gaul, Fergus et Dermide
S'élancent sur les pas du guerrier intrépide :
Némi vient après eux, il porte dans ses mains
La dépouille d'un cerf hôte des monts voisins.
Ossian les suivait : il est pensif ; son ame,
En songeant au passé, s'attendrit et s'enflamme.
Notre aspect imprévu fait sourire Fingal :
Lui-même du combat il donne le signal ;

Mille glaives, brillant d'une affreuse lumière,
Rayonnent à-la-fois sur la verte bruyère ;
Et trois bardes plaintifs, commençant leurs concerts,
Du chant de la bataille épouvantent les airs.

L'étendard de Morven dans les cieux se déploie :
Assis sur la colline, et palpitant de joie,
Mon père suit de l'œil ses enfants généreux,
Et, fier de leur valeur, se sent renaître en eux.
Mais le cor retentit, et le combat s'engage :
Le farouche Erragon s'enivre de carnage ;
Des tribus de Morven seul il soutient l'effort,
Et sur nos bataillons il promène la mort.
Quel est donc ce guerrier qui s'offre à sa colère,
Et mord en expirant la sanglante poussière ?
Pleure, belle Lorma ; ton amant a vécu...
Gaul s'avançait alors : il voit Mathos vaincu.
Au-devant d'Erragon aussitôt il s'élance,
A son glaive homicide il oppose sa lance,
Le jette sur le sable, et lui perce le cœur.
Hélas ! il est tombé ce superbe vainqueur !
O Sora ! dans tes murs quelle morne tristesse !
Ton roi, bouillant d'ardeur, de gloire et de jeunesse,
Ne te défendra plus contre tes ennemis...
Il dort sur la colline auprès de ses amis.
La victoire à sa mort ne fut plus indécise.

Près d'un chêne enflammé languissamment assise,

Lorma veillait alors au palais de Mathos :
Elle attend le retour de l'aimable héros.
Sur la plaine déjà la nuit est descendue ;
La cascade du mont s'arrête suspendue ;
Le zéphyr est muet ; et Lorma dans les pleurs
En mots entrecoupés exhale ses douleurs :

« Mathos ne revient pas ; la tristesse et la crainte
» Peuplent de son palais la solitaire enceinte :
» Aimable et beau chasseur, qui peut te retenir ?
» Hélas ! avec le soir tu devais revenir !
» Le cerf, que poursuivaient tes flèches meurtrières,
» T'aura-t-il entraîné par-delà nos bruyères ?
» Les étoiles du soir s'élèvent sur les monts.
» Pourquoi n'entends-je pas tes dogues vagabonds ?
» Descends, ô mon amour, descends de ta colline. »
Elle dit, et se tait : sur la roche voisine
Un fantôme se montre à ses yeux effrayés ;
De poussière et de sang ses cheveux sont souillés ;
Son bras agite encore un tronçon de sa lance ?
Il s'arrête, soupire, et s'éloigne en silence.
Lorma comprit alors que Mathos n'était plus.
Pâle, d'un œil avide, et les sens éperdus,
Le long de la bruyère elle suit l'ombre errante.
J'entendis les sanglots de sa voix déchirante :
Tel murmure un zéphyr à travers le gazon
D'un antre solitaire ou d'un sombre vallon.
Jusqu'au champ de bataille enfin elle se traîne :

Elle trouve Mathos étendu sur l'arène...
La mort deux jours après termina ses douleurs :
Les bardes attendris chantèrent ses malheurs.
Tous les ans, quand l'automne et l'humide froidure
Dépouillent les coteaux de leur fraîche verdure,
Les filles de Morven pleurent cette beauté.

———

Solitaire habitant de ce roc écarté (2),
Tu foules une terre en batailles féconde :
Chante ces morts, la gloire et la splendeur du monde.
Quand la reine des nuits, commençant à briller,
Luira dans la caverne où tu dois sommeiller,
Sur un rayon tremblant que Lorma descendue,
Rêveuse, et belle encor, se présente à ta vue :
Tu l'entendras gémir; elle pleure toujours,
Et redemande aux vents l'objet de ses amours.

NOTES DE LORMA.

(1) Ossian adresse ce poëme à un des premiers missionnaires chrétiens qui furent envoyés en Écosse. On les rappelait *culdées*, c'est-à-dire solitaires, à cause de la vie retirée qu'ils menaient.

(2) Le poëte parle au solitaire à qui il a adressé ce poëme.

MINVANE.

Du haut d'un roc, voisin des mers,
Solitaire, triste, muette,
Minvane sur les flots amers
Égarait sa vue inquiète :
Elle aperçut tous nos guerriers.
Couverts de leurs armes brillantes,
Du sein des combats meurtriers
Ils revolaient vers leurs amantes.
Mais Rino n'est point avec eux,
Rino que Minvane idolâtre :
Des pleurs obscurcissent ses yeux ;
Elle frappe son sein d'albâtre,
Et de ses cris trouble les cieux :
« Couché sur la verte prairie,
» Dort-il mon invincible amant ?
» Le bras qui l'étendit sans vie
» Était donc un bras bien puissant !
» Il n'est plus celui que j'adore.
» Cher Rino, la voix de l'aurore
» Ne te dira-t-elle jamais :
» La nuit rentre dans son palais ;

» D'un feu pur l'horizon se dore :
» Jeune chasseur, éveille-toi,
» Prends ton arc, et répands l'effroi
» Dans les forêts que je colore. »

« Fille du jour, cache tes feux :
» L'ami de Minvane succombe ;
» Les cerfs bondissent sur sa tombe,
» Ils foulent son arc paresseux.
» Mon héros, dors en assurance ;
» Ton sommeil sera respecté ;
» Dans un religieux silence
» Je vais m'étendre à ton côté :
» Au sommet blanchi des montagnes
» Demain mes agiles compagnes
» Me demanderont à l'écho ;
» J'aurai compté ma dernière heure,
» Et dans mon obscure demeure
» Je dormirai près de Rino. »

ÉVÉLINA.

FRAGMENT DU POËME DE FINGAL.

MALVINA.

C'était la voix d'Oscar... rarement dans un songe
    Son ombre vient me consoler...
Je lui parlais... Le jour détruit ce doux mensonge,
Et je sens que mon ame est prête à s'envoler.
Le fantôme d'Oscar remonte dans sa nue;
Sa robe de vapeurs, flottant au gré des vents,
Sous les feux du soleil resplendit à ma vue,
Et l'or de l'étranger brille en ses plis mouvants.
Tu vis, mon cher Oscar, dans ce cœur qui t'adore :
    Mes larmes coulent dans la nuit,
    Mes larmes coulent à l'aurore,
    Mes larmes, quand le jour s'enfuit,
    Demandent à couler encore.
    Hélas! comme un jeune arbrisseau
    Qu'un zéphyr matinal balance,
    Sur l'onde pure du ruisseau,
    Je fleurissais en ta présence.

Le souffle brûlant de la mort
A desséché mon vert feuillage :
Mes compagnes plaignent mon sort
Et les ennuis de mon veuvage ;
En vain, pour réjouir mon cœur,
Leur main sur la harpe voltige...
Ces accords blessent ma douleur ;
Tout m'importune, tout m'afflige.

OSSIAN.

Ta voix s'est fait entendre à mon cœur agité :
Oui, le cœur du vieillard répond à ta tendresse.
Quand notre ame est en paix, il est dans la tristesse
    Une secrète et douce volupté ;
Mais un chagrin profond lentement nous consume.
O ma fille ! des maux que souffre ta beauté
    Puissent mes chants adoucir l'amertume !

Nous goûtions dans Selma les charmes du repos :
Autour d'un chêne en feu nous écoutions mon père
Racontant les combats des antiques héros ;
   Et près de lui Fillan, mon jeune frère,
Poussait, à ce récit, de belliqueux sanglots :
Mon fils, lui dit le roi, j'aime ta noble audace ;
J'ai vu briller ta lance, et ton père joyeux
     S'est enorgueilli de sa race ;
Sois l'égal de Tremnor, ce chef de nos aïeux,
   Dès son enfance instruit à la victoire ;

Son glaive renommé veilla sur nos climats ;
　Il s'éteignit enfin dans les combats ;
Mais la harpe guerrière éternise sa gloire.

　J'avais ton âge et presque ta beauté
　　Quand à mes yeux, plus fraîche que l'aurore,
　Plus blanche que le cygne au plumage argenté,
　Ou le lis embaumé que Morven voit éclore,
　Pour la première fois s'offrit Évélina.
　　Je traversais la forêt de Léna ;
　　　Quelques braves suivaient ton père :
　Un cri plaintif, parti de la bruyère,
　Glace mon cœur de surprise et d'effroi ;
　Nous approchons : Évélina tremblante
　Me reconnaît et s'avance vers moi ;
　Sa chevelure, au gré des vents errante,
　Voile à demi son sein mouillé de pleurs.
« Fille de la beauté, d'où naissent tes douleurs ?
» Quel dessein te conduit dans ce bois solitaire ?
　　　» Instruis Fingal de tes malheurs ;
» Il est pour l'infortune un astre tutélaire.

　» — Chef des combats, toi que Morven révère,
　» Toi dont le barde a consacré le nom,
　» D'un roi puissant à qui je fus bien chère,
　» Tu vois en moi le dernier rejeton :
　» Mille guerriers brûlèrent pour mes charmes,
　» Et les rochers du sourcilleux Croma
　» Plus d'une fois virent couler leurs larmes :

» Le noir Bolbar m'aperçut et m'aima,
» A fuir de mon palais son amour m'a contrainte.
» — Qu'il vienne ce sombre guerrier ;
» Fille de l'Océan, repose-toi sans crainte
» A l'abri de mon bouclier. »

Sur les mers, à ces mots, je promène ma vue ;
Bientôt dans le lointain, comme une épaisse nue,
S'avance de Bolbar l'esquif audacieux ;
Le vent du nord mugit dans sa voile étendue,
Et son poids ouvre au loin un sillon écumeux :
« Noble étranger, enfant de la tempête,
» Dis-je à Bolbar, Selma brille de feux ;
» De mon retour on prépare la fête :
» Viens écouter nos chants, et t'asseoir à nos jeux. »
Le traître me répond par un affreux sourire ;
Il bande l'arc fatal... le trait siffle... soudain
Évélina chancelle, tombe, expire...
« Applaudis-toi du sang qu'a répandu ta main ;
» Il est aisé d'immoler une femme :
» Mais le bras de Fingal sait punir l'assassin. »
Nous combattons ; la rage qui m'enflamme
En ma faveur fait pencher le destin :
Bolbar vaincu roule dans la poussière :
Il ose m'adresser une lâche prière ;
Mais sans pitié je lui perce le sein ;
Et de son corps, gisant sur la bruyère,
L'aigle des monts vient repaître sa faim.

LATHMON.

SUJET.

Lathmon, fils de Nuath, prince breton, profita de l'absence de Fingal, qui était en Irlande, pour faire une descente dans le pays de Morven. Il s'avança jusqu'à la vue du palais de Selma. Mais, comme il était sur le point de l'assiéger, Fingal arriva : Lathmon se retira sur une colline, où il fut surpris pendant la nuit, et fait prisonnier par Ossian, et par Gaul, fils de Morni. Le poëme commence au moment où Fingal paraît sur la côte.

O Selma, dans tes murs quelle effrayante paix !
Aucun son de tes bois ne trouble le silence ;
En des climats lointains Fingal lève sa lance,
Et le deuil et la crainte habitent son palais :
Les filles de Morven ont devancé l'aurore ;
Les yeux mouillés de pleurs s'égarent sur les eaux...
Mais le fils de Comhal ne paraît point encore,
Le vent du nord mugit, et retient ses vaisseaux.

Quel est ce noir torrent qui descend des montagnes,
Et roule avec fracas ses flots tumultueux ?

C'est Lathmon ; son armée inonde nos campagnes,
Et porte vers Selma ses pas impétueux :
Ivre d'un fol espoir, il s'arme pour abattre
L'orgueil de ce palais connu des nations :
Les braves sont absents ; contre ces bataillons
Les vierges de Selma doivent-elles combattre ?
Fuis, superbe étranger, fuis... Sur les flots lointains
Vois-tu se déployer nos voiles ondoyantes ?
Fingal, vainqueur des flots, des vents et des destins,
Ramène sur nos bords ses cohortes vaillantes.

Nous entrons dans la baie : Ossian furieux
Monte sur la colline, et son œil intrépide
Voit rouler dans la plaine une foule homicide,
Trois fois son bouclier rend un son belliqueux ;
A ce son imprévu la biche épouvantée
S'enfuit en bondissant vers sa grotte écartée ;
L'ennemi m'envisage, et mon aspect fatal
Du péril qui l'attend est pour lui le signal ;
Je parais à ses yeux comme un sombre nuage
Qui pèse sur les airs et recèle l'orage.

Assis en ce moment près du torrent fougueux
Et le front appuyé sur un bâton noueux,
Morni s'entretenait des batailles antiques.
Gaul, son fils, écoutait ses récits héroïques ;
Ils charment son oreille, et remplissent son cœur
D'un mélange nouveau de respect et d'ardeur ;

Souvent, dans les transports de son jeune courage,
Il se lève, et ses mains font voler le feuillage.
Mais le vieillard entend le son du bouclier ;
Son ame reconnaît ce signal meurtrier :
« Mon fils, dit-il à Gaul, la guerre se réveille,
» Et des accents de mort ont frappé mon oreille.
» Fingal est de retour : va, cours, apporte-moi
» Ces armes qui jadis semaient par-tout l'effroi,
» Ces armes, monuments des jours de ma puissance :
» Et toi, mon jeune fils, toi, ma seule espérance,
» Qui du nom paternel dois soutenir l'éclat,
» Prends une armure, et vole à ton premier combat.
» Morni fut des guerriers et la gloire et l'exemple ;
» Aussi, vois de quel œil sa tribu le contemple.
» De ma vieillesse au loin les pas sont honorés.
» Je m'avance ; d'amour, de respect pénétrés,
» Tous les jeunes héros autour de moi s'empressent,
» A mes cheveux blanchis leurs hommages s'adressent,
» Et chacun de ton père attend un seul regard. »
Gaul s'éloigne et revient : le débile vieillard
S'est revêtu d'acier ; mais sa main défaillante
Succombe sous le poids de sa lance brillante.
Il marche vers Fingal ; Gaul lui prête son bras,
Et, guide vigilant, conduit ses faibles pas.
Mon père à leur aspect laisse éclater sa joie :
« Noble chef de Strumon, faut-il que te voie
» Courbé sous l'appareil d'un guerrier menaçant ?
» Tu brillais autrefois comme un astre naissant

» Qui chasse les brouillards flottants sur mes collines,
» Et dore d'un feu pur les campagnes voisines.
» Le moment du repos est arrivé pour toi :
» Ton peuple te bénit ; conserve-lui son roi.
» Cependant, bon vieillard, je rends grace à ton zèle;
» C'est assez de Fingal pour punir un rebelle.

» —Roi de Morven, mon bras a perdu sa vigueur ;
» Si parfois, rappelant mon antique valeur,
» Je veux de son fourreau retirer mon épée,
» Elle résiste, hélas ! à ma force trompée ;
» Mais, Fingal, pour mon fils elle brille aujourd'hui :
» A son premier combat il a besoin d'appui ;
» Je l'ai vu s'enflammer au récit de ma gloire :
» Ah ! du nom de Morni périsse la mémoire !
» Et puisse l'ennemi, de ma vue alarmé,
» Dire : Voilà de Gaul le père renommé !

» —Roi de Strumon, ton fils mérite ma tendresse ;
» Fingal d'un bouclier couvrira sa jeunesse.
» Toi, tranquille à Selma, loin des combats sanglants,
» Viens goûter cette paix que t'imposent les ans :
» Par les mâles accords de la harpe guerrière
» Mes bardes charmeront ton ame noble et fière. »

Ils entrent. Sur Morven la sombre nuit descend :
Les rois se sont assis près d'un chêne brûlant ;
Ullin chante ; sa voix, ornement de nos fêtes,

Du père de Fingal célèbre les conquêtes.
Soudain Morni frissonne, et son œil irrité
Lance un regard terrible au barde épouvanté (1).
Le chant cesse ; et Fingal : « Quelle sombre tristesse
» De ces heureux moments vient troubler l'allégresse ?
» Si la haine autrefois divisa nos aïeux,
» Ils commandent ensemble aux vents séditieux.
» Oublions, ô Morni, leurs antiques querelles :
» La paix a joint nos cœurs, demeurons-lui fidèles.

» —Oui, répond le vieillard, ton père était vaillant ;
» Combien de fois j'ai vu son courage bouillant,
» Comme un feu destructeur, consumer mes phalanges !
» Ce héros disparu revit dans les louanges ;
» Moi-même j'ai donné des larmes à sa mort.
» De Lathmon cependant sachons tromper l'effort ;
» Ossian, et toi, Gaul, sur la colline sombre
» Observez tous ses pas à la faveur de l'ombre ;
» Et sur-tout modérez votre ressentiment :
» La jeunesse est fougueuse et s'égare aisément. »

Il se tait ; nous partons : une clarté légère
Tremble encor dans les cieux, et luit sur la fougère.
Déjà nous entendions les pas de l'ennemi,
Quand, la main sur son fer qui brillait à demi,
Gaul me dit, emporté par l'ardeur qui l'enflamme :
« Pourquoi, fils de Fingal, sens-je brûler mon ame ?
» D'où peuvent naître en moi ces transports inconnus ?

» Dans le sable à regret mes pas sont retenus ;
» Je sens trembler mon cœur, mes forces s'affaiblissent,
» Et d'un voile jaloux mes regards s'obscurcissent.
» Ossian, dis-le-moi, près d'un péril certain
» Le cœur du brave ainsi tremble-t-il dans son sein?
» Quelle gloire pour vous, pour Fingal, pour mon père,
» Si l'étranger surpris... — Que cette ardeur m'est chère !
» O mon ami ! notre ame en secret se confond :
» A la témérité si le succès répond,
» Nous nous couvrons tous deux d'une gloire immortelle;
» Et quand la mort serait le prix de notre zèle,
» Nos pères, il est vrai, nous donneraient des pleurs,
» Mais un secret orgueil viendrait enfler leurs cœurs;
» Ils diraient : Si nos fils dorment sous cette pierre,
» Leur nom seul de Morven doit illustrer la terre.
» Eh! pourquoi du tombeau déjà nous occuper ?
» La mort aime le brave et craint de le frapper :
» Le lâche en vain la fuit ; elle vole à sa suite,
» Et de ses bras sanglants l'entoure dans sa fuite. »

Je m'élance à ces mots : Gaul marche sur mes pas ;
Un torrent, dont les bords sont couverts de frimas,
Roule et serpente autour de l'armée ennemie :
Tranquille et sans défense elle était endormie,
Et les feux de son camp, sans force et sans chaleur,
Ne versaient qu'une pâle et mourante lueur.
Pour franchir le torrent qui me sépare d'elle,
Déjà je m'appuyais sur ma lance fidèle,

Lorsque le jeune Gaul : « Ossian, que fais-tu ?
» Ne va point démentir ton sang et ta vertu ;
» Que de ton bouclier le bruit se fasse entendre,
» Que l'ennemi s'éveille et puisse se défendre. »
Je me rends à ses vœux : de l'homicide airain
Le son retentissant frappe l'air, et soudain
Tout s'éveille à-la-fois, tout frémit, tout s'agite ;
L'étranger au hasard court et se précipite ;
Il croit, dans sa terreur, que Morven l'a surpris,
Délibère, s'égare ; et nous, poussant des cris,
Nous frappons. Sous mes coups le fier Cremor chancelle ;
Nermi tombe, et se perd dans la nuit éternelle.
Et toi, fils de Morni, ton bras n'est point oisif,
Tu fonds sur Donthormo, guerrier faible et craintif :
En vain, pour échapper à ta juste colère,
Il gravit contre un chêne antique et solitaire ;
Ta lance le poursuit, pénètre dans son flanc,
Et le tronc du vieil arbre est rougi de son sang.
Mais l'aurore se lève ; à sa clarté mouvante
L'étranger se rallie et perd son épouvante :
Lathmon nous aperçoit et pâlit de fureur :
« Hé quoi! deux seuls guerriers ont semé la terreur !
» Hé quoi! dans notre sang leurs mains se sont trempées !
» Dois-je faire contre eux briller dix mille épées ?
» Et, tandis que leur bras a vaincu sans secours,
» Dirai-je à mes tribus de terminer leurs jours ?
» Non ; je combattrai seul. Ossian, plein d'audace,
» Ossian, fils des rois, est digne de sa race :

» Sulmath, va le trouver, et dis-lui que Lathmon
» Connaît depuis long-temps et sa gloire et son nom,
» Qu'à l'heure du combat nul effroi ne l'arrête,
» Qu'il attend dans la plaine, et que sa lance est prête. »

J'accepte le défi : nous combattons ; l'éclair
Est moins prompt dans les cieux qu'en mes mains n'est le fer
Sous les coups redoublés nos cuirasses gémissent ;
De nos casques d'airain mille flammes jaillissent ;
Tout ce que peut l'adresse, et la ruse, et l'ardeur,
Et la force du bras, et l'audace du cœur,
Nous l'employons : déjà nos lances meurtrières
De leurs éclats brillants parsèment les bruyères ;
Ainsi que deux esprits sur leurs trônes mouvants
Se lancent la tempête, et la foudre, et les vents,
Ainsi nous nous portons atteinte sur atteinte ;
De notre sang mêlé déjà la terre est teinte :
Lathmon enfin, Lathmon doit subir le trépas.
Un tronçon de ma lance embarrasse ses pas ;
Il tombe : mon épée est déjà sur sa tête,
Quand du fils de Morni le bras puissant m'arrête.
Lathmon jette sur nous un regard attendri ;
Et nous prenant la main : « Couple auguste et chéri,
» Nous dit-il, sans rougir je cède la victoire :
» Eh ! qui peut effacer l'éclat de votre gloire ?
» Vous épargnez le sang des guerriers abattus.
» Autant que vos exploits j'admire vos vertus.

» — Viens, lui dis-je ; Fingal à Selma nous appelle ;
» Serre avec lui les nœuds d'une paix éternelle :
» Du sang qu'il voit couler il gémit en secret,
» Et jamais ses enfants n'ont vaincu qu'à regret. »

NOTE DE LATHMON.

(1) Ullin avait mal choisi son sujet : Morni craignit qu'en chantant les exploits de Comhal, le barde ne réveillât dans l'âme de Fingal le souvenir de leurs anciennes querelles.

LA MORT D'OSCAR,

FILS DE CARUTH,

ET DE DERMIDE,

FILS DE DIARAN.

SUJET.

Caruth, père d'Oscar, raconte la mort de son fils et de Dermide, son ami. Il ne faut pas confondre cet Oscar et ce Dermide avec les héros de même nom dont il est question dans Témora, comme nous en avons averti dans une note sur le premier chant du poëme précédent. Il n'est pas sûr que celui-ci soit d'Ossian; mais comme il n'est pas sans mérite, nous croyons qu'il ne déparera point ce recueil.

Pourquoi rouvrir la source de mes larmes ?
Pourquoi de mon Oscar me demander le sort ?
Fils d'Alpin, tu le sais, sa jeunesse, ses charmes,
N'ont pu le dérober au glaive de la mort.

O mon unique amour! ma douleur paternelle
Vainement de ton nom attendrit ces forêts;
Tout se couvre à mes yeux d'une ombre universelle...
    Je ne vis que par mes regrets.

Il s'est éteint comme un astre timide,
Quand l'orage nocturne éclate sur les monts;
Comme le roi du jour, quand un brouillard humide
De son bouclier d'or nous cache les rayons :
Et moi, dans mon palais lugubre et solitaire,
Comme un chêne vieilli, dont le Nord en fureur
Dépouille et fait rouler la tête octogénaire,
    Je me flétris sous le malheur.

L'herbe des champs vit et meurt inconnue :
Le brave n'a jamais partagé son destin;
Sa lance est un éclair qui déchire la nue,
Son bras à l'ennemi donne un trépas certain;
Mais toi, mon cher Oscar, tu succombes sans gloire;
Tu n'as point dans ta chute entraîné l'ennemi,
Et ton glaive fameux, pour dernière victoire,
    Fume du sang de ton ami.

Dermide, Oscar, dès leur plus tendre enfance
Étaient unis par les plus tendres nœuds :
Age, beauté, grace, douceur, vaillance;
Peine, plaisir, tout fut égal entre eux :
Dans les combats leur lance dévorante

Embrasait les rois renversés :
Tels roulent deux torrents dont la course écumante
Précipite le deuil, le trouble, l'épouvante,
A travers les rocs fracassés.

Dargo tomba sous leur épée,
Dargo qui jamais n'avait fui :
Sa fille, de larmes trempée,
Demeurait seule et sans appui :
Elle était innocente et belle,
Pure comme le jour naissant,
Fraîche comme la fleur nouvelle
Au parfum doux et ravissant ;
Ses beaux yeux étaient deux étoiles
Qui tremblent au milieu des airs,
Ou rayonnent parmi les voiles
Des brouillards hôtes des déserts.
Les deux héros soupirèrent pour elle :
Ou la posséder ou mourir,
Voilà leur vœu. Mais Nina fut rebelle
A l'aimable Dermide : Oscar eut son désir ;
Elle adora mon fils, quoique sa main vaillante
Fumât encor du sang d'un père infortuné...
Eh! qui peut de sa flamme accuser une amante?
Enchaîne-t-on un cœur vers un autre entraîné?
« Oscar, lui dit Dermide, abrège ma souffrance ;
» Tu connais mes tourments ; tu sais que dans mon cœur
» De te ravir Nina je garde l'espérance :

» Mon ami, prends ton glaive, et finis mon malheur.
» — Qu'en te donnant la mort Oscar se déshonore!
» — Eh! quel autre qu'Oscar doit me priver du jour?
» Possède sans rival la beauté qui t'adore ;
» Frappe, éteins dans mon sang un criminel amour.
» — Ah! plutôt combattons, et puisse la victoire
» Ne point rougir ce fer du sang de mon ami!
» Dermide, défends-toi; songe, songe à ta gloire,
 » Que par l'amour ton bras soit affermi. »
Leurs fers brillent soudain... Mais Dermide succombe.
  Oscar près du torrent bourbeux
  Dépose le corps dans la tombe.
Une farouche joie éclate dans ses yeux :
Il va trouver Nina : « Beauté qui m'es si chère,
» Viens, lui dit-il; d'Oscar suis les pas incertains. »
 Elle obéit : sous des arbres voisins
Ils s'arrêtent tous deux : « Regarde cette pierre...
» Sais-tu, dans le tombeau, qui dort en ce moment?
 » Sais-tu que ma main meurtrière
» En immolant Dermide immola ton amant?
» O Nina! charme heureux d'une trop courte vie,
» Mon ombre va s'unir à son fantôme errant. »
Il se frappe à ces mots, et sur l'herbe rougie
Son sang coule, et se mêle aux ondes du torrent.

LES CHANTS DE SELMA.

SUJET.

Les bardes s'assemblaient tous les ans dans le palais du chef auquel ils étaient attachés. Ils récitaient leurs poëmes. Le roi nommait ceux qu'il jugeait dignes d'être conservés, et on les apprenait avec soin aux enfants pour les transmettre à la postérité. Ce fut une de ces fêtes solennelles qui fournit à Ossian le sujet de ce poëme.

Compagne de la nuit, étoile radieuse
 Qui, sur l'azur du firmament,
Imprimes de tes pas la trace lumineuse,
 Astre paisible, en ce moment
 Que regardes-tu dans la plaine?
L'aquilon est muet; la cascade lointaine
 Ne murmure que faiblement;
Les insectes du soir font retentir à peine
 Un triste et sourd bourdonnement.
Au bord de l'horizon tes clartés s'obscurcissent;
Tu descends dans le sein de l'océan fougueux;
 Les flots bruyants se réjouissent,

Et baignent l'or de tes cheveux;
Mais ton dernier rayon a lui sur la bruyère :
Astre charmant, adieu. Que mon génie éteint
Se rallume, et succède à ta vive lumière!
Je le sens qui renaît dans sa force première,
Et des coups du malheur lui seul n'est pas atteint.
Je vois à sa clarté se rassembler encore
Les nobles compagnons de mes jeunes travaux.
Sur le Mora, qu'éclaire un pâle météore,
Fingal brille, entouré des bardes mes rivaux.
Aux accents de sa voix s'empressent de se rendre
L'harmonieux Rino, le belliqueux Ullin,
Et le sombre Carril, et le brûlant Alpin,
 Et Minona, si plaintive et si tendre.
 O mes amis, que vos traits sont changés
 Depuis ces jours de bonheur et de gloire
Où Selma nous voyait, dans ses murs ombragés,
De la harpe et du chant disputer la victoire ;
  Pareils aux zéphyrs du vallon
  Qui caressent une onde pure,
Et viennent tour-à-tour, avec un doux murmure,
  Agiter le naissant gazon!
Ce fut un de ces jours, à jamais mémorables,
  Qu'on vit s'avancer Minona,
  Chantant les amours déplorables
  Et de Salgar et de Colma.
Salgar avait promis à sa Colma fidèle
De venir la rejoindre avant la fin du jour :

Déjà l'ombre est universelle,
Et Salgar n'est point de retour ;
Flottante entre l'espoir, et le doute, et la crainte,
Colma sur la colline, et seule avec sa voix,
De ses cris douloureux fait retentir les bois.
Écoutons sa tendre complainte.

CHANT DE MINONA.

COLMA.

Loin de moi Salgar est errant ;
Par-tout règne la nuit profonde ;
Sous mes pieds mugit le torrent,
Sur ma tête la foudre gronde,
Pas un asile où me cacher ;
Tout me délaisse et m'abandonne ;
Je suis seule sur le rocher
Que la sombre mer environne.
O lune, sors du sein des monts ;
Paraissez, étoiles nocturnes,
Paraissez, et que vos rayons
Éclairent mes pas taciturnes ;
Conduisez-moi vers mon amant ;
Qu'il entende ma voix plaintive :
O Salgar, songe à ton serment,
Rejoins une amante craintive.

Le rocher, l'arbre, le ruisseau,
Sont les témoins de ta promesse ;
Ils t'attendent sur le coteau,
Et répondent à ma tristesse.
Nos pères furent désunis ;
Mais nous, seul objet de ma flamme,
Nous ne sommes point ennemis :
La haine n'est point dans notre ame.

Ah ! la lune paraît enfin ;
Mais, à l'éclat de sa lumière
Qui s'élève du mont voisin,
Qu'aperçois-je sur la bruyère ?
Hélas ! deux guerriers teints de sang...
La mort a fermé leur paupière ;
Le glaive est encor dans leur flanc ;
Que vois-je ! Salgar et mon frère !

O mes amis, répondez-moi :
Qu'avez-vous fait dans mon absence !
Parlez, dissipez mon effroi.
Ils se taisent... cruel silence !
Mes yeux de larmes sont trempés.
Salgar, mon frère, quelle haine
L'un par l'autre vous a frappés ?
Pourquoi dormez-vous dans la plaine ?

Combien vous m'étiez chers tous deux !

Faut-il, hélas! vous perdre ensemble!
Mes amis, exaucez mes vœux;
Qu'un même tombeau nous rassemble :
Dans ses flancs je veux me cacher.
O Salgar! ombre que j'implore,
Près du ruisseau, près du rocher,
Tu m'entendras gémir encore.

Au sein des nuages mouvants,
Quand la nuit versera son ombre,
Je viendrai sur l'aile des vents
Attrister la colline sombre ;
Ma voix aura de la douceur
En plaignant deux guerriers célèbres;
Tremblant et charmé, le chasseur
L'écoutera dans les ténèbres.

Ainsi chantait la tendre Minona :
Une aimable rougeur couvrait son beau visage;
Et nos larmes coulaient en songeant à Colma.
Ullin chante à son tour : dans la force de l'âge,
Ullin nous embrasait au feu de ses accords.
Il entendit un soir, au retour de la chasse,
La voix du vieux Alpin, chantre illustre des morts;
Rino, dont vainement nos yeux cherchent la trace,
    Était alors auprès de ce vieillard :
    Ils déploraient la chute de Morar.
Minona fut sa sœur. Quand la harpe plaintive

Nous redit sous les doigts d'Ullin
Les plaintes de Rino, le désespoir d'Alpin,
Semblable à la lune craintive
Qui prévoit la tempête, et dans l'épais brouillard
Cache sa tête radieuse,
Minona disparut, triste, silencieuse,
Et jetant sur Ullin un douloureux regard.

CHANT D'ULLIN.

RINO.

Le ciel est pur, l'air est tranquille,
Le nuage s'étend en réseaux lumineux ;
Le soleil, sur le roc stérile,
De son char éclatant fait rejaillir les feux ;
Le torrent, moins impétueux ;
A travers les ravins roule une onde plus pure.
O torrent, j'aime ton murmure ;
Mais je préfère encor la douce voix d'Alpin :
Il s'avance ; sa chevelure
Tombe en flocons de neige éparse sur son sein ;
Par les ans sa tête est courbée ;
Son œil creux est rouge de pleurs ;
Dans les ennuis et les douleurs
Son ame paraît absorbée.
Roi des harpes, pourquoi sur le mont ténébreux

Gémis-tu comme un flot qui mouille le rivage,
Ou comme un doux zéphyr dont le souffle amoureux
    S'égare et meurt dans le feuillage ?

ALPIN.

Mes pleurs sont pour les morts. Superbe, belliqueux,
Aujourd'hui le plus beau des enfants de la plaine,
Tu triomphes, jeune homme, et demain sur l'arène
Peut-être le trépas viendra fermer tes yeux.
    Comme toi Morar fut célèbre ;
    Comme toi Morar fut vaillant ;
    Il n'est plus ; sur son lit funèbre
    L'étranger s'assied en pleurant.
Morar, brave chasseur, guerrier plus brave encore,
Le cerf de nos forêts fut moins léger que toi ;
La tempête en courroux, le brûlant météore,
Dans nos climats déserts répandaient moins d'effroi ;
    L'éclair brillait moins dans les nues
    Que ton glaive dans les combats,
    Et les phalanges éperdues
    Disparaissaient devant tes pas :
Mais lorsque la victoire avait conduit tes armes,
    Que ton visage était riant !
    Des vaincus tu séchais les larmes ;
Moins pur est le soleil qui part de l'Orient,
Moins doux l'astre des nuits quand sur un char d'argent
A nos regards, sans voile, il offre tous ses charmes.

Tes attraits maintenant dorment ensevelis
    Au fond de la demeure obscure :
O toi qui fus si grand, en deux pas je mesure
    L'espace étroit que tu remplis ;
Un arbre qui n'a plus qu'une feuille tremblante,
Aux bords de ce ruisseau quatre pierres sans art,
Un gazon qui frémit sur sa tige mourante,
Indiquent au chasseur la tombe de Morar.

Mais quel est ce vieillard qui lentement s'avance ?
Par l'âge et le malheur ses traits semblent flétris ;
    Tantôt il garde le silence,
De sa bouche tantôt sortent de faibles cris :
C'est ton père, ô Morar ! Le bruit de ta vaillance
    De ses jours charmait le déclin ;
Hélas ! il n'a pu voir les éclairs de ta lance,
    Ni le trait qui perça ton sein !
Pleure sur ce héros, gémis, malheureux père ;
Morar s'est endormi pour des siècles entiers ;
Des rayons du matin l'amoureuse lumière
N'ira plus dans la tombe ouvrir ses yeux guerriers.
    Rassure-toi, chevreuil timide,
    L'arc du chasseur est détendu.
    Adieu, conquérant intrépide,
Adieu, jeune héros que nous avons perdu :
    Le son des harpes frémissantes
Fera voler ta gloire au-delà du Lubar,
Et les siècles futurs dans mes hymnes touchantes

Apprendront le sort de Morar.

Aux doux accords d'Ullin, une douleur secrète
    Se réveille au fond de nos cœurs ;
Mais de tous les héros rassemblés à la fête,
    Nul plus qu'Armin ne répandit de pleurs.
L'image de son fils tombé dans sa jeunesse
    Se retrace à son souvenir.
« Pourquoi, lui dit Calmor touché de sa tristesse,
» Pourquoi de tes chagrins toujours t'entretenir ?
» Armin, que de nos chants la douce mélodie
    » Soit pour ton ame ainsi qu'une vapeur
» Qui s'élève du lac, s'étend sur la prairie,
» Et du lis abattu ranime sa fraîcheur. »

ARMIN.

Ah ! je regrette ensemble et mon fils et ma fille :
Trop fortuné Calmor ! tu peux voir chaque jour
Fleurir les rejetons de ta jeune famille,
Et les enfants d'Armin l'ont quitté sans retour.
O ma chère Daura ! sur un lit froid et sombre
De quel sommeil tu dors ! Roulez, fougueux torrents ;
Levez-vous, vents d'automne, et rugissez dans l'ombre ;
Forêts, remplissez-vous de fantômes errants ;
    Lune, verse par intervalles
    Tes rayons languissants et pâles ;
Rappelez cette nuit si féconde en malheurs,

Cette nuit dont mes yeux trouvent par-tout l'image,
Où mon cher Arindal tomba sur le rivage,
Où ma chère Daura s'éteignit dans les pleurs.
Almar, jeune guerrier plein de force et d'adresse,
De ma fille Daura recherchait la tendresse :
Il l'obtint; et déjà l'on attendait le jour
Qui devait par l'hymen couronner leur amour,
Quand Érath, pour venger le trépas de son frère
Qui sous les coups d'Almar avait péri naguère,
Forme un affreux dessein, prend d'un vieux matelot
Les vêtements connus, laisse sa barque à flot,
S'approche de ma fille, et dit : « Beauté charmante,
» Fille aimable d'Armin, sur la mer écumante
» Non loin d'ici s'élève un rocher sourcilleux,
» Où croît un arbre immense aux fruits délicieux,
» C'est là que ton Almar attend sa bien-aimée;
» Viens, de ce court trajet ne sois point alarmée. »
La crédule Daura sans hésiter le suit.
Elle arrive : soudain le lâche Érath s'enfuit,
Aux regards de ma fille offre son noir visage,
Et fait d'un ris moqueur retentir le rivage.
Daura pousse des cris; du rocher ténébreux
Le seul écho répond à ses cris douloureux :
Elle élève la voix, elle appelle son frère,
Son père, son époux : « Si Daura vous est chère,
» Oh! venez, sauvez-moi de ce rocher fatal. »
Sa gémissante voix vient frapper Arindal :
Il revenait alors d'une chasse lointaine;

Cinq dogues sur ses pas accourent hors d'haleine ;
Son arc est détendu ; quand Érath, tout joyeux,
Et déjà sur le bord, se présente à ses yeux.
Mon fils le reconnaît, le renverse, l'entraîne,
De cent nœuds redoublés le lie au tronc d'un chêne,
S'élance dans l'esquif, et, la rame à la main,
S'ouvre jusqu'à sa sœur un orageux chemin.
Almar en ce moment descendait sur la rive ;
Il avait de sa belle ouï la voix plaintive :
Il aperçoit mon fils, le croit un ravisseur...
O mon cher Arindal ! un trait perça ton cœur...
Il tombe, se débat, expire... Plein de rage
Almar le voit tomber ; il se jette à la nage,
Et fend les flots bruyants de ses bras vigoureux.
Soudain de l'aquilon le souffle impétueux
Retentit dans les airs, et sur la mer profonde
Daura voit son amant qui lutte contre l'onde :
Elle lui tend les mains... à ses yeux éperdus
L'infortuné s'abyme, et ne reparaît plus.

Seule sur le rocher que la foudre environne,
A tout son désespoir ma fille s'abandonne ;
Son père l'entendait : toute la nuit en pleurs
Il languit sur la rive, en proie à ses douleurs :
Le tonnerre grondait ; l'éclair vif et rapide
Répandait sur les flots un jour pâle et livide ;
J'entrevoyais alors la tremblante Daura.

Mais sa voix s'éteignit ; enfin elle expira,
Et le premier rayon vint l'offrir à ma vue
Pâle et sur le rocher tristement étendue.

Ah! depuis cette nuit, chaque fois que les vents
Descendent en courroux sur les flots mugissants,
Chaque fois que l'éclair déchire le nuage,
Je viens, triste et rêveur, m'asseoir sur le rivage,
Et gémir à l'aspect du funeste rocher :
Je vois de mes enfants les ombres s'approcher ;
Elles versent des pleurs, traversent l'onde amère,
Et passent tristement sans regarder leur père.
O ma fille ! ô mon fils ! vous que j'appelle en vain,
N'aurez-vous point pitié du malheureux Armin ?

  Tels à nos fêtes renommées
Éclataient dans Selma les chants mélodieux,
  Ces chants l'appui de nos armées
  Et la gloire de nos aïeux :
Tout alors d'Ossian célébrait le génie,
Et la harpe sonore, et la brillante voix ;
  Au bruit de sa douce harmonie
On voyait accourir et les chefs et les rois.
  Maintenant ma langue est glacée,
  Mon ame n'a plus de chaleur,
Et des siècles détruits l'image retracée
Brille confusément à ma triste pensée

Sous le voile de la douleur :
Une secrète voix crie au fond de mon ame :
 « Ossian, finis tes accords ;
» O barde décrépit! la tombe te réclame,
 » On t'attend au palais des morts. »

MORNI

ET L'OMBRE DE CORMAL.

MORNI.

FLÉAU des boucliers, habitant des tempêtes,
Toi qui lances la foudre et déchaînes les vents,
Contre le fier Dunscar mes phalanges sont prêtes :
Dois-je effacer ce roi du nombre des vivants?

O père de Morni! du sein de tes orages
De ton fils bien-aimé daigne entendre la voix.
Cesse de te jouer sur ces tristes rivages;
La bataille sanglante environne mes bois.

Mais l'aigle de l'Arven s'envole frémissante ;
Le chêne est ébranlé, l'éclair luit dans les cieux...
Ton approche à-la-fois me charme et m'épouvante.
Roi des sombres brouillards, viens-tu combler mes vœux

L'OMBRE.

Quelle voix me réveille au sein de mon nuage?

MORNI.

C'est celle de ton fils. Un ennemi jaloux
Ose jusqu'en ces lieux défier mon courage.
Vaillant chef de Clora, seconde mon courroux;
Ordonne, tu peux tout.

L'OMBRE.

Que veux-tu?

MORNI.

Ton épée,
A l'heure du péril qu'elle brille pour moi;
Dans un fleuve de sang que, par mes mains trempée,
Des murs où tu naquis elle écarte l'effroi.
Lorsque tous ces héros, trompés par la victoire,
Gémiront sur l'orgueil qui les avait conduits,
Je jure par ce glaive, instrument de ma gloire,
De le rendre au tombeau.

L'OMBRE.

Prends, combats, et détruis.

LA MORT D'AGANDECCA.

FRAGMENT

DU POËME DE FINGAL (1).

Starno, long-temps vaincu par le brave Fingal,
Méditait contre lui des projets de vengeance :
Mais du roi de Morven qui fut jamais l'égal ?
Un jour enfin, cédant à son impatience,
Il appelle Snivan, vieillard dont les accords
Enflamment les héros d'une ardeur dévorante,
Jusqu'au palais des vents réjouissent les morts,
Et dans les champs guerriers font voler l'épouvante.

« Vieillard, lui dit Starno, va sur les rocs d'Arven,
» Que de ses noires eaux baigne la mer profonde :
» Va trouver de ma part cet astre de Morven,
» Ce jeune et beau guerrier, vainqueur des rois du monde
» Je lui donne ma fille, espoir de mes vieux ans,
» Ma fille Agandecca, la première des belles ;
» Un azur lumineux brille dans ses prunelles ;

» Son sein a la blancheur de mes flots écumants,
» Dis au roi du désert que mon ame charmée
» A cet heureux hymen va devoir le repos ;
» Qu'il vienne, accompagné de ses vaillants héros,
» Recevoir de mes mains ma fille bien-aimée :
» Elle sera le prix de ses nobles travaux. »

Au palais de Selma le vieillard se présente :
Fingal impatient ouvre le sein des eaux,
Et son cœur, que l'amour, que la gloire tourmente,
Devance sur les mers le vol de ses vaisseaux.

« Enfant de l'île solitaire,
» Salut, lui dit Starno : vous qui suivez ses pas,
  » Illustres chefs, de vos combats
  » Puissent mes fêtes vous distraire !
» Trois jours vous poursuivrez les cerfs de mes forêts,
» Trois jours vous remplirez la coupe hospitalière,
  » Trois jours votre audace guerrière
  » Pour mon cœur aura des attraits. »

Ainsi parla le roi des neiges,
Et, sous les pas d'un chef si renommé,
Le lâche allait tendre des piéges.
Mon père cependant ne s'est point désarmé ;
Couvert d'or et d'airain il s'assied à la fête :
En secret le meurtre s'apprête...
Les regards de Fingal troublent les assassins :

9

L'éclat de sa beauté, son front plein d'assurance,
Les glacent de terreur; et, loin de sa présence,
Ils vont tramer encor de sinistres desseins.

  Déjà les cent harpes frémissent;
  Les bardes chantent tour-à-tour
Les héros et les morts, les combats et l'amour,
  Et nos braves leur applaudissent.
Ullin alors, Ullin, le barde de Selma,
Élève cette voix tendre et mélodieuse
 Dont si long-temps la douceur nous charma.
La fille de Starno, belle et silencieuse,
L'écoutait célébrant les exploits paternels.
Quelques larmes brillaient sous ses longues paupières.
Elle avait vu s'enfuir les hordes meurtrières,
Et connaissait, hélas! leurs complots criminels.
A l'aspect de Fingal une subite flamme
  Avait brûlé son jeune cœur :
  Elle fit des vœux dans son ame
Pour les jours d'un héros, son aimable vainqueur.

Mais la troisième aurore éclaire enfin la chasse :
Le sombre roi, suivi de féroces guerriers,
Part : mon père le suit; et déjà, plein d'audace,
  Il perce les noirs sangliers.
Agandecca soudain se présente à sa vue :
 Le vent frémit dans ses cheveux épars;
Un effroi convulsif se peint dans ses regards...

D'OSSIAN.

  Tremblante et d'une voix émue :
« Fuis, aimable étranger ; Starno veut ton trépas ;
 » La mort t'attend dans cette forêt sombre ;
 » Les ennemis environnent tes pas...
» Je connais ta valeur... mais connais-tu leur nombre ? »

Mon père, furieux, appelle ses héros.
Les assassins surpris, à mille traits en butte,
Tombent ; leur sang au loin fume, coule à longs flots,
Et l'immense forêt retentit de leur chute.
Starno se refugie au sein de son palais ;
Ses yeux roulent sanglants sous des sourcils épais :
« Qu'on amène, dit-il, qu'on amène à son père
» L'aimable Agandecca : Fingal doit en ce jour
» Recevoir de mes mains une épouse si chère. »

  Agandecca, dans le fond d'une tour,
   Soupirait loin du choc des armes.
Les ordres de Starno redoublent ses alarmes...
  Elle parut, le sein baigné de pleurs ;
  Elle parut... le barbare s'élance,
   Et de la pointe de sa lance
Perce ce sein d'albâtre... O mortelles douleurs !
  Elle tomba, comme du roc sauvage
Tombe un flocon de neige à l'heure où dans les airs
   Les vents précurseurs de l'orage
De leur souffle rapide allument les éclairs.
  Un horrible combat s'engage :

Fingal et ses amis, comme des feux vengeurs,
Dévorent de Starno la tribu pâlissante.
  Mon père entre ses bras vainqueurs
  Enlève Agandecca sanglante :
Il emporte à Morven son corps inanimé,
Le dépose, en pleurant, dans une grotte obscure,
  Et chaque soir, de regrets consumé,
Vient gémir sur sa tombe où le zéphyr murmure.

NOTE D'AGANDECCA.

(1) Quoique dans mon discours préliminaire j'ai parlé sans ménagement du poëme de Fingal, je ne disconviens pas qu'il ne s'y trouve des beautés; mais elles sont bien moins fréquentes que dans les autres chants du barde écossais. En général, la marche du poëme est désordonnée, et souvent interrompue par des épisodes et des faits absolument étrangers à l'action principale. J'ai cru cependant pouvoir en extraire le chant qu'on vient de lire, *Évélina*, et *Armin et Galvina*. Ces trois fragments m'ont paru avoir assez d'intérêt pour être conservés dans ce recueil.

LA BATAILLE
DE TÉMORA,
POËME
EN SIX CHANTS.

SUJET.

Caïrbar, roi d'Atha, avait assassiné lâchement le jeune Cormac dans son propre palais, et, par sa mort, avait usurpé le trône de l'Irlande. Fingal résolut de venger le jeune roi, et de remettre le sceptre dans sa famille. Il attaqua Caïrbar et son frère Cathmor aux environs de Témora, nom du palais des rois d'Irlande. Tous deux périrent après la défaite de leur armée. Fingal fit conduire Clommal, seul rejeton de la famille de Cormac, au palais de Témora, et chargea son fils Ossian de ce noble soin. On ne trouve dans aucun poëme connu de plus beau caractère que celui de Cathmor : son humanité, sa bravoure, sa générosité, en font un héros accompli ; et son attachement pour le lâche Caïrbar, son indigne frère, est le seul reproche qu'on puisse lui faire.

CHANT PREMIER.

SOMMAIRE.

L'action commence au matin. Caïrbar est éloigné de son armée et déchiré par ses remords. Morannan, qu'il avait envoyé à la découverte, vient lui annoncer l'arrivée de Fingal. Il assemble ses guerriers, et tient un conseil, où Malthos et Foldath, deux de ses chefs, diffèrent d'opinion. Il fait préparer une fête dans la plaine de Léna, et députe un barde à Oscar, fils d'Ossian, pour l'inviter à s'y rendre. Oscar arrive : il s'élève entre Caïrbar et lui une dispute au sujet de la lance qu'Oscar avait reçue jadis du malheureux Cormac, et dont il était armé en ce moment. On en vient aux mains. L'un et l'autre perdent la vie. L'armée de Fingal entend le bruit du combat, et vole au secours d'Oscar. L'armée de Caïrbar prend la fuite, et va s'unir à celle de Cathmor qui accourait se joindre à son frère. La nuit vient, et Althan raconte à Fingal le meurtre de Cormac.

Déjà la mer d'Ullin, aux rayons d'un jour pur,
Sous l'aile du zéphyr, roulait ses flots d'azur ;
Les monts voisins brillaient d'une douce lumière ;
Les chênes secouaient leur épaisse crinière,

Et l'aigle matinal planait au haut des cieux.
Deux coteaux, couronnés de pins audacieux
Qui balancent dans l'air leur tête échevelée,
Dominent une étroite et riante vallée :
Là coule un clair ruisseau. Caïrbar sur ses bords,
Tel qu'une ombre échappée au noir séjour des morts,
Pâle, les yeux hagards et chargés de tristesse,
Veille, en proie aux remords qui le rongent sans cesse.
L'image de Cormac, par sa main massacré,
Tout-à-coup se présente à son œil égaré :
Le fantôme est couvert de blessures profondes ;
Plus faible qu'un zéphyr qui souffle sur les ondes,
Sa voix d'un sourd reproche alarme l'assassin,
Et des torrents de sang jaillissent de son sein.
Le roi d'Atha (1), saisi d'horreur et d'épouvante,
Veut repousser en vain cette ombre menaçante ;
Il agite au hasard ses gigantesques bras,
Et d'une voix troublée appelle ses soldats ;
Leurs rangs autour de lui se pressent, se confondent,
Et les échos des bois à leurs clameurs répondent.

Là sont Clonor, Dunscar, des braves redoutés,
Et le jeune Hidallan, cher à tant de beautés.
Sous son casque de fer, Colmar, aux traits farouches,
Voile un front téméraire, et roule des yeux louches.
Le regard de Malthos est plus terrible encor.
A leurs côtés, Foldath brandit sa lance d'or ;
Homicide guerrier, il a soif du carnage,

Et le dédain toujours perce dans son langage.
D'autres, non moins fameux, environnent leur roi.
Quand soudain Morannan, pâle, glacé d'effroi,
Des bords de l'océan accourant hors d'haleine :
« Eh quoi ! dit-il, eh quoi ! dans une oisive plaine
» Érin et son armée attendent mon retour
» Aussi calmes qu'un bois vers le déclin du jour !
» Fingal est sur la côte : il s'avance, il menace ;
» A peine de ses pas l'œil peut suivre la trace,
» Et mille bataillons lui servent de rempart.

» — As-tu vu ce guerrier ? interrompt Caïrbar.
» Ses héros roulent-ils comme un torrent sauvage
» Dont la course écumante ébranle le rivage ?
» Lève-t-il contre nous la lance des combats,
» Ou veut-il que la paix règne dans ces climats ?

» — Non, j'ai vu dans sa main la lance de la guerre ;
» Sa voix éclate et gronde à l'égal du tonnerre.
» Il est vieux ; mais les ans respectent sa vigueur,
» Et la même fierté fait tressaillir son cœur.
» Elle pend près de lui cette fatale épée
» Que la mort accompagne et n'a jamais trompée.
» Ossian (2), si fameux par sa harpe et sa voix,
» Et ce fils de Morni (3), funeste à tant de rois,
» Et le léger Connal, et l'aimable Dermide,
» S'élèvent à côté du vieillard intrépide.
» Fillan bande son arc... mais quel est ce héros

» Dont la jeune valeur s'indigne du repos?
» C'est le fils d'Ossian, Oscar; son beau visage
» A l'éclat d'une étoile, ou d'un soir sans nuage;
» Ses longs cheveux, jouets des zéphyrs du matin,
» Volent abandonnés à leur souffle incertain;
» A chacun de ses pas ses armes retentissent;
» Sa cuirasse est d'or pur, et des feux en jaillissent.
» O Caïrbar! je fuis ses regards menaçants.

» — Quelle indigne terreur s'empare de tes sens?
» Dit Foldath (4) en courroux; enfant de la mollesse,
» Au bord de tes ruisseaux va cacher ta faiblesse.
» Cet Oscar, que ta crainte exagère aujourd'hui,
» N'ai-je pas autrefois combattu contre lui?
» Né du sang des héros, il est brave, sans doute;
» Mais peux-tu bien penser que Foldath le redoute?
» C'est à toi, Caïrbar, de remplir tous mes vœux.
» Laisse-moi m'opposer à ce torrent fougueux;
» Tu connais ma valeur, et tu sais si ma lance
» Est un faible roseau que le zéphyr balance.

» — Foldath ira-t-il seul combattre l'étranger?
» Répond Malthos; Foldath, ignorant le danger,
» Peut-il donc oublier que la mer turbulente
» A vomi sur ces bords une foule vaillante;
» Que ces chefs ont jadis ensanglanté leur main
» Du meurtre de Swaran (5), vainqueur même d'Érin.
» Présomptueux Foldath, apprends-nous la victoire,

» Et que Malthos de loin applaudisse à ta gloire.
» Je pourrais à mon tour faire valoir mes droits ;
» Mais c'est au barde seul de compter mes exploits.

» — Guerriers, mettez un terme à ces débats frivoles,
» Ou craignez que Fingal n'entende vos paroles,
» Dit le sage Cathol ; et, sans vous outrager,
» Sous les drapeaux d'Érin accourez vous ranger ;
» Et que Fingal, contraint de céder la victoire,
» Pleure dans ses vieux ans la perte de sa gloire. »

Comme on voit au sommet du Cromla sourcilleux
Se former lentement l'orage ténébreux :
Une lueur rougeâtre éclaire la vallée ;
Par la foudre bientôt la roche est ébranlée ;
Les esprits en courroux s'enveloppent d'éclairs,
Et sur le char des vents se heurtent dans les airs :
Ainsi le roi d'Atha, dans un morne silence,
Roule au fond de son cœur des projets de vengeance ;
Mais soudain : « Qu'on prépare une fête en ces lieux.
» Mes bardes, commencez vos chants harmonieux :
» Dans la plaine aujourd'hui faisons régner la joie ;
» Demain sur l'ennemi que la mort se déploie !
» Toi, Dedgal, prends ma harpe, et va trouver Oscar :
» Au festin de ton roi qu'il vienne prendre part ;
» Ses exploits sont connus des chefs de mon armée ;
» Moi-même, je chéris sa haute renommée.
» Il ose cependant, sans égard pour ma foi,

» En discours insultants éclater contre moi ;
» Du meurtre de Cormac il noircit mon courage...
» Demain son sang versé lavera cet outrage. »
Mille cris à ces mots s'élèvent jusqu'aux cieux.

Nous (6) cependant, surpris de ces transports joyeux,
Nous crûmes que le roi, suspendant sa colère,
Célébrait le retour de son généreux frère.
Tous deux doivent leur sang aux plus nobles aïeux ;
Mais combien en vertus ils diffèrent tous deux !
L'ame de Caïrbar était la nuit profonde,
Et l'ame de Cathmor, le jour qui brille au monde.
Sous ses heureuses lois Atha goûtait la paix.
Sept routes conduisaient à son vaste palais,
Sept tours le couronnaient ; et les fils des tempêtes (7),
Par sept chefs introduits, prenaient place à ses fêtes.

Dedgal invite Oscar ; mon fils arme son bras,
Part, et trois cents guerriers accompagnent ses pas.
Les dogues devant lui bondissent dans la plaine.
Fingal suit mon Oscar d'une vue incertaine :
Il sait que Caïrbar peut ourdir des complots,
Et tremble pour les jours du premier des héros (8).
A l'approche d'Oscar, les cent harpes frémissent ;
Les cent bardes d'Érin par leurs chants l'applaudissent ;
Les guerriers et les chefs admirent sa beauté,
Et dans leurs yeux se peint une douce gaieté :
C'est le rayon mourant de l'astre taciturne

Prêt à cacher son front dans l'orage nocturne.

La lance de Cormac brille en la main d'Oscar.
A ce fatal aspect, le sombre Caïrbar
Fronce ses noirs sourcils; les cent harpes se taisent,
Et les transports joyeux au même instant s'apaisent.
Dedgal dans le lointain entonne un chant de mort.
Mon fils, mon cher Oscar déjà prévoit son sort;
Mais de ses ennemis il brave la puissance.
« Oscar, lui dit le roi, cède-moi cette lance,
» L'orgueil de mon palais, et la mort des guerriers.
» Mes aïeux la levaient aux combats meurtriers.

» — Moi, répond le héros, moi te céder la lance
» Dont le jeune Cormac honora ma vaillance!
» Crois-tu qu'il l'ait remise en de timides mains?
» Que m'importent ta rage et tes chants assassins?
» Me crois-tu le jouet de ta lâche imposture?
» Me vois-tu frissonner au bruit de ton armure?
» Que le faible te voie et coure se cacher,
» Il le doit: mais Oscar, Oscar est un rocher.
» — Cesse, fils d'Ossian, une vaine menace.
» Fingal a-t-il nourri ton impuissante audace?
» A-t-il mis dans ton cœur ces dédains orgueilleux?
» Fingal, roi décrépit de cent monts sourcilleux,
» Ne combattit jamais que le guerrier timide:
» Qu'il vienne; et telle on voit une vapeur humide

» S'évanouir aux feux d'un soleil matinal,
» Tel s'évanouira le débile Fingal.

» — Si jusqu'à toi Fingal abaissait son courage ;
» Que bientôt ton Érin deviendrait son partage !
» Assassin de Cormac, respecte ce vieillard ;
» Il est comblé de gloire, et sous son étendard
» Marchent avec respect les nations rivales.
» Insulte-moi plutôt... nos forces sont égales. »

On interrompt la fête, on se lève, et soudain
Chacun a revêtu son armure d'airain ;
Tous fondent sur Oscar... Pourquoi verser des larmes,
Aimable Malvina ? modère tes alarmes.
Le destin, il est vrai, doit tromper son effort ;
Mais avant de mourir il donnera la mort.
Cent héros sous ses coups ont mordu la poussière :
Connachar ferme au jour sa pesante paupière,
Et Clothal se débat dans son sang répandu.
A ce spectacle affreux Caïrbar éperdu
Fuit derrière un rocher ; et là, brûlant de rage,
L'œil fixé sur mon fils, il l'attend au passage,
Le frappe ; et mon héros, percé d'un trait mortel,
Chancelle : mais, plus prompt que la foudre du ciel,
Il se redresse, atteint la tête du barbare,
Et le glaive vengeur de son corps la sépare.
Mais il tombe lui-même ; Érin et ses enfants

Font retentir les airs de leurs cris triomphants.

Fingal entend ces cris, il pâlit, il soupire...
« Peut-être loin de nous mon jeune Oscar expire,
» Nous dit-il ; mes héros, volons à son secours. »
Tels qu'on voit des torrents, déchaînés dans leur cours,
Rouler avec fracas leurs ondes turbulentes
A travers les ravins et les roches tremblantes,
Tels on nous voit franchir le mont audacieux.
La plaine de Léna se découvre à nos yeux.
Quel cœur, même d'acier, eût bravé ma colère ?
Quel courage eût vaincu le courage d'un père
En proie au désespoir, de fureur enivré ?...
Erin cède, tout fuit, ou tombe massacré.

Nous trouvâmes Oscar sans force, sans haleine ;
Languissamment couché, son cœur battait à peine.
Nous pleurons ; mais Fingal, retenant ses sanglots,
Se penche sur mon fils, et prononce ces mots :
« Quelle main de nos pleurs pourrait tarir la source ?
» Ce bel astre s'éclipse au milieu de sa course !
» Quelle sombre douleur va régner dans Selma !
» Oscar, est-il éteint le feu qui t'anima ?
» Fingal restera-t-il le dernier de sa race ?
» L'âge a blanchi ma tête, et ma gloire s'efface ;
» Privé de tous les miens, me faudra-t-il, hélas !
» Dans mon palais désert attendre le trépas ? »

Il se tait : les soupirs se pressent dans ma bouche.

Seul à l'écart, je garde un silence farouche :
Et Luath et Branno, dogues reconnaissants,
Poussent aux pieds d'Oscar de tristes hurlements.

Quand mon fils aperçoit la foule gémissante,
Il soulève à regret sa tête languissante :
« Ce deuil, dit-il, ces chants qui viennent jusqu'à moi,
» Ce mélange inconnu de tendresse et d'effroi,
» Les pleurs de ces vieillards, de ces dogues fidèles,
» Font à ce cœur si fier des blessures cruelles.
» Ossian, porte-moi sur mes coteaux chéris,
» Roi des concerts, élève une tombe à ton fils.
» Du roc voisin, peut-être, un jour l'onde échappée
» Entraînera le sable où sera mon épée (9),
» Et le chasseur, sur elle attachant un regard,
» Dira, morne et pensif : Voilà le fer d'Oscar. »

O mon fils, seul appui qu'attendait ma vieillesse,
L'inexorable mort t'enlève à ma tendresse ;
Tu ne poursuivras plus les timides chevreuils ;
Tu ne braveras plus la mer et ses écueils ;
D'autres fils, secondés par les destins prospères,
Des récits de la gloire attendriront leurs pères ;
Seul je n'entendrai plus les accents de ta voix,
Plus douce qu'un zéphyr soupirant dans les bois...
Quatre pierres sans art, et de mousse couvertes,
Attristent de leur deuil mes collines désertes ;
Là repose à jamais le plus grand des guerriers.

Nous pleurâmes Oscar durant trois jours entiers.
Mais Fingal, repoussant une longue tristesse :
« Enfants des monts, dit-il, point d'indigne faiblesse ;
» Des regrets éternels et des larmes d'amour
» Au brave qui n'est plus ne rendent pas le jour :
» Nous naissons pour mourir ; mais, entourés d'hommages,
» Conquérons en mourant le palais de nuages.
» Ullin, porte à Selma le corps inanimé
» Du héros que je pleure et que j'ai tant aimé ;
» Aux filles de Morven va demander des larmes,
» Et qu'un voile funèbre enveloppe leurs charmes.
» Nous, restons dans ces lieux, et combattons Érin.
» Mes jours, vous le savez, penchent vers leur déclin ;
» Mes aïeux, fatigués de me voir sur la terre,
» M'appellent dès long-temps au séjour du tonnerre ;
» Ma vie autour de moi répand assez d'éclat.
» Guerriers, je touche enfin à mon dernier combat. »

Il se tait. Cependant, taciturne, voilée,
La nuit roulait son char dans la plaine étoilée.
On prépare la fête. Au pied d'un chêne assis,
Mon père s'abandonne à ses mornes soucis.
Le vénérable Althan (10) commence un chant de gloire,
Et du jeune Cormac nous raconte l'histoire.

« Cormac, dit-il, régnait sur les peuples d'Érin ;
» Sa jeunesse brillait comme l'astre serein
» Qui sème d'un or pur la rive orientale,

» Et baigne ses rayons dans l'onde matinale :
» J'habitais avec lui l'antique Témora.
» Mais un jour des hauteurs du mont de Slimora
» Roule et se précipite une puissante armée,
» Par la voix de son chef au carnage animée.
» Caïrbar la conduit. Tranquille en son palais,
» Cormac en ce moment se livrait à la paix.
» Cent bardes lui chantaient les exploits de son père;
» Et, comme un jeune lis qui s'ouvre à la lumière,
» Et reprend au matin la vie et la fraîcheur,
» Il sentait à nos chants s'épanouir son cœur.
» D'homicides guerriers, poussés par la vengeance,
» Inondent tout-à-coup le palais sans défense.
» Caïrbar, l'œil farouche et le glaive à la main,
» S'élance sur Cormac, et lui perce le sein.
» Mon jeune roi chancelle, et de sa voix mourante
» Adresse au meurtrier une plainte touchante.
» Témoin de son trépas, et, tout baigné de pleurs :
» Fils d'Artho, m'écriai-je, objet de nos douleurs,
» Va rejoindre ton père au milieu des orages,
» Avec toi de nos cœurs emporte les hommages;
» Sois du moins consolé par les larmes d'Érin;
» Cormac, paix à ton ombre, et mort à l'assassin.

» Le lâche Caïrbar de ma plainte murmure :
» Il m'enferme aussitôt dans une tour obscure;
» Et cependant son bras, au meurtre accoutumé,
» N'osa verser le sang d'un barde renommé (11).

» Là je chantai long-temps mon malheur déplorable :
» Mais Cathmor arriva. Ce héros secourable,
» Ému par mes accents si plaintifs et si doux,
» Et jetant sur son frère un regard de courroux :
» Caïrbar, lui dit-il, ton cœur impitoyable
» De larmes et de sang est donc insatiable ;
» Tu promènes par-tout le ravage et l'effroi :
» Mais Cathmor est ton frère ; il combattra pour toi :
» Ta bassesse obscurcit cette immortelle flamme
» Que la gloire alluma dans le fond de mon ame.
» Rends à la liberté ce barde malheureux :
» Nous mourrons, Caïrbar; mais ses chants généreux,
» Que le lâche dédaigne et que le brave implore,
» Dans les siècles futurs retentiront encore.

» On détache mes fers. Ma voix d'un chant flatteur
» Paya l'humanité de mon libérateur.
» Nous allons le revoir. Enflammé de colère,
» Il accourt pour venger le trépas de son frère. »

« Qu'il vienne, dit Fingal ; j'aime un tel ennemi :
» Contre tous les dangers son cœur est affermi ;
» Des braves et des rois Cathmor est le modèle ;
» Il vécut pour la gloire, et lui sera fidèle.
» La nuit sur nous encore étend son voile épais ;
» Des hauteurs du Mora rien ne trouble la paix :
» Craignons que l'ennemi ne vienne nous surprendre.
» Sur le penchant du mont hâte-toi de descendre.

» O Fillan, ô mon fils; veille jusqu'au matin,
» Et du premier péril donne un signal certain.
» Songe que la vieillesse affaiblit mon audace,
» Et que tu dois veiller à l'honneur de ta race. »

Il dit : Fillan s'éloigne, et nos mille héros
Sous de sombres sapins se livrent au repos;
Mon père au doux sommeil s'abandonne lui-même :
Moi seul, le cœur rempli d'un désespoir extrême,
Je veille, et de Fillan, au bas du mont altier,
J'entends de loin en loin frémir le bouclier.

NOTES DU PREMIER CHANT.

(1) Caïrbar.

(2) On ne peut trop admirer avec quelle adresse Ossian place son propre éloge et celui de son fils Oscar dans la bouche d'un ennemi.

(3) Gaul.

(4) Foldath, roi de Morna, joue un grand rôle dans la suite du poëme. Son caractère fier et inflexible se soutient jusqu'à la fin : il paraît, par un passage du second chant, qu'il fut le principal confident de Caïrbar, et qu'il eut beaucoup de part à la conspiration contre le jeune Cormac.

(5) Il ne faut pas confondre ce Swaran avec le guerrier du même nom qui combattit contre Duromath dans l'île de Tromathon, et dont le lecteur se souvient d'avoir lu l'histoire dans le poëme de Minona.

(6) Le poëte transporte la scène dans le camp de Fingal.

(7) C'est-à-dire les étrangers qui étaient arrivés par mer.

(8) Ossian parle toujours avec complaisance de son fils bien-aimé; tout ce qui lui avait appartenu intéressait son ame paternelle : il parle souvent dans ses poésies de sa lance d'or, de ses dogues fi-

dèles, etc. Combien sur-tout sa veuve Malvina devait lui être chère! aussi lui adresse-t-il la plupart de ses chants.

(9) Quand un guerrier s'était rendu fameux, on plaçait toujours son épée dans sa tombe; une seule couche de sable la recouvrait. Ainsi Oscar suppose avec raison qu'elle pourra frapper un jour l'œil du chasseur.

(10) Althan était chef des bardes d'Artho, roi d'Irlande. Après la mort du jeune Cormac, il se rendit auprès de Fingal, et fut reçu au nombre de ses bardes.

(11) Tel était, dans ces temps héroïques, le respect qui environnait les bardes, que le féroce Caïrbar, après tant de forfaits, n'osa se rendre coupable de la mort de l'un d'eux.

CHANT DEUXIÈME.

SOMMAIRE.

Ossian s'adresse à l'ombre de Tremnor, et la prie de recevoir son fils Oscar dans le palais aérien. Il entend le bruit de Cathmor qui s'avance. Il va trouver Fillan, son frère, qui veillait sur la colline, et y allume un grand feu. Cathmor, trop généreux pour surprendre l'armée de Fingal, réprimande sévèrement Foldath qui avait conseillé l'attaque de nuit. Les chefs de l'armée d'Érin se livrent au sommeil. Mais Cathmor veille encore. Ossian le rencontre, et Cathmor obtient de lui qu'il fera chanter l'hymne funèbre sur le tombeau de Caïrbar. Ossian, en quittant Cathmor, trouve le barde Carril qui descendait de la montagne en chantant une hymne au soleil; il lui ordonne de chanter celle de Caïrbar.

Tremnor, roi des héros, père des tourbillons (1),
Toi qui roules l'éclair en tortueux sillons,
Du palais orageux fais ouvrir les cent portes;
Des bardes décédés rassemble les cohortes;
Que leurs chants solennels arrivent jusqu'à moi.
Un guerrier inconnu ne monte point vers toi;

C'est Oscar. O mon fils, quelle pâleur soudaine
Voile ses traits charmants que Morven vit à peine!
Ton père, loin de toi, pleure en ces froids déserts...
Mais les vents courroucés t'emportent dans les airs.

Ossian, pourquoi donc ce funèbre nuage
Qui pèse sur ton ame et glace ton courage?
Songe au roi de Morven : il est seul, et son bras
Ne lève qu'à regret la lance des combats...
Il voit tous ses enfants s'éteindre à leur aurore.
Mais, non... il n'est pas seul... Ossian vit encore.

Je me lève à ces mots, et j'écoute : nul bruit
Ne m'arrive à travers le calme de la nuit.
Inquiet pour Fillan, troublé de son silence,
Du sommet du Mora, furieux, je m'élance.
A la pâle clarté des astres incertains
Je vois mon frère... Un glaive arme ses jeunes mains,
Il m'entend, et bientôt, d'une voix menaçante (2) :
« Fils de la nuit, dit-il, dont l'audace impuissante
» D'un héros de Morven affronte le courroux,
» Quel fol espoir t'amène et te livre à mes coups?
» — Vaillant fils de Clatho (3), méconnais-tu ton frère?
» C'est aux seuls ennemis que tu dois ta colère.
» Hélas! la solitude (4) environne Fingal ;
» Les ans de son repos ont donné le signal :
» Ce vieillard généreux compte sur notre zèle ;
» C'est à nous de servir la cause paternelle.

» — O mon frère, à mon âge Oscar était fameux.
» Le barde consacrait ses exploits belliqueux ;
» Et moi, faible guerrier, moi perdu dans la foule,
» Obscur comme un ruisseau qui dans l'ombre s'écoule,
» Frère et fils d'un héros, par mes faits éclatants
» Je n'ai pu de mon père honorer les vieux ans.

» — Va, tu n'as pas besoin de prouver ton courage.
» Mais pourquoi me tenir ce sinistre langage ?
» Pourquoi du nom d'Oscar accabler ma douleur ?
» Ah ! plutôt excitons notre oisive valeur.
» Entends-tu dans les bois de sourds et longs murmures,
» Le cliquetis des fers et le choc des armures ?
» La bataille s'ébranle et s'avance en grondant. »

Je me penche à ces mots, ma main d'un chêne ardent
Attise encor la flamme ; à sa clarté soudaine
Cathmor, qui s'avançait, s'arrête dans la plaine.
Il ressemble au torrent que les noirs aquilons
Suspendent dans les airs en chaînes de glaçons.
Foldath est près de lui : plein d'une aveugle rage,
Et brûlant de hâter le moment du carnage,
Il adresse à Cathmor ce féroce discours :
« Frère de Caïrbar, la nuit presse son cours ;
» Le superbe étranger repose sans défense ;
» A la faveur de l'ombre, et sur-tout du silence,
» Laisse-nous pénétrer dans ses rangs endormis,
» Et ce glaive baigné du sang des ennemis...

» Quoi ! lui répond Cathmor, veux-tu frapper dans l'ombre ?
» Les guerriers de Morven sont-ils en si grand nombre ?
» Un héros doit combattre à la clarté des cieux.
» Fingal d'ailleurs, Fingal n'a point fermé ses yeux ;
» Il veille près de nous comme un aigle rapide
» Qu'environnent les vents sur son rocher aride.
» Demain je combattrai suivi de mes tribus.

» — Fils du vaillant Lenox, ne te souvient-il plus
» Que Foldath, compagnon des héros de ta race,
» Vit toujours le soleil éclairer son audace ?
» Mais Caïrbar m'aima ; d'une étroite amitié
» A son cœur belliqueux mon cœur était lié.
» Hélas ! j'ai vu tomber ce roi si redoutable ;
» Il languit près de nous, étendu sur le sable,
» Et des pleurs cependant n'ont point baigné son corps ;
» On n'a point de la harpe entendu les accords ;
» Nul barde n'a chanté son départ de la vie ;
» Et Foldath laisserait, au gré de son envie,
» Se reposer dans l'ombre un barbare vainqueur !...
» A son roi décrépit je percerai le cœur ;
» Entouré de ses fils il mordra la poussière ;
» Et lui-même et ses fils quitteront la lumière,
» Sans que l'hymne du barde éternise leur nom.

» — Présomptueux guerrier, l'espères-tu ? Non, non,
» Le père d'Ossian ne peut mourir sans gloire.
» Les bardes, malgré toi, béniront sa mémoire ;

» Et leurs chants de triomphe à ses vertus offerts,
» Réjouiront son ame errante dans les airs.
» Foldath, à ton trépas crains plutôt leur silence...
» Mais pourquoi dans mon cœur réveiller la vengeance?
» Puis-je oublier mon frère? il m'aimait, et ses yeux
» Se mouillèrent souvent de pleurs délicieux,
» Quand, vainqueur fortuné, du milieu des batailles,
» Je regagnais d'Atha les antiques murailles. »

Il dit : mais chaque chef, dans la plaine étendu,
Se livre au doux sommeil sur ses yeux descendu.
Des étoiles du soir les clartés vacillantes
Font au loin resplendir les armures brillantes ;
Mais les yeux de Cathmor restent encor ouverts.
L'ombre de Caïrbar, errante en ces déserts,
De soupirs douloureux afflige son oreille :
Inquiet, à travers la foule qui sommeille,
Il s'égare, en frappant son large bouclier.
Ce bruit vient jusqu'à nous : « Invincible guerrier,
» Dis-je au jeune Fillan (5), reste dans ce passage.
» Je vais à l'étranger opposer mon courage.
» Mon frère, si je meurs, cours éveiller Fingal ;
» Qu'il songe à sa mémoire et punisse un rival. »

Je franchis le torrent : Cathmor s'offre à ma vue.
Pareils à deux esprits qui, penchés sur leur nue,
Se soufflent la tempête et les vents en courroux,

L'airain au même instant eût gémi sous nos coups,
Si mon œil, égaré dans d'épaisses ténèbres
N'eût reconnu Cathmor à ses armes célèbres,
A son casque ombragé par un panache d'or,
D'où l'aigle vers les cieux semble prendre l'essor.
« Est-ce le roi d'Érin qui m'apparaît dans l'ombre?
» M'écriai-je; étranger, que ton aspect est sombre!
» Ossian de ta mort peut-il s'enorgueillir (6)? »
A ces mots, à ce nom, je le vois tressaillir;
Et me tendant la main : « Roi des chants mémorables,
» Qui promets aux héros des triomphes durables,
» Chef des bardes vantés, je bénis le destin.
» Sais-tu combien de fois dans son palais lointain,
» Charmé de tes vertus et de ta bienfaisance,
» Cathmor à ses banquets désira ta présence?
» Mais, avant de combattre, attendons qu'à nos yeux
» Brille du jour naissant un rayon lumineux,
» Et les guerriers futurs remarqueront la place
» Où jadis nous aurons signalé notre audace;
» Tremblants, ils songeront aux siècles écoulés.
» Ainsi l'aspect des lieux par les ombres peuplés
» Dans l'ame du chasseur, muet et solitaire,
» Verse un effroi mêlé d'un charme involontaire. »

« — Oui, dans ces mêmes lieux les fils de l'avenir
» Des antiques combats viendront s'entretenir :
» Cette pierre grisâtre à leurs regards offerte,

» Par les siècles noircie, et de mousse couverte,
» Leur dira qu'autrefois, dans ce climat lointain,
» Ossian et Cathmor se donnèrent la main...
» Mais pourquoi me fuis-tu?—Nous quitterons la terre,
» Attendus l'un et l'autre au palais du tonnerre,
» Des accords belliqueux y conduiront nos pas.
» Ossian, j'eus un frère... il ne nous suivra pas.
» La honte est son partage, et ce guerrier célèbre
» Erre autour de ces bois, privé du chant funèbre.

» —Rassure-toi, Cathmor (7); à l'ennemi vaincu
» La haine d'Ossian n'a jamais survécu :
» L'ombre de Caïrbar entendra ses louanges,
» Et joindra dans les airs les mobiles phalanges. »

Cathmor pousse un soupir, et s'éloigne à l'instant.
Il brillait dans la nuit, sous l'acier éclatant,
Comme un pâle fantôme à travers la fougère :
Le voyageur perdu sur la rive étrangère,
L'aperçoit, prend la fuite, et, caché dans les bois,
Du spectre solitaire entend la faible voix.

Mais qui vient tout-à-coup du sein de la vallée?
Son regard est pensif, sa démarche troublée ;
Sur la naissante aurore il attache les yeux,
Et des flots de rosée humectent ses cheveux.
C'est le barde Carril ; sa voix mélodieuse

Entonne du matin l'hymne religieuse.

« A l'aspect du soleil les ténèbres ont fui (8);
» Les flots épouvantés reculent devant lui.
» Héros du firmament, les étoiles honteuses
» Se cachent à ta voix sous les mers écumeuses;
» Dans ta main étincelle un glaive flamboyant :
» Que j'aime, roi du jour, ton éclat effrayant
» Quand ton disque, couvert de vapeurs enflammées,
» Dans les champs de la mort roule sur les armées,
» Ou sur les monts déserts amasse les brouillards!
» Mais que tes doux rayons enchantent mes regards
» Quand, vainqueur, tu jaillis du sein des noirs orages,
» Et que tes cheveux d'or flottent sur les nuages!
» Le chasseur, consolé, sur le gazon naissant
» Poursuit le cerf rapide et le daim bondissant.
» O toi dont les bienfaits s'accroissent d'âge en âge,
» Soleil, dois-tu sans cesse éclairer le carnage? »

« Barde, dis-je à Carril, tes accords sont touchants;
» Mais ce jour qui nous luit n'est point propice aux chants.
» La bataille et la mort environnent mon père :
» Debout sur la colline, enflammé de colère,
» Il s'apprête au combat, et ses yeux vigilants
» Comptent les flots guerriers dans la plaine roulants.
» Au sein de ce vallon qu'arrose un onde pure,
» Sous les rameaux flétris d'un chêne sans verdure,

» Une tombe, ô Carril, se présente à tes yeux.
» Là, du sommeil sans fin dort un chef belliqueux (9);
» C'est le frère d'un roi digne de nos hommages.
» Son ombre désolée attriste ces rivages;
» Ouvre-lui le palais objet de ses désirs,
» Et qu'on n'entende plus ses douloureux soupirs. »

NOTES DU SECOND CHANT.

(1) Il paraît, par la suite de cette apostrophe, qu'Ossian s'était retiré loin du reste de l'armée pour pleurer en secret la mort de son fils Oscar. Cette narration indirecte et en quelque sorte dramatique n'est pas rare dans les poésies d'Ossian.

(2) Le poëte commence à peindre ici le caractère de Fillan, qui joue un si grand rôle dans la suite du poëme. On voit déjà son ardeur pour la gloire, le feu et l'impatience qui caractérisent un jeune héros.

(3) Ossian et Fillan n'eurent point la même mère : Fillan était fils de la belle Clatho, que Fingal avait épousée après la mort de Roscrana, mère d'Ossian et de Bosmina, dont il est fait mention dans le poëme de Lorma.

(4) Cette expression peut paraître extraordinaire au premier coup-d'œil; elle est très-familière à Ossian. Toutes les fois que Fingal n'a point sa famille autour de lui, notre poëte dit qu'il est seul, dans la solitude, etc.

(5) Le lecteur se souvient qu'on avait envoyé Fillan sur la colline de Mora pour observer l'ennemi pendant la nuit. Ossian, qui l'avait joint, lui dit donc de ne point quitter le poste que Fingal lui avait confié.

(6) Ossian, par une fierté bien entendue, ne voudrait point se

मesurer avec un guerrier obscur, et demande à Cathmor s'il peut le combattre sans compromettre sa valeur.

(7) Quoique Ossian fût l'homme à qui Caïrbar eut causé les plus grands malheurs, puisqu'il avait tué son fils par la plus indigne des trahisons, notre poëte oublie son ressentiment aussitôt que son ennemi n'est plus.

(8) Carril chante l'hymne du soleil.

(9) Caïrbar.

CHANT TROISIÈME.

SOMMAIRE.

Aussitôt que le jour paraît, Fingal harangue son armée, et en remet le commandement à Gaul, fils de Morni. Il se retire avec Ossian sur le Mora, qui dominait le champ de bataille. Description de l'action générale. Gaul donne la mort à Tullamin et à d'autres chefs moins considérables. Cathmor, à l'exemple de Fingal, avait donné le commandement de son armée à Foldath qui, de son côté, fait plusieurs actions d'éclat. La nuit survient : le cor de Fingal sonne la retraite; Fingal pleure la mort de Connal. Épisode de Sulmala, qui s'est déguisée en jeune guerrier pour suivre Cathmor à la guerre. La férocité de Foldath renouvelle la querelle qui s'était élevée entre Malthos et lui. Cathmor interpose son autorité, et fait cesser la dispute. Il va se reposer à quelque distance de son armée. L'ombre de son frère Caïrbar lui apparaît, et lui prédit d'une manière obscure l'issue de la guerre. Discours de Cathmor : il découvre le déguisement de Sulmala : monologue de cette belle étrangère.

Sur les bords du Lubar quel est donc ce héros ?
Dans sa nerveuse main brillent deux javelots :
C'est le roi de Morven ; l'âge a blanchi sa tête.

Debout, tel qu'un rocher au sein de la tempête,
Son armure étincelle aux feux purs du matin.

« Mes guerriers, levez-vous ! Des bataillons d'Érin
» Sur les champs de Léna l'étendard se déploie.
» Dans l'ame de Fingal luit un rayon de joie ;
» J'aime que l'ennemi soit nombreux et puissant :
» Si la mort me saisit de son bras menaçant,
» Dans la tombe du moins j'emporterai ma gloire.
» Mais, parmi tant de chefs connus de la victoire,
» Lequel doit en ce jour vous conduire aux combats ?
» Fingal, vous le savez, ne peut guider vos pas ;
» Ce fer ne doit briller qu'en un péril extrême (1).
» Telle est de mes aïeux la volonté suprême :
» Instruit par leur exemple et soumis à leurs lois,
» Fingal n'enfreindra point la coutume des rois. »

Tous les chefs, à ces mots, se penchent vers mon père ;
Tous briguent en secret une faveur si chère ;
Tous vantent leurs exploits... Le seul fils de Morni,
Gaul, demeure à l'écart ; muet et recueilli,
Il repasse en son cœur ses actions vaillantes,
Et contemple l'acier de ses armes brillantes.
Trois fois, de ces héros audacieux rival,
Fillan voulut parler au sévère Fingal ;
Sur ses lèvres trois fois la parole arrêtée,
Trompa le vœu secret de son ame agitée ;
Il ne pouvait citer nul combat glorieux.

Accablé de douleur, morne, silencieux,
Il s'éloigne à grands pas, sur les flots solitaires
Se penche, et sent couler des pleurs involontaires :
Quelquefois de sa lance il effleure les eaux,
Ou fait voler au loin la tête des roseaux.
Son généreux dépit, le zèle qui l'enflamme,
Attendrissent mon père et pénètrent son ame :
De son fils bien-aimé Fingal voit les douleurs,
Et sous ses cheveux blancs nous cache quelques pleurs;
Mais, détournant les yeux : « Rocher indestructible,
» Vaillant fils de Morni, dont le bras invincible
» Promène la terreur sur les rangs ennemis,
» Va, guide ces héros à mes ordres soumis :
» Le glaive entre tes mains est l'égal du tonnerre,
» Et ton ame tressaille à la voix de la guerre.
» Obéis avec joie à ce chef redouté,
» Fillan; il est couvert de mon autorité :
» Vois ce fer qu'au retour ton père te destine.
» Ossian, près de moi reste sur la colline.
» Vous tous, de vos aïeux gardez le souvenir :
» Que mon dernier combat étonne l'avenir. »
Les enfants de Morven pressent leurs pas rapides :
Un noble espoir se peint sur leurs fronts intrépides :
Ils marchent, plus nombreux que les sables mouvants,
Ou les roseaux d'automne agités par les vents.

De son côté Cathmor conduisait ses phalanges;
Cent bardes réunis entonnaient ses louanges.

Mais quand il vit Fingal sur le roc du chevreuil,
Son indomptable cœur s'enfla d'un noble orgueil :
« Hé quoi ! dit-il, Cathmor combattrait en personne
» Quand le roi de Morven au repos s'abandonne !
» Vaillant chef de Morna (2), conduis mes bataillons,
» Et sois pour eux un astre aux propices rayons. »

Il se tait ; et Foldath, comme un sombre nuage
Qui porte dans ses flancs les esprits de l'orage,
S'avance furieux, et voit autour de lui
Se presser les tribus dont il devient l'appui.
Sa longue chevelure, en flammes ondoyante,
Semble rouge de sang : d'une voix foudroyante
Il appelle Collan : « Magnanime guerrier,
» Au bas du mont serpente un tortueux sentier ;
» Que ta tribu s'y cache, et que Morven trompée
» Elle-même se livre aux coups de ton épée.
» Bardes, que nul de vous n'ose élever sa voix !
» Des amis de Fingal oubliez les exploits :
» Je veux qu'autour des lacs marécageux et sombres,
» Ceintes d'un noir brouillard, errent leurs pâles ombres,
» Et que le voyageur, perdu dans les forêts,
» Écoute en frissonnant leurs stériles regrets. »

Il a dit ; et Collan, que sa troupe accompagne,
S'enfonce dans les rocs qui bordent la montagne.
Mais Gaul le suit des yeux ; il appelle Fillan :
« Tu vois quel lâche espoir ose nourrir Collan :

» Mon héros va combattre et vaincre le perfide;
» Gaul ne peut s'éloigner des phalanges qu'il guide. »

Déjà la mort frémit, déjà de toutes parts
Vole et pleut en sifflant une grêle de dards.
Fingal de ses guerriers admire le courage;
Et du mont opposé Cathmor suit le carnage.
Ainsi quand deux esprits, errants au sein des airs,
Ont vomi la tempête et soulevé les mers,
Quand les vagues en feu, de l'abyme élancées,
Retombent à grand bruit et roulent entassées,
Tranquilles au-dessus et des vents et des flots,
Sur leur char nébuleux ils goûtent le repos.

Mais quel rayon soudain vient briller à ma vue?
C'est le fer de Morni (3) : d'une atteinte imprévue
Gaul a déjà frappé les bataillons d'Érin.
Tu meurs dans ton printemps, ô jeune Tullamin!
Hélas! si loin de toi ton épouse chérie
Sommeille au bruit des eaux de la verte prairie,
Et, dans le songe heureux qui vient la caresser,
Entre ses bras d'albâtre elle croit te presser...
Ne te réveille pas, épouse infortunée!
Ton époux a rempli sa triste destinée.
Tu ne l'entendras plus, noble enfant des concerts,
Des accords de sa harpe attendrir tes déserts,
Tu ne le verras plus, au retour des conquêtes,
S'asseoir auprès de toi dans la salle des fêtes.

Foldath de son côté se baigne dans le sang ;
Du malheureux Connal sa main perce le flanc.
Ami des étrangers, voici ta dernière heure ;
Tu roules dans le fond de l'étroite demeure.
Connal, paix à ton ombre ! Au sein de ton palais
Quel silence et quel deuil vont régner désormais !
Jadis le voyageur, fatigué, hors d'haleine,
Venait s'y reposer de sa course lointaine :
Près d'un chêne enflammé tranquillement assis,
Son ame par degrés écartait les soucis ;
Il se réjouissait au funèbre murmure
De la brise des nuits sifflant sur la verdure,
Et, du banquet des rois partageant la faveur,
A la reconnaissance abandonnait son cœur :
Plus d'asile pour lui ; Connal, hélas ! succombe,
Et le torrent bourbeux va rugir sur sa tombe.
Gaul a vu son trépas... Il s'élance... soudain
Un invisible trait ensanglante sa main.
La fureur de Morven à cet aspect redouble :
Pressé de toutes parts, Foldath même se trouble ;
Peut-être il allait fuir ; mais le retour du soir
Sur le champ de bataille étend un crêpe noir.
Les accents de Cathmor au loin se font entendre :
Tous les chefs à sa voix s'empressent de se rendre.
On suspend le carnage, et le cor de Fingal
Aux tribus de Morven donne un même signal.

Cent chênes abattus dans la forêt voisine

S'allument à l'instant au haut de la colline :
On prépare la fête, on s'assied ; et le roi,
Après de longs soupirs qui nous glacent d'effroi :
« Qu'est devenu Connal, l'ami de mon enfance,
» Dont le glaive vengeur brilla pour ma défense ?
» Je ne l'aperçois pas... sans doute, il a vécu :
» Mais avant de tomber mon héros a vaincu.
» Bardes, creusez sa tombe, et que des chants funèbres
» Accompagnent son ame à travers les ténèbres.
» Élève dans la nuit ta consolante voix ;
» Que la harpe, ô Carril, frémisse sous tes doigts ;
» Rends l'ombre de Connal à jamais fortunée,
» Et pleure tous les chefs morts dans cette journée. »
Le vieux barde obéit à des ordres si chers,
Et du chant des tombeaux il attriste les airs.

Mais Fillan vient s'offrir aux regards de mon père :
A ses traits belliqueux, à sa démarche altière,
Le grand cœur de Fingal bat de joie et d'amour.
Tel que du haut des cieux sourit l'astre du jour,
Quand l'arbre dont ses feux ont hâté le feuillage
Sur le lac du vallon verse un naissant ombrage,
Tel mon père sourit à son fils bien-aimé.
« De tes jeunes exploits mon amour est charmé,
» Lui dit-il ; mes aïeux s'unissent à ma joie :
» Pour t'illustrer comme eux tu suis la même voie.
» La prudence, mon fils, doit conduire tes pas :
» Ne fuis point les dangers, mais ne les cherche pas. »

Comme on voit au-dessus des vagues d'Inistore (4)
Les nuages rouler autour du météore
Dont la flamme brillante éclaire leurs flocons,
Ainsi près de Cathmor roulent ses bataillons.
Non loin de lui, timide et les yeux pleins de larmes,
La belle Sulmala veille au sein des alarmes.
Fille aimable des rois, son jeune et tendre cœur
Dans le vaillant Cathmor a trouvé son vainqueur.
Du palais de Lumon par sa flamme arrachée,
Déjà, depuis trois jours, sous ses armes cachée,
A l'insu du héros, partout elle le suit :
Tandis que, solitaire, au milieu de la nuit
Sous le toit paternel il croit qu'elle respire,
Debout à ses côtés elle veille et soupire.
Oui, Cathmor, le voilà cet objet de tes feux;
Mais un casque jaloux le dérobe à tes yeux.

Auprès du roi d'Érin (5) le vieux Fonar s'avance :
« Les ténèbres, dit-il, ramènent le silence,
» Les ames des guerriers sollicitent des chants :
» Cathmor, occupons-nous de ces devoirs touchants;
» Ordonne que la harpe au loin retentissante
» Commence pour les morts l'hymne compatissante.

» Qu'ils restent dans l'oubli, dit le sombre Foldath,
» Qu'ils restent dans l'oubli; j'ai perdu le combat :
» Ma valeur cependant n'a point trahi ma haine,
» Le sang que j'ai versé fume encor dans la plaine;

» Mais de faibles guerriers accompagnaient mes pas...
» Abandonne, Fonar, ces belliqueux climats.
» A la vierge timide et de fleurs couronnée
» Va, cours faire applaudir ta voix efféminée.
» Foldath auprès de lui ne veut que des héros.

» Roi du puissant Érin, interrompit Malthos,
» Arbitre de nos jours et de nos renommées,
» Dans leur sang confondu tu roules les armées ;
» De tes rayons sereins nos yeux sont éblouis ;
» Les braves devant toi se sont évanouis ;
» Et, du sein des combats ramené par la gloire,
» Qui t'entendit jamais parler de ta victoire ?
» Mais le guerrier farouche, au carnage exercé,
» S'applaudit hautement du sang qu'il a versé,
» Sourit au nom de mort, et contemple avec joie
» Le brave qui succombe à ses douleurs en proie.
» Foldath a fait briller sa valeur aujourd'hui :
» Mais il est d'autres chefs non moins vaillants que lui ;
» Et si Morven sur eux obtint quelque avantage,
» Qu'il accuse le nombre, et non pas le courage. »

Les deux chefs à ces mots agitent leurs poignards,
Et se lancent déjà d'homicides regards.
Cathmor, le glaive en main, s'élance et les arrête.
« Téméraires, dit-il, ne troublez point ma fête ;
» Retirez-vous dans l'ombre, ou craignez que mon bras
» Ne mette enfin un terme à ces honteux débats. »

Les chefs intimidés dans la nuit disparaissent.
Cependant des guerriers les paupières s'affaissent,
Et le sommeil les rend à leurs songes chéris.
Le seul Cathmor veillait : à ses regards surpris
Un fantôme apparaît... Hélas! c'était son frère ;
Du milieu de sa nue inconstante et légère
Il semble lui sourire, et ses faibles accents
Arrivent jusqu'à lui sur les ailes des vents :
« Que la joie, ô Cathmor, t'accompagne sans cesse!
» L'hymne auguste du barde a calmé ma tristesse ;
» A tes pieux désirs Ossian s'est rendu,
» Et le palais des morts ne m'est plus défendu...
» Léna, quels sons plaintifs tes déserts font entendre!
» Fils de Morven... quel sang brûlez-vous de répandre?
» Vous frappez... ô douleur... ô regrets superflus!...
» Cathmor, hélas! Cathmor bientôt ne sera plus. »

L'ombre fuit à ces mots, et le front du vieux chêne
Se balance ébranlé par sa fuite soudaine.
Cathmor saisit sa lance ; à pas précipités
Il marche, et jette au loin ses regards irrités...
« C'était de Caïrbar la voix accoutumée :
» Enfant des tourbillons, dans mon ame alarmée,
» Crois-tu verser le trouble et détourner les pas
» D'un héros et d'un roi formé pour les combats?
» Cathmor doit donc périr... dans son dernier asile
» Cathmor va donc descendre... Ombre informe et débile,
» Qui t'apprend à régler le destin des mortels?

» Fuis, coule dans la paix tes moments éternels,
» Et ne me lasse plus d'un sinistre présage.
» La gloire est tout pour moi ; combattre est mon partage.
» Inutile à lui-même, étranger aux exploits,
» Le lâche seul vieillit au milieu de ses bois,
» Et, quand la mort descend sur sa tête blanchie,
» Son ombre du Légo (6) ne peut être affranchie ;
» Elle erre tristement sur les flots paresseux,
» Et ne monte jamais au séjour nébuleux. »

Ainsi parla Cathmor dans sa noble colère ;
Mais déjà l'ombre fuit, et l'horizon s'éclaire :
Le chef d'Atha contemple avec étonnement
Ses guerriers au sommeil livrés tranquillement.
Tel qu'un esprit du ciel qui plane sur les ondes,
Qui voit les vents captifs dans leurs grottes profondes,
Inquiet et jaloux du silence des flots,
Commande aux aquilons de troubler leur repos :
Tel Cathmor, appelant ses phalanges guerrières,
Repousse le sommeil qui ferme leurs paupières.

Sous un feuillage épais l'amante de Cathmor
Aux charmes du repos s'abandonnait encor ;
Mille songes heureux, égayant sa pensée,
La reportaient aux jours d'une gloire passée.
L'aimable Sulmala revoit ses verts coteaux,
Ses rocs silencieux, ses bondissantes eaux,
Le palais de Lumon, et ses jeunes compagnes

Précipitant leurs pas au sommet des montagnes,
Et d'un père chéri tous les chefs valeureux
Contemplant sa beauté d'un regard amoureux.

Le destin de Cathmor le conduit auprès d'elle ;
Sous son déguisement il reconnaît sa belle ;
Il voit ce doux souris, ce front, ces traits charmants,
Du feu qui le consume immortels aliments.
Que doit-il faire ? hélas ! il verse quelques larmes,
Et s'éloigne... Cathmor (7), dissipe tes alarmes :
Redoutable ennemi, ce n'est point en ce jour
Qu'un héros tel que toi peut écouter l'amour ;
La guerre sous tes pas, furieuse, sanglante,
Roule comme les flots d'une mer turbulente.

Bientôt le roi d'Atha frappe son bouclier :
A ce bruit imprévu frémit chaque guerrier.
Sulmala se réveille ; et faible, pâlissante,
Couvre d'un casque lourd sa tête languissante :
Elle tremble en songeant qu'un regard indiscret
Peut-être au jour naissant a surpris son secret ;
Timide, elle s'enfuit au fond de la vallée ;
Et là, seule, à l'abri d'une roche isolée,
A travers les soupirs, les pleurs et les sanglots,
Sa gémissante voix laisse échapper ces mots :
« Le songe du bonheur s'enfuit avec l'aurore ;
» Des yeux de Sulmala des pleurs coulent encore ;
» Mon amour, je t'appelle, et tu ne reviens pas !

» La robe de la guerre embarrasse tes pas.
» De nos pères, dit-on, les ombres secourables
» Peuvent ravir une ame à ses maux déplorables;
» S'il faut que mon héros périsse sous mes yeux,
» Viens emporter la mienne au palais lumineux,
» O mon père, et qu'au moins ta fille consolée
» S'égare avec Cathmor dans la plaine étoilée. »

NOTES DU TROISIÈME CHANT.

(1) Ce n'était que dans un péril imminent que les rois combattaient en personne. Ils se plaçaient ordinairement sur une hauteur d'où ils pouvaient être vus et voir toute l'armée. Si quelque bataillon était repoussé ou commençait à fléchir, ils députaient vers son chef un barde qui par des chants relevait son courage ; quelquefois leurs propres enfants remplissaient cette honorable fonction. Si la défaite de l'armée paraissait inévitable, alors ils frappaient trois fois les *voix de la guerre*, c'est-à-dire les bosses de leur bouclier, faisaient déployer le soliflamme, leur étendard accoutumé, et se portaient contre l'ennemi.

(2) Foldath.

(3) Gaul, dans la bataille, se servait de l'épée de son père Morni.

(4) La scène se passe dans le camp des Irlandais.

(5) Cathmor.

(6) Le Légo, dont il est si souvent question dans les poëmes d'Ossian, était un lac marécageux : comme les vapeurs qui s'en élevaient étaient malsaines, et quelquefois mortelles, les bardes feignirent que c'était le séjour des ames pendant l'intervalle qui s'écoulait entre la mort et l'hymne funèbre. Les ames des guerriers pusillanimes y séjournaient éternellement, et sans nul espoir de se réunir à celles de leurs ancêtres.

(7) Ossian suspend sa narration, et adresse cette apostrophe à Cathmor.

CHANT QUATRIÈME.

SOMMAIRE.

Ossian, après une courte invocation à sa harpe, décrit le combat qui a lieu sur les rives du Lubar. Prodiges de valeur de Fillan; il tue Foldath. Malthos, en voyant ce héros expirant, oublie sa haine, et lui offre ses secours. L'ame de Foldath s'envole dans son palais, et va s'offrir aux regards de sa fille Nina. Cathmor, qui a vu tomber Foldath, descend de la colline, rallie son armée, recommence le combat, et attaque Fillan avant l'arrivée d'Ossian, que Fingal envoyait au secours de son frère. La nuit termine le combat. Ossian arrive à l'endroit où Cathmor et Fillan s'étaient battus : il trouve son frère mortellement blessé; après sa mort il le porte dans une caverne voisine. Fingal, en apprenant la mort de son fils, se décide à combattre lui-même. Le chant finit par un monologue de Cathmor, que l'aspect de tant de tombes récentes enflamme d'une nouvelle ardeur.

Toi qui dors suspendue auprès des boucliers,
Toi qui charmas souvent l'oreille des guerriers,
Éveille-toi, ma harpe! et que ta mélodie
Descende avec la paix dans mon ame engourdie.

Ne me rufuse pas tes accords inspirants :
Hélas! seul, accablé de soucis dévorants,
Privé de son Oscar, privé de la lumière,
Ossian n'a que toi pour calmer sa misère.
Tout repose ou se tait ; le zéphyr amoureux
Murmure faiblement dans les bois ténébreux :
Voici l'heure des chants... mon ame s'est émue.
Silence... Le passé se retrace à ma vue.

Les rayons du matin serpentent dans les cieux :
A la voix de Cathmor les chefs audacieux
Guident leurs bataillons. Une épaisse poussière
Voile le roi du jour entré dans sa carrière.
L'intrépide Foldath est par-tout, et son bras
Moissonne en même temps les chefs et les soldats :
Il se livre à l'excès d'une barbare joie :
« Bientôt, dit-il, Fingal, à sa douleur en proie,
» Va pleurer ses états, sa gloire et ses amis.
» Compagnons de Foldath, je vous l'avais promis.
» L'ombre de Caïrbar triomphe dans sa nue.
» Fingal même, frappé d'une atteinte imprévue,
» Tombera, comme on voit sous les noirs aquilons
» Tomber un haut sapin, roi sourcilleux des monts. »

Dermide cependant s'oppose à son passage ;
Mais le destin trahit son généreux courage,
Il est blessé. Foldath veut redoubler ses coups,
Quand un jeune héros, bouillant, plein de courroux,

Mon frère accourt, brandit sa lance étincelante,
Et du sein de Foldath la retire sanglante,
Puis vole sans retard à de nouveaux exploits (1).
Foldath tombe ; la terre a gémi sous son poids.
Mais Malthos (2), à l'aspect du guerrier qui succombe,
« Où veux-tu, lui dit-il, que j'élève ta tombe ?
» Sera-ce dans Ullin, ou sur les bords riants
» Qui de Nina, ta fille, ont vu les premiers ans.

» Pourquoi, répond Foldath d'une voix courroucée,
» Pourquoi verser le trouble en mon ame oppressée ?
» Veux-tu me rappeler que je n'ai point de fils
» Qui venge mon trépas sur mes fiers ennemis ?
» Va, je n'ai pas besoin qu'on venge ma mémoire :
» Assez d'exploits sans doute attesteront ma gloire.
» Entasse autour de moi ces superbes rivaux
» Que mon glaive plongea dans la nuit des tombeaux ;
» Que je dorme entouré de victimes sans nombre,
» Cet aspect tout de sang réjouira mon ombre. »

Il dit, et meurt ; son ame, errante dans les airs,
S'envole vers des lieux qui lui furent si chers.
Elle s'offre à Nina : seule aux bords d'une eau pure,
Nina livrait aux vents sa noire chevelure ;
Son arc à ses côtés reposait détendu.
Le fantôme se montre à son œil éperdu :
Il est couvert de sang, et le brouillard humide
Vole autour de son front menaçant et livide.

La belle pousse un cri ; l'ombre lance un éclair,
Et comme un feu léger s'évanouit dans l'air.

Cathmor a vu tomber le chef de son armée :
De haine et de courroux son ame est enflammée ;
Il se lève, et saisit le fer de ses aïeux.
Incertain et troublé, Fingal le suit des yeux :
« Cathmor, dit-il, s'apprête à combattre lui-même ;
» Fillan touche peut-être à son heure suprême.
» Dérobez à ma vue un spectacle d'effroi ;
» Sombres forêts des monts, courbez-vous devant moi.
» Ossian, suis ton frère, et cache ton épée.
» Cher Fillan, de tes jours ma tendresse occupée
» Ne t'affligera point d'un doute injurieux.
» Meurs, mais reçois du moins un trépas glorieux. »

J'obéis à mon père ; et lui, baigné de larmes,
Va dans les flancs du roc nous cacher ses alarmes.
Les flots de la bataille, à mes regards tremblants,
Roulent impétueux, rapides et sanglants.
Mon frère, tel qu'un aigle aux ailes déployées,
Vole et chasse d'Érin les tribus effrayées :
Il s'ouvre dans leur sang un tortueux chemin ;
L'éclair est dans ses yeux, la foudre est dans sa main.
Mais Cathmor fait briller son glaive redoutable ;
Trois fois l'air retentit de sa voix formidable :
Il appelle les chefs ; les chefs obéissants,
Honteux de la terreur qui maîtrisait leurs sens,

Rassemblent à leur tour la foule dispersée :
La plaine en un moment de dards s'est hérissée ;
L'ordre se rétablit ; et sous un mur d'airain
S'élancent de nouveau les bataillons d'Érin.

Mes regards de Fillan suivaient au loin la trace :
Tout-à-coup, emporté par sa fougueuse audace,
Il marche sur Cathmor. La foule au même instant
S'ouvre, et livre un passage à ce fier combattant.
Cathmor, calme et serein comme en un jour de fête,
Voit accourir Fillan, le contemple et s'arrête,
Leurs glaives renommés se croisent... mais la nuit
Descend... du choc affreux je n'entends que le bruit.
Les vainqueurs, les vaincus, à pas lents se retirent ;
On interrompt la mort, et les deux camps respirent.
Les heures se pressaient, et sous un ciel glacé
La nuit roulait son char de frimas hérissé ;
Le vent d'automne à peine agitait le feuillage ;
L'ombre avait suspendu les horreurs du carnage,
Et le fils de Comhal, fatigué de combats,
A la fête du soir appelait ses soldats.
Loin d'eux, d'un pas rapide à travers la bruyère,
Mes yeux cherchaient Fillan, Fillan mon jeune frère ;
Long-temps contre Cathmor il avait combattu :
Enfin je l'aperçois, pâle, morne, abattu,
Appuyé sur le roc, et respirant à peine :
« Jeune chef de Morven, que fais-tu dans la plaine?
» Lui dis-je : environné de ses bardes joyeux,

» Fingal prête l'oreille à leurs chants glorieux ;
» Il n'attend plus que toi pour commencer la fête.
» Sur la harpe à ton tour viens chanter sa conquête :
» Tu fis trembler Cathmor ; tes exploits solennels
» Ont arraché des pleurs à mes yeux fraternels.
» Fingal, impatient, près de son fils m'envoie ;
» Dans le cœur du vieillard viens répandre la joie. »

FILLAN.

Lorsque tout fuit ou meurt sous leurs coups triomphants,
Un père aime à revoir ses généreux enfants ;
Mais quand ils sont vaincus, quand la honte leur reste,
Doivent-ils l'affliger de leur aspect funeste ?
Ossian, de Fingal pour jamais exilé,
Je ne le verrai plus ; mon casque est mutilé,
Mon bouclier meurtri, mon armure sanglante ;
Et ce glaive émoussé pèse à ma main tremblante.

OSSIAN.

O mon frère ! bannis cette sombre douleur ;
N'es-tu pas un rayon dont la douce chaleur
Réchauffe de Fingal la débile vieillesse ?
Loin du fils des héros cet excès de faiblesse !
A ton âge, Ossian était moins renommé,
De Fingal cependant il fut toujours aimé ;
Rien de ce noble roi ne lui ravit l'estime :

Mais ton père gémit... ton retard est un crime.

FILLAN.

Je ne te suivrai pas. Ossian, plains mon sort.
Déjà, déjà mon sang est glacé par la mort;
A la fleur de mes ans je suis tombé sans gloire,
Et mon premier combat a flétri ma mémoire.
Ah! du moins sauve-moi d'un reproche nouveau!
Je ne mérite pas les honneurs du tombeau :
Mon frère, réunis mes armes dispersées,
Près de moi dans le roc qu'elles dorment placées;
Et puisse le chasseur, en ces bois égaré,
Ignorer que Fillan mourut déshonoré !

OSSIAN.

Il expire !... ô douleur !... Son ame courageuse
S'envole sur les vents dans la nue orageuse ;
Elle y goûte déjà le bonheur et la paix.
Ombres de mes aïeux, ouvrez-lui vos palais;
Préparez, au milieu de vos brillants phosphores,
Sa robe de vapeur, son fer de météores.

A ces mots, dans les flancs du rocher ténébreux
Je dépose le corps du guerrier malheureux.
Soudain la sombre nuit redouble ses ténèbres.
Des tonnerres lointains les roulements funèbres

Sèment de tout côté l'épouvante et l'horreur ;
Mais, bravant la tempête et le ciel en fureur,
Tout plein du souvenir qui déchire mon ame,
Je donne un libre essor au courroux qui m'enflamme.
« Oui, je le combattrai ce héros inhumain
» Qui d'un frère chéri vient de percer le sein ;
» Ni ses mille guerriers, ni son mâle courage,
» Ne pourront le soustraire aux efforts de ma rage.
» Fantômes de la nuit, allumez vos éclairs,
» Guidez mes pas errants au sein de ces déserts ;
» Guidez-moi vers Cathmor ; que ma main vengeresse...
» Malheureux ! où m'emporte une juste tendresse !
» Voilà donc les secours qu'à Fingal j'ai promis !
» Héros en cheveux blancs, entouré d'ennemis,
» Si je l'abandonnais en ce péril extrême,
» Qui veillerait sur lui ? Son bras n'est plus le même ;
» Dans les champs de la mort il n'est plus sans rival :
» Volons à ses côtés... Qui ? moi, revoir Fingal !
» Supporter tout le poids de sa juste colère,
» L'entendre me crier : Qu'est devenu ton frère ?
» Non, jamais... ah ! plutôt en ces cruels moments...
» Mais n'est-ce point sa voix que m'apportent les vents ?
» Il appelle ses fils... ses fils ! rage impuissante !
» J'obéirai, mon père, à ta voix menaçante.
» Je revole vers toi, seul avec mes ennuis,
» Comme un aigle blessé par la foudre des nuits (3). »

J'avais rejoint Fingal : appuyé sur ma lance,

Le cœur gros de soupirs, je gardais le silence.
Mon père dans mes yeux lut la mort de son fils ;
Une sombre pâleur voile ses traits flétris :
Mais bientôt, reprenant son audace première :
« Guerriers, si ce héros ne voit plus la lumière,
» Une oisive douleur peut-elle le venger ?
» Que le poids de la guerre accable l'étranger !
» Sous vos coups réunis qu'il tombe dans la plaine...
» Amis, je combattrai ; la victoire est certaine. »
Vingt chênes abattus s'embrasent à l'instant,
Et remplissent les airs d'un éclat pétillant.
Fingal erre au milieu des ombres entassées (4),
Et roule dans son cœur de sinistres pensées ;
Son large bouclier, son casque radieux,
Brillent par intervalle à la clarté des feux ;
Le besoin des combats tourmente son audace ;
Dans ses traits convulsifs respire la menace ;
Ses pas précipités s'égarent au hasard,
Et de sa lance d'or il frappe le brouillard.

Le noble roi d'Atha, du haut de ses collines,
Promène ses regards sur les tombes voisines ;
Là dorment confondus les chefs des deux partis.
Sa grande ame s'émeut ; ses yeux appesantis
Laissent tomber des pleurs... « Les guerriers mémorables
» Brillants comme l'éclair, comme lui peu durables,
» Ont lui quelques instants pour s'éteindre à jamais ;
» Dans l'asile des morts qu'ils reposent en paix !

» Surpris par le trépas dans leur course guerrière,
» Ils n'ont pu des grands noms éclipser la lumière ;
» Mais ces plaines du moins, ces torrents écumeux,
» Instruiront l'avenir de leurs destins fameux.
» Ah! puisse ainsi Cathmor triompher d'âge en âge,
» Et du sommet des airs, promis à son courage,
» De ses bardes chéris entendre le concert,
» Quand il voyagera sur les vents du désert,
» Quand de ses fiers aïeux il ornera les fêtes,
» Ou qu'il se cachera sous l'aile des tempêtes! »

NOTES DU QUATRIÈME CHANT.

(1) Le poëte, pour donner une haute idée de la valeur de Fillan, omet les détails de son combat contre le redoutable Foldath.

(2) Les caractères de Foldath et de Malthos sont bien soutenus : Foldath était impétueux et cruel; Malthos opiniâtre et méfiant. Leur attachement à la famille d'Atha était égal; leur valeur dans les combats était la même. Foldath était plein de vanité et d'ostentation; Malthos n'était pas indulgent, mais il était généreux, et sa conduite à l'égard de Foldath, son ennemi, prouve qu'un caractère sombre et dur n'exclut pas toujours la bonté.

(3) La comparaison qui termine ce beau monologue d'Ossian paraît étrange au premier coup d'œil; mais il faut se souvenir que le poëte habitait un pays où les orages étaient fréquents, et qu'il parlait à des hommes à qui ces images étaient familières.

(4) Les rois, avant de combattre en personne, étaient dans l'usage de se retirer sur une hauteur, pour réfléchir sur la bataille qu'ils allaient livrer, et consulter les ombres de leurs pères.

CHANT CINQUIÈME.

SOMMAIRE.

Le poëte fait la description du brouillard qui s'élève, pendant la nuit, du lac de Légo. On croyait que les ames des morts restaient enveloppées dans ces vapeurs jusqu'à ce que les bardes eussent chanté leur éloge funèbre. Apparition de l'ombre de Fillan sur la caverne où était son corps. Sa voix réveille Fingal sur le rocher de Cormul. Fingal frappe le bouclier de Trenmor pour avertir ses guerriers qu'il va prendre les armes et combattre en personne. Effets extraordinaires du son de ce bouclier. Sulmala se réveille en sursaut, et court éveiller Cathmor. Elle veut l'engager à demander la paix. Il reste dans la résolution de continuer la guerre. Il lui ordonne de se retirer dans la vallée de Léna, où demeurait un vieux druide, et d'y attendre la fin de la bataille qui devait se livrer le lendemain. Il réveille son armée en frappant sur son bouclier. Description du bouclier de Cathmor. Le jour paraît. Sulmala se retire dans la vallée de Léna.

Lorsque les vents du soir aux bords de l'occident
Ont poussé du soleil le disque moins ardent,
Des forêts du Légo, de ses ondes dormantes,

S'élèvent tout-à-coup mille vapeurs fumantes,
Noires exhalaisons qui voilent à nos yeux
De la reine des nuits le char silencieux ;
C'est là que le guerrier dont la harpe propice
N'a point encor chanté l'hymne consolatrice,
Choisit l'épais brouillard qui doit ceindre ses flancs ;
Là, mon frère, emporté par les rapides vents,
A déjà revêtu sa mobile ceinture.
L'aimable et beau fantôme, errant à l'aventure,
Cède aux jeux du zéphyr, et mêle quelquefois
Ses douloureux soupirs au murmure des bois.

Les torrents répétaient l'or mouvant des étoiles ;
Les vents frais de la nuit faisaient flotter ses voiles ;
Tout reposait : Fingal, de tristesse accablé,
Un moment au repos livrait son cœur troublé,
La plainte de mon frère en sursaut le réveille.
« Eh quoi ! Fillan n'est plus, et son père sommeille !
» M'a-t-il donc oublié dans ses songes riants ?

» Moi, lui répond Fingal, les yeux étincelants,
» Moi t'oublier, mon fils ! Eh ! de l'ame d'un père
» Qui pourrait effacer une image si chère ?
» Qui brillait plus que toi dans le feu du combat ?
» Quel astre à son matin répandit plus d'éclat ?
» Ton sang versé pour moi fume encor dans la plaine...
» Va, tu n'as pas besoin de rallumer ma haine. »

Il se lève à ces mots, et de son bras guerrier
Il frappe par trois fois le pesant bouclier;
Jusqu'aux cieux étonnés mille éclairs en jaillissent;
Les flots roulent émus, les cavernes mugissent (1);
Dans son lit de genêt le chevreuil étendu
Se réveille en sursaut, de terreur éperdu;
Et les morts, désertant les bois mélancoliques,
Regagnent, effrayés, leurs palais fantastiques.

Le sommeil, Sulmala, n'a point charmé tes sens.
Du bouclier des rois les sons retentissants
Viennent glacer d'effroi ton oreille attentive.
Plus prompte que le daim ou la biche craintive,
Elle fuit sous le chêne où son unique amour
Dormait, appesanti par les travaux du jour :
A l'aspect du héros elle tremble et frissonne.
« Pourquoi troubler le calme où son cœur s'abandonne?
» Dit-elle. Un songe heureux l'occupe en ce moment;
» Hélas! de Sulmala lui peint-il le tourment? »

Mais le son meurtrier et s'accroît et redouble :
L'étrangère frémit; tout entière à son trouble,
Elle veut s'éloigner, mais son casque d'airain
Tombe, roule et bondit sur le rocher voisin.
Le héros se réveille; et, d'une voix émue,
« Enfant des nuits, dit-il, qui t'amène à ma vue?
» Es-tu l'ombre d'un chef des temps qui ne sont plus?
» Pourquoi t'offrir soudain à mes regards confus?

» —Je ne suis point une ombre et fugitive et vaine,
» Qui roule dans l'espace et s'égare incertaine ;
» Mais je viens t'avertir des dangers que tu cours.
» Frère de Caïrbar, songe à sauver tes jours :
» Entends ces sons de mort ; vois quelle est la puissance
» Du guerrier qui des nuits trouble ainsi le silence.

» —Le bouclier sonore est la harpe des rois ;
» Que le faible l'entende et tremble dans ses bois.

» —Illustre chef d'Atha, les héros de ma race
» Ne manquaient, comme toi, de zèle ni d'audace ;
» Cependant du trépas ce bruit avant-coureur
» Malgré moi dans mes sens a jeté la terreur.
» La guerre aime Fingal : de sang toute trempée,
» Elle descend déjà sur sa fatale épée.
» Il s'avance celui qui ne céda jamais.
» Cathmor, fais éveiller le barde de la paix (2). »

A cet effroi naïf, à cette voix touchante,
L'intrépide Cathmor reconnaît son amante :
Il se lève, et des pleurs mouillent son œil guerrier.

« —O fille de Lumon, dès long-temps sous l'acier
» Mes yeux ont reconnu l'idole de mon ame.
» Mais la guerre à mes pieds, comme un torrent de flamme
» Précipitait sa course ; et le devoir jaloux
» Défendait à ma gloire un entretien si doux.

» Cesse de t'alarmer, et songe au jour prospère
» Où nous verrons tous deux le palais de ton père ;
» Où Cathmor, dissipant ton amoureux ennui,
» Séchera tous les pleurs que tu verses pour lui.
» Mais la tempête gronde et le danger m'appelle.
» Sous ce rocher qu'habite une paix éternelle
» Vit un sage vieillard, dont les yeux pénétrants
» Sondent la profondeur de l'abyme des temps ;
» Autour de sa retraite une eau pure serpente ;
» Sur sa grotte s'incline une roche pendante,
» Dont le front, couronné de chênes toujours verts,
» Voit bondir le chevreuil, hôte de ces déserts :
» C'est là qu'il vit, content d'être sans renommée.
» Va trouver ce vieillard, cours, ô ma bien-aimée !
» Attends auprès de lui le moment où tes yeux
» Reverront de Cathmor le front victorieux. »

A ces mots, sur les traits de la belle étrangère
Se répand par degrés une rougeur légère,
Et le plus doux espoir se glisse dans son sein.
« Poursuis, ô mon héros, ton généreux dessein.
» On suspendrait plutôt le vol de l'aigle altière,
» Quand elle voit un daim errer sur la bruyère,
» Qu'on ne détournerait tes pas audacieux
» Du sentier de la gloire et des faits périlleux.
» Mais si le sort marquait ta dernière journée,
» Songe que Sulmala, plaintive, abandonnée,
» Loin d'un père chéri, seule avec les dangers,

» Va languir désormais sous des cieux étrangers.

» — Repousse un désespoir qui m'étonne et me blesse.
» As-tu jugé mon cœur capable de faiblesse ?
» Mille fois j'ai bravé les flèches du trépas ;
» Mille fois la tempête a grondé sous mes pas ;
» Et toujours mon épée a chassé les orages,
» Comme un éclair vainqueur qui perce les nuages. »

Cathmor frappe à ces mots son large bouclier ;
Sept étoiles du soir y brillent sur l'acier ;
On y voit Comathon dans l'ombre rayonnante ;
Au palais du midi Colderna flamboyante,
Ulaïcho perçant le brouillard envieux,
Et Cathlin d'un feu pur dorant l'azur des cieux.
Plus loin, de Reldurath la lumière mobile
Se brise sur les flots de l'occident tranquille.
Berthin semble sourire au chasseur égaré
Qui sort du sein des bois d'un pas mal assuré.
Au milieu d'un ciel pur Lonthena se déploie,
Lonthena du nocher l'espérance et la joie.
Autrefois, quand Larthon, le premier des héros
Qui s'ouvrirent sans guide un chemin sur les flots,
Dirigeait vers Ullin sa course tortueuse,
Tout-à-coup, descendant sur l'onde impétueuse,
La nuit d'un voile sombre enveloppa les airs ;
Incertain, à travers ces humides déserts,
Larthon, livrant aux flots sa fragile nacelle,

Déjà ne tenait plus qu'une route infidèle :
Mais Lonthena sourit, et le héros joyeux
Poursuivit son voyage à l'éclat de ses feux.

Bientôt sur l'horizon, qu'un feu tremblant colore,
Souffle un zéphyr léger, précurseur de l'aurore ;
Le ruisseau du vallon, dans son cours inégal,
Brille et serpente aux yeux du chasseur matinal ;
Des chevreuils et des cerfs la troupe vigilante
Commence à s'égarer sur la mousse ondoyante ;
Et l'aigle, s'élançant du roc silencieux,
Vole au-devant du jour dans les plaines des cieux.
Les guerriers de Cathmor, à sa voix belliqueuse,
Dissipent du sommeil la vapeur paresseuse ;
Leurs cris frappent les airs, les rochers et les bois ;
Leurs nombreuses tribus se lèvent à-la-fois :
Ainsi lorsque les vents, de l'océan tranquille
Agitent tout-à-coup la surface mobile,
L'un vers l'autre poussés, l'un sur l'autre roulants,
S'amoncèlent les flots rapides et grondants.

La triste Sulmala, vers la grotte enfoncée,
Se retire pensive et de crainte glacée ;
Souvent elle se tourne, et dans l'éloignement
Suit encore des yeux son invincible amant ;
Mais quand il disparaît à travers la poussière,
La belle sent des pleurs rouler sous sa paupière,
Se perd dans la caverne, et va près du vieillard

Du combat qui s'apprête attendre le hasard.

Approche, fils d'Alpin (3), du barde qui t'implore;
Et si, dans les accords de ta harpe sonore,
Pour le triste Ossian il est quelque douceur,
Oh! viens en pénétrer, en réjouir mon cœur.
Hélas! autour de moi se pressent les alarmes;
Aveugle, délaissé, dans le deuil et les larmes,
Étranger à la gloire, à l'amour, à l'hymen,
Je foule, en gémissant, la terre de Morven.
Sur mes cheveux blanchis s'entassent les orages :
Mon père, mes amis ont peuplé les nuages;
D'un trépas glorieux tous ont subi la loi,
Et de tant de héros il ne reste que moi.
Approche, fils d'Alpin, d'Ossian qui t'implore;
Viens suspendre mes maux, si tu le peux encore.
O barde, je te vois dans la nuit de mes yeux;
Mais plutôt interromps tes chants harmonieux :
Pour l'ame d'Ossian, à sa tristesse en proie,
Il n'est plus ici-bas de bonheur ni de joie.

Bel arbre du vallon, de tes rameaux épais
Nul zéphyr murmurant ne vient troubler la paix.
N'est-il point dans les airs quelque ombre mensongère
Qui t'effleure, en passant, de sa robe légère?...
Quel silence en nos bois et sur nos monts glacés!...
Ullin, Carril, Rino, bardes des temps passés,
Doux fantômes, venez ranimer mon génie.

Je ne vous entends plus, enfants de l'harmonie ;
Quelle ardeur près de vous m'enflammait autrefois,
Quand, la harpe à la main, dans le palais des rois
Nous faisions retentir de nos hymnes guerrières
Ces voûtes où brillaient les armes de nos pères !

NOTES DU CINQUIÈME CHANT.

(1) Les bardes qui vinrent après Ossian débitèrent beaucoup de fables sur ce bouclier, auquel Ossian, par amour pour son père, avait attribué des effets si surprenants. Dans la suite on prit à la lettre tous les exploits de Fingal, et chaque barde se plut à renchérir sur ce qu'en avait dit Ossian : les uns en firent un colosse dont le bras d'airain faisait mouvoir une triple épée; les autres le faisaient marcher sur les fleuves comme sur une terre solide, etc.

(2) Les bardes servaient d'ambassadeurs, de hérauts pour déclarer la guerre, pour demander la paix, etc.; ils ne prenaient jamais une part active au combat, et se retiraient dans un lieu de sûreté d'où ils pouvaient tout voir et mettre en vers ce qu'ils avaient vu. Quand un guerrier quittait son rang ou son poste, ils le diffamaient par des satires dont jamais la mémoire ne se perdait chez des peuples passionnés pour les combats. Un corps de troupes, destiné à les défendre pendant la mêlée, veillait sur eux. Il est naturel que les chefs se soient intéressés plus que personne à la conservation des poëtes qui étaient dans leurs camps; car ces poëtes étaient seuls capables de faire passer leurs noms à la postérité. On ne connaissait pas encore l'histoire; et lorsqu'on commença à l'écrire en Suède, en Danemarck, dans la Germanie, la Bretagne et la Gaule, il fallut rassembler les chants des bardes, que tout le monde savait par cœur. On peut être certain que chez les peuples du nord on a tiré de ces poëmes les premiers chapitres des annales : aussi doit-on peu s'étonner de les voir remplies de fables et de fictions.

(3) Ossian, fatigué de décrire et rappelé à lui par le sentiment de ses propres malheurs, interrompt le poëme pour déplorer son infortune. Ces sortes de digressions, que des lecteurs français trouveront un peu brusques, sont très-fréquentes dans les poésies du célèbre fils de Fingal : il lui semblait que des plaintes donnaient une nouvelle force à son ame, et plus de vigueur à son génie naturellement sombre et mélancolique.

CHANT SIXIÈME.

SOMMAIRE.

A travers le brouillard qui couvre le rocher de Cormul on aperçoit de temps en temps Fingal. Description de sa descente de la colline : il ordonne à Gaul, à Dermide et au barde Carril d'aller chercher Clommal, seul rejeton de la famille de Cormac. Fingal, en marchant à l'ennemi, arrive à la caverne de Lubar où était le corps de Fillan. Il voit Branno couché à l'entrée de cette caverne : cette vue renouvelle sa douleur. Cathmor range son armée en bataille. Description de l'action générale, exploits de Cathmor et de Fingal; tempête; déroute totale des Irlandais. Les deux rois se battent : leur entretien après le combat. Cathmor expire. Fingal remet sa lance à Ossian. L'ombre de Cathmor apparaît à Sulmala, dans la grotte où elle s'était retirée. L'arrivée de Clommal est annoncée par les chants de cent bardes. Le poëme finit par un discours de Fingal.

QUAND la brise d'hiver, attristant la campagne,
A chargé de glaçons le lac de la montagne,
Le chasseur, dès l'aurore, ennemi du repos,
En vain prête l'oreille au murmure des flots :

Tous les flots sont muets ; leur surface glacée,
De touffes de gazon, de feuilles hérissée,
Tremble au souffle des vents, et luit aux doux rayons
Que verse un jour naissant sur la cime des monts :
Ainsi brille au matin notre vaillante armée.
Le brouillard qui voltige en épaisse fumée
Voile encore le Cormul (1), et cache à tous les yeux
Du grand roi de Morven le front victorieux.
Mais bientôt, paraissant à travers le nuage,
Mon père des héros reçoit un pur hommage :
Tout Morven le salue, et sa bruyante voix
Fait retentir l'écho des vallons et des bois.

Ossian et Dermide, appuyés sur leur lance,
Gardaient auprès du roi le plus profond silence ;
Nous n'avions pas vaincu : Fingal vit nos regrets :
« D'où vient cette tristesse empreinte dans vos traits ?
» Nous dit-il ; mes enfants, n'êtes-vous point ma gloire,
» La force de mon bras, l'ame de ma victoire ?
» Ossian, songe à vaincre, et non à t'affliger ;
» Je connais tes douleurs et dois les partager :
» Quand aux murs de Selma nous suspendrons nos armes,
» Alors, ô mon cher fils, laisse couler tes larmes,
» Chante les deux héros (2) que nous ne verrons plus :
» Mais la guerre rugit... tes pleurs sont superflus...
» Gaul, Dermide, approchez : non loin de cette plaine
» S'élève un mont sauvage où le Nord se déchaîne ;
» Au milieu de ces rocs, blanchis par les hivers,

» Et de ces vieux sapins que la mousse a couverts,
» S'étend une caverne au jour impénétrable :
» Elle prête à Clommal son ombre secourable.
» Depuis l'instant fatal où son père frappé
» Tomba dans son palais lâchement usurpé,
» Par un barde soustrait au vainqueur sanguinaire,
» Dans sa caverne obscure il languit solitaire :
» Du malheureux Cormac il a reçu le jour.
» Quand la nuit dans les cieux vient régner à son tour,
» Et sur le firmament tendre ses sombres voiles,
» A la faible clarté qui tombe des étoiles
» Il parcourt les forêts, et son arc ennemi
» Y surprend quelquefois le chevreuil endormi.
» Que puissent ses destins devenir plus prospères !
» Je veux le rétablir au trône de ses pères.
» Compagnons de Fingal, allez, et dites-lui
» Que ce fer pour sa cause étincelle aujourd'hui,
» Qu'il vous suive en ces lieux ; et, grace à mon courage,
» Qu'il aille ressaisir son antique héritage. »
Il se tait : les deux chefs s'éloignent à l'instant,
Et le barde Carril les précède en chantant.

Mais l'aurore paraît ; du sein des mers bruyantes
Jaillissent tout-à-coup des flammes ondoyantes ;
Le roi du jour s'élève, et sur les monts déserts
Verse l'or de son char emporté dans les airs.
Des braves de Morven les bataillons s'étendent,
Et de l'âpre Cormul en tumulte descendent.

Fingal guide aux combats leur belliqueux essor ;
Un aigle sur son casque étend ses ailes d'or :
Il s'avance couvert des armes paternelles,
Et de son glaive nu volent mille étincelles :
Tel s'élève un rocher, vieux monarque des monts ;
Les orages grondants, les fougueux aquilons,
Le battent à-la-fois de leur rage stérile...
Il repose debout sur sa base immobile.

La grotte de Lubar frappe les yeux du roi :
Cet aspect dans ses sens éveille un morne effroi ;
Là repose Fillan : Branno, dogue fidèle,
N'a point abandonné sa dépouille mortelle ;
Près du jeune héros il languit attristé.
Autrefois, orgueilleux de son agilité,
A son maître docile, il volait dans la plaine,
Et chassait devant lui la biche hors d'haleine :
Aujourd'hui, s'étonnant d'un aussi long sommeil,
Du chasseur qui n'est plus il attend le réveil.
Mais ses yeux vigilants ont reconnu mon père ;
Il semble par ses cris lui demander mon frère,
Et tourne vers la grotte un regard langoureux ;
Fingal s'arrête... il pousse un soupir douloureux ;
Accablée un instant, sa grande ame sommeille...
Mais la guerre bientôt frémit à son oreille ;
Et d'un bond vigoureux, par sa lance affermi,
Il franchit le Lubar, et vole à l'ennemi.

Cathmor a déployé ses phalanges sans nombre ;
Moins fougueuse est la mer, et moins épaisse est l'ombre
Parmi cette forêt de brillants javelots.
Parmi tant de guerriers on distingue Malthos,
Morannan à l'épaisse et noire chevelure,
Cormar au front livide, à la haute stature,
Hidallan aux yeux bleus, à l'aimable souris.
Jusqu'aux cieux tout-à-coup s'élèvent mille cris :
On embouche les cors ; par la rage enflammée,
Dans la plaine s'ébranle et l'une et l'autre armée ;
Déjà le bouclier choque le bouclier,
L'acier mêle sa flamme aux flammes de l'acier,
Sur les casques d'airain les glaives rebondissent,
Les lances et les dards se croisent, retentissent,
La douleur et la mort volent dans tous les rangs :
Ainsi, lorsque des mers deux rapides courants,
Battus par la tempête et par des vents contraires,
Et rugissants autour des rochers solitaires,
Se heurtent en courroux, les fantômes joyeux
De leurs funèbres voix épouvantent les cieux,
Tourmentent les forêts, déracinent leurs chênes,
De la cime des monts les roulent dans les plaines,
Les poursuivent encor, dispersent leurs débris,
Et parsèment les flots de feuillages flétris.
Ainsi brillent les chefs au fort de la mêlée :
Par l'excès du péril l'audace est redoublée ;
Le sang au loin jaillit et rejaillit encor.

Mais le roi de Morven, mais le vaillant Cathmor,
Plus terribles cent fois que la mer et l'orage,
Brisent les chars roulants, sèment sur leur passage
Les boucliers rompus et les dards émoussés :
Ils marchent au hasard sur les morts entassés,
Et la foule incertaine, entre leurs mains rapides,
Croit voir étinceler cent glaives homicides.

Morannan, sous les coups de Fingal furieux,
Tombe dans le torrent ; les flots impétueux
Entraînent ce guerrier, dont la pesante armure
Heurte contre les rocs et rend un sourd murmure.
Cronal tombait, un pin qu'ont incliné les ans
L'arrête, le saisit par ses cheveux flottants ;
Et sur son bouclier, que des liens suspendent,
Ses larmes et son sang goutte à goutte descendent.

Mais le jeune Hidallan vient s'offrir à mes coups ;
Son âge, sa beauté, désarment mon courroux :
J'hésitais à frapper... Lui, dans sa folle audace,
Me lance un faible trait qui meurt sur ma cuirasse ;
Je me retourne alors, de colère enflammé,
Et levant sur sa tête un bras si renommé...
Oh! qu'il eût mieux valu pour lui, pour son amante,
Que tous les deux, assis dans la plaine riante,
Pacifiques rivaux, nous eussions tour-à-tour
Célébré sur la harpe et la gloire et l'amour !
Les roses de son teint, l'or de sa chevelure,

Ne pourront le guérir de sa large blessure...
L'infortuné n'est plus ; une molle pâleur
Couvre son beau visage : ainsi tombe une fleur
Qu'en son rapide vol l'aquilon a flétrie.
A cet aspect touchant mon ame est attendrie.
Malthos a vu de loin succomber Hidallan ;
Furieux, il accourt. L'intrépide Ossian
S'apprête à repousser cet ennemi célèbre...
Soudain l'air s'obscurcit ; un nuage funèbre
Enveloppe les airs, et la plaine et les monts ;
Le pin gémit, battu par les noirs aquilons ;
Sur des ailes de feu l'éclair vole et serpente ;
Le Lubar en fureur roule une onde écumante...
Mais où sont les deux rois ? j'entends leur bouclier
Résonnant sous les coups du glaive meurtrier :
Sans doute ils sont aux mains. Les tribus étrangères,
Fuyant, comme le daim sur les noires fougères,
A travers la tempête et les feux redoublés,
Se cachent sous des rocs par la foudre ébranlés.
Je les poursuis au sein de leurs retraites sombres ;
Mes coups mal dirigés se perdent dans les ombres.
L'orage enfin s'apaise, et de son char d'azur
Le soleil recommence à verser un jour pur.
Mes regards inquiets cherchent au loin mon père :
Je l'aperçois enfin ; son front n'est plus sévère :
A ses pieds étendu, le fier Cathmor sanglant,
Pâle et presque sans voix, soulève un œil mourant.
Fingal est attendri : « Jeune héros, écoute :

» J'ai voulu ton trépas ; il est juste, sans doute :
» Tu m'as privé d'un fils, et ton sang répandu
» A son ombre plaintive en hommage était dû :
» Mais je ne fus jamais inflexible et barbare :
» La fête de Morven dans mon camp se prépare ;
» Viens, nos chants calmeront tes esprits abattus ;
» Des plantes de nos monts je connais les vertus,
» Mes secourables mains panseront ta blessure...
» Viens, chef de Témora, que ton cœur se rassure.
» —Moi te suivre !... la mort est déjà dans mon sein.
» Des tours de mon palais un rocher est voisin ;
» Il recèle en ses flancs une caverne immense
» Qu'habitent la fraîcheur, la nuit et le silence :
» Fais-y porter mon corps, et qu'une amante en deuil
» Y vienne quelquefois gémir sur mon cercueil.
» —Non, non, qu'un autre espoir... Mais le héros succombe,
» La mort, d'un bras de fer, l'entraîne dans la tombe :
» Ainsi tout doit périr ; ainsi moi-même un jour
» Il me faudra quitter le terrestre séjour.
» Ossian, j'ai rempli mes hautes destinées ;
» Il est temps de répondre à la voix des années,
» A leur voix qui me crie : Hé ! quels sont tes desseins ?
» Toujours des flots de sang rougiront-ils tes mains ?
» Ton cœur doit-il toujours palpiter pour la guerre ?
» Fingal n'est-il point las de ravager la terre ?
» Voix puissante des temps, j'écoute et j'obéis.
» Fingal ne vaincra plus. Prends ma lance, ô mon fils !

» Lève-la, quand des rois les hordes meurtrières,
» Viendront de mes tribus insulter les bannières,
» Quand le guerrier superbe, au sein de mes forêts,
» Sans respect pour mon nom fera voler ses traits.
» Ossian, suis l'exemple et les conseils d'un père :
» Dans les jours des combats le feu de sa colère
» Consumait l'ennemi rebelle à son pouvoir ;
» Mais sa main essuya les pleurs du désespoir.
» Sois pour les oppresseurs un ardent météore,
» Et pour les opprimés un rayon de l'aurore. »

Il remet à ces mots sa lance entre mes mains.
De leurs cris, répétés par les échos lointains,
Nos tribus aussitôt remplissent les campagnes.
Mais les ombres du soir descendaient des montagnes,
Et les fleuves roulaient des flots plus rembrunis.
A la fête du roi tous les chefs réunis
Cèdent aux doux transports d'une vive allégresse.
Un mélange confus de gloire et de tendresse
Au roi victorieux arrachait des soupirs :
Fillan ne charmait plus ses belliqueux loisirs ;
Du tombeau dévorant Oscar était la proie...
Leur destin de mon père empoisonnait la joie.

L'aimable Sulmala, que faisait-elle alors (3) ?
Son oreille du barde écoutait les accords...
Tout-à-coup le chant cesse, un trouble involontaire

Éclate dans les yeux du barde solitaire...
« D'où naît, dit Sulmala, ta subite douleur ?
» Le combat est fini ; mon héros est vainqueur :
» Plein de gloire, il revole auprès de son amante ;
» C'est lui... je l'aperçois. » O mortelle épouvante !
Un fantôme à ses yeux se présente soudain ;
Le fer qui l'a percé brille encor dans son sein ;
Ses membres de vapeurs bientôt s'évanouissent,
Et se mêlent aux vents qui dans l'ombre rugissent.
La triste Sulmala, pâle, les yeux hagards,
S'élance et le poursuit à travers les brouillards...
Elle expira bientôt sur ce fatal rivage,
Comme le vent du soir qui meurt dans le feuillage.

Des voiles de la nuit déjà tout est couvert ;
Des sons harmonieux remplissent le désert :
Gaul, Dermide, et Carril ont fini leur voyage,
Et ramènent Clommal libre enfin d'esclavage.
Fingal avec transport le serre dans ses bras :
« O jeune infortuné ! je te rends tes états,
» Lui dit-il ; c'est pour toi, pour ton malheureux père,
» Que Fingal a livré sa bataille dernière.
» Demain, dès que le jour aura lui sur ce bord,
» Abandonne, ô Clommal ! cette plaine de mort ;
» Retourne à Témora : mon fils ira lui-même
» Remettre entre tes mains l'autorité suprême.
» Nous, cependant, chantons la gloire de ce jour.

» Peuple, chefs de Morven, la paix est de retour;
» Dans la félicité que tous les cœurs se noient;
» Demain que sur les mers mes voiles se déploient:
» Mon peuple est un rocher, d'où j'ai pris vers les cieux
» De l'aigle, roi des monts, le vol audacieux. »

NOTES DU SIXIÈME CHANT.

(1) Le Cormul était une roche de la colline de Mora, où nous avons vu Fingal s'asseoir dès le premier chant.

(2) Oscar et Fillan.

(3) On n'a point oublié que Cathmor, avant de combattre, avait envoyé Sulmala l'attendre dans une grotte qu'habitait un vieux barde.

ARMIN ET GALVINA.

Dans les combats les plus vaillants guerriers
Aux pieds d'Armin tombaient froids et sans vie ;
Dans les forêts de la Scandinavie
L'ours expirait sous ses traits meurtriers ;
De cent ruisseaux les fugitives ondes,
Désaltéraient les troupes vagabondes
Des daims légers dans ses forêts nourris ;
Aux aboiements de ses dogues chéris
Retentissaient cent cavernes profondes.
Le bel Armin brûlait pour Galvina,
Aimable fleur de ce triste rivage ;
Même désir vers Armin entraîna
Cette beauté dédaigneuse et sauvage.
Dans les vallons blanchis par les frimas,
Dans les palais, au sommet des montagnes,
Se montrait-elle auprès de ses compagnes,
On n'admirait que ses jeunes appas.
L'arc pluvieux qui, dans l'or de la nue,
Fait resplendir ses mobiles couleurs,
L'astre du soir dont les rayons flatteurs
Du jour éteint consolent l'étendue,

Ont un éclat moins touchant et moins pur.
Ses yeux charmants brillaient d'un doux azur,
En noirs anneaux flottait sa chevelure ;
Dès que l'aurore, humectant la verdure,
De ses rayons éclairait nos climats,
L'arc à la main, précipitant ses pas
Au fond des bois, témoins de son audace,
Du sanglier elle suivait la trace,
Et lui lançait les flèches du trépas.
Le noir Grumal brûlait aussi pour elle ;
Mais à ses vœux Galvina fut rebelle :
Du seul Armin son œil fut enchanté ;
Et quel guerrier joignait à plus de grace
Plus de vaillance, et sur-tout de beauté ?

Un jour toux deux, fatigués de la chasse,
Le front couvert d'une noble sueur,
Pour respirer le calme et la fraîcheur,
S'étaient assis dans une grotte sombre,
Grotte écartée, et bien chère à leurs yeux ;
On y voyait étinceler dans l'ombre
Les boucliers que portaient leurs aïeux.
« Repose ici sans crainte, mon amie,
» Dit le héros. Sur la roche noircie
» Je vois errer un chevreuil bondissant ;
» J'y cours... » — Soudain la belle en rougissant :
« Armin, pourquoi me laisser sans défense ?
» Ne sais-tu pas que Grumal quelquefois,

» Rassasié de féroces exploits,
» Sous cet abri vient chercher le silence?
» Mon bien-aimé, veille sur mon repos. »

Armin s'éloigne; et Galvina craintive
A son insu veut suivre le héros
Déjà pressant la biche fugitive.
Elle revêt une armure d'airain;
D'un glaive nu charge sa faible main,
Et, de son casque abaissant la visière,
Du roc profond sort d'un pas incertain.
Bientôt Armin, à travers la bruyère,
Voit resplendir le formidable acier,
Saisi d'horreur, de rage, d'épouvante,
Il bande l'arc; la flèche obéissante
Vole, et se plonge au cœur du faux guerrier.
L'infortuné! quelle douleur amère
Doit expier ce triomphe fatal!
Il s'applaudit de la mort d'un rival;
Mais de quel sang il a rougi la terre!
O désespoir! ce sang noir et fumant
D'un sein de lis et jaillit et bouillonne...
C'est Galvina, que la mort environne,
Qui se présente aux yeux de son amant.
Armin penché sur la fleur qu'il moissonne,
Ne peut donner l'essor à ses regrets...
Il pousse un cri... sa force l'abandonne,
Et le trépas se répand sur ses traits.

Dormez tous deux sous la pierre sauvage,
Jeunes amants, dignes d'un meilleur sort ;
Dormez en paix aux sifflements du Nord,
Au bruit des flots tourmentés par l'orage :
Mais, dans les airs, brûlez de nouveaux feux ;
Et quelquefois, à l'heure solitaire
Où les brouillards enveloppent les cieux,
Accompagnés de l'ombre et du mystère,
De vos soupirs attendrissez ces lieux.

LA GUERRE D'INISTONA.

POËME.

SOMMAIRE.

Cormalo, gendre de Normal, roi d'Inistona, s'était révolté contre lui et voulait le détrôner. Fingal envoya Oscar, son petit-fils, au secours de Normal. Cormalo tomba sous les coups du héros de Morven. Ossian, pour faire briller davantage la valeur de son cher Oscar, suppose que c'est lui-même qui demande à partir pour Inistona.

Il est minuit... tout repose, tout dort...
Le hibou seul pousse des cris nocturnes ;
    Le météore de la mort
    Tremble sur les flots taciturnes ;
Le voyageur, traînant ses pas douteux,
Cherche de l'œil la tour hospitalière ;
Et le chevreuil, dans son lit de bruyère,
Frissonne au bruit des vents tumultueux.

Descends de ta voûte guerrière,
O ma harpe! et frémis sous les doigts du vieillard;
Réponds aux tendres vœux, à la douleur d'un père.
    Ossian va parler d'Oscar.

    Mon fils revenait de la chasse ;
Il entend célébrer les louanges du roi (1),
    Et sent redoubler son audace.
« Chef de mille héros, dit-il, Fingal, et toi
» Le premier après lui, roi des chants, ô mon père !
» Vos deux noms illustrés vivront dans l'avenir ;
» Mais Oscar, sans laisser le moindre souvenir,
» Passera dans Morven comme une ombre légère.
» Héros comblés de gloire, ah! ne permettez pas
» Que votre fils, opprobre et fardeau de la terre,
» Près de vous, sans honneur, attende le trépas !
» Inistona gémit sous le poids de la guerre :
» Laissez partir Oscar ; qu'il aille, loin de vous,
» Par de nobles travaux préluder à sa gloire :
» Et s'il doit succomber, si le destin jaloux
» A ses trop faibles mains refuse la victoire,
» De sa chute du moins le bruit injurieux
» Ne viendra point troubler vos moments belliqueux.
» Le barde, apercevant ma tombe solitaire,
» Me paiera dans ses chants un tribut de douleurs,
» Et peut-être le soir, à l'heure du mystère,
» Quelque jeune beauté me donnera des pleurs. »

« — Héritier de mon sang et de ma renommée,
» Pars, lui répond Fingal ; que mes nombreux vaisseaux
» Reçoivent dans leurs flancs une vaillante armée,
» Et qu'à la voix d'Oscar ils traversent les eaux. »

    Au sein des voiles frémissantes
    Déjà le vent souffle et rugit ;
Sous le vaisseau d'Oscar l'onde en fureur mugit,
Et les rocs sont battus des vagues blanchissantes :
Aucun nuage épais n'enveloppe les airs.
    Enfin, après un long voyage,
    Du milieu des bruyantes mers
Mon fils d'Inistona découvre le rivage.
Il arrive bientôt au palais de Normal,
Lui remet son épée, et garde le silence.
Le vieillard reconnaît le glaive de Fingal,
Et ses larmes soudain coulent en abondance.
Douces larmes de joie et d'heureux souvenirs !
Mon père et ce héros, au retour des conquêtes,
Dans l'âge de la gloire et des nobles loisirs,
    S'étaient assis aux mêmes fêtes.

« Étranger, dit Normal, l'âge affaiblit mon bras :
» Plains-moi, plains un vieillard dont la main incertaine
    » Ne soulève qu'à peine
    » La lance des combats.
» Mon glaive suspendu depuis long-temps sommeille.

» Hélas ! j'avais trois fils : leur consolante voix
    » Ne réjouit plus mon oreille ;
» Sous la pierre insensible ils reposent tous trois.
    » A Cormalo, chef des tribus lointaines,
» J'avais donné ma fille, orgueil de mes vieux ans.
» Le traître a rassemblé ses guerriers menaçants,
» Et des bords du Lano s'avance vers ces plaines.
» O vous, dont la vaillance égala mes exploits,
» O mes enfants, du fond de votre étroit asile,
» D'un déplorable père entendez-vous la voix ?
» Est-ce la vôtre, hélas ! que j'entends quelquefois
» Soupirer à travers le feuillage mobile ?

» — Normal, lui dit Oscar, comment sont-ils tombés
» Ces héros, boucliers de ton illustre race ?
» Comment à tes regards se sont-ils dérobés,
» Pour monter sur les vents et rouler dans l'espace ?
» Belliqueux habitants du nuage léger,
    » A la clarté du météore
» Leurs traits aériens y poursuivent encore
» Le chevreuil fantastique et le daim mensonger (2).

» — Cormalo, lui répond le vieillard tout en larmes,
    » Dans mon palais hospitalier,
» De mes fêtes un jour vint partager les charmes.
» Rien n'effaçait alors cet aimable guerrier :
» Dans ces jeux que la paix inventa pour la gloire
    » Il remporta les prix de la valeur ;

» Mes guerriers à son bras cédèrent la victoire,
» Ma fille à sa beauté livra son jeune cœur.

» Mes fils étaient absents. Au retour de la chasse,
» Quand ils eurent appris qu'un étranger heureux
» Avait de tous les miens dompté la noble audace,
» Des larmes de dépit coulèrent de leurs yeux.
» Argon et Cormalo joutèrent à la lance ;
» Qui pouvait résister au premier de mes fils ?
» Cormalo terrassé cacha ses noirs soucis,
» Mais nourrit dans son cœur des projets de vengeance.
» Mes généreux enfants l'accompagnaient un jour
» Au fond des bois, peuplés de biches vagabondes :
» Ses flèches fendent l'air... dans ces forêts profondes
» Ils tombèrent les fils que pleure mon amour.
» Le perfide revient, il enlève ma fille ;
» Il l'emmène avec lui dans ses états lointains ;
» Et Normal, délaissé de toute sa famille,
» Languit dans son palais, jouet des noirs destins.

» Cependant l'ombre fuit : le jour qui lui succède
» Disparaît à son tour ; et mes yeux éperdus
» Cherchent, mais vainement, les fils que j'ai perdus.
» Rien ne soulage, hélas ! la douleur qui m'obsède.
» Runaro tout-à-coup entre dans le palais,
» Runaro, chien léger, bondissant et fidèle,
» Qui sur les monts déserts et dans les bois épais
» Aux ordres du chasseur ne fut jamais rebelle ;

» Sa langue s'échappait de son gosier brûlant :
» Il me regarde, et sort de ma triste demeure.
» Plein de trouble, après lui je m'élance sur l'heure,
» Et jusqu'au fond du bois il me guide en hurlant.
» O désespoir! Normal sur la terre sanglante
» Retrouve ses enfants percés du trait mortel...
» Dans ce tombeau, que baigne une onde murmurante,
» Ils dorment tous les trois du sommeil éternel.

» — Irvin, Conor, chefs de mon père,
» S'écrie Oscar; bataille à Cormalo !
» Rassemblez sur mes pas mon élite guerrière :
» Nous allons aujourd'hui sur les bords du Lano. »
Ils s'engagent soudain dans le désert aride :
Tels on voit s'entasser des nuages brûlants ;
De leur sein ténébreux s'échappe un jour livide,
Et des tonnerres sourds résonnent dans leurs flancs.

Déjà du cor guerrier les longs éclats résonnent ;
  Des bois profonds l'écho gémit ;
  Les vagues du Lano bouillonnent,
Et Cormalo lui-même en son palais frémit.
A la voix de ses chefs s'élance chaque armée :
Le lâche Cormalo meurt sous les traits d'Oscar.
Mon fils rend à Normal sa fille bien-aimée,
Et regagne Morven, béni par le vieillard.

Quelle fut d'Ossian la surprise joyeuse

Quand sur les flots lointains et d'écume blanchis
Il aperçut les mâts du vaisseau de son fils!
 Le voyageur, quand la nuit ténébreuse
 D'épais brouillards voile les monts déserts,
Quand les morts, s'échappant des rochers entr'ouverts,
Traînent en longs soupirs une voix sépulcrale,
Avec moins de transport voit briller dans les airs
 Un doux rayon de l'aube matinale.
Nous conduisons Oscar au palais de Morven.
 Autour de lui chaque guerrier s'empresse;
Et moi sur ce héros, seul fruit de mon hymen,
Je répands quelques pleurs de joie et de tendresse.

Vous, qui voyez encor la lumière des cieux,
Conduisez Ossian sur ces vertes collines;
Qu'assis au pied du roc, sous les ombres voisines
Du coudrier mobile ou du chêne noueux,
D'un torrent éloigné j'écoute le murmure.
Aimable Malvina, chante l'hymne du soir,
Viens de tes doux accords essayer le pouvoir,
Et console les maux que ma faiblesse endure;
Qu'à ta voix le sommeil, descendu sur mes yeux,
S'empare de mon ame et ferme mes paupières!
Songes de ma jeunesse, ô vous, songes heureux!
Environnez mes sens de vos douces chimères...
Je vais m'entretenir avec tous mes aïeux.

NOTES

DE LA GUERRE D'INISTONA.

(1) Fingal.

(2) Ceci est conforme à l'opinion mythologique des anciens Écossais, qui pensaient qu'après la mort les guerriers se livraient dans les airs aux plaisirs d'une chasse fantastique.

UTHAL.

Dans l'âge des combats, dans l'âge de l'amour,
Des belles, des héros, triomphant tour-à-tour,
Uthal, fils de Ronnan, avait un cœur barbare.
Contre son père un jour sa haine se déclare;
Il le charge de fers, et le plonge soudain
Dans une grotte humide, où jamais du matin,
Alors qu'il vient sourire à la nature entière,
Ne pénétra la douce et joyeuse lumière.
Nul chêne, dans la nuit, n'éclairait de ses feux
La morne obscurité de ce séjour affreux,
Et les mugissements des vagues courroucées
Seuls du vieillard parfois y troublaient les pensées.

Snitho, son vieil ami, les yeux mouillés de pleurs,
Arrive, et de ce roi nous apprend les malheurs.
Fingal tremble et pâlit; trois fois dans sa colère
Il saisit, furieux, la lance de son père;
Trois fois de ses combats le souvenir vainqueur
Se réveille en son ame et retient sa fureur.
Il ordonne à son fils de déployer ses voiles,
Je pars : déjà le soir, le front paré d'étoiles,

Répandait sur les eaux son éclat incertain :
Tranquille, je voguais, quand, d'un rocher lointain,
Les accents d'une voix mélodieuse et tendre
Jusqu'au fond de mon cœur viennent se faire entendre.

« Quelle est, me dit Oscar, cette plaintive voix ?
» Est-ce l'ombre d'un barde ? Ossian, j'aperçois
» Une jeune beauté près de nous gémissante :
» Ses cheveux sont épars ; sa tête languissante
» Repose sur son bras éclatant de blancheur...
» Allons, fils des héros, consoler sa douleur. »

Il dit : nous approchons à la faveur de l'ombre.
Bientôt l'écho des mers et de la roche sombre
Nous apporte une voix qui, parmi les sanglots,
Les soupirs et les pleurs, laisse échapper ces mots :

« Flots murmurants, nuit solitaire,
» Rocher sauvage et ténébreux,
» Dans votre voile funéraire
» Recueillez mes pleurs douloureux.
» Au fond de l'antre des tempêtes
» Je n'ai pas toujours habité,
» Long-temps l'éclat de ma beauté
» De mon palais orna les fêtes.

» Mon père me voyait fleurir
» Comme le lis de nos montagnes ;

» Ma douceur me faisait chérir
» De mes innocentes compagnes.
» Nina fut l'amour des héros ;
» Mais à leurs vœux Nina rebelle,
» Sans aimer troublait leur repos,
» Et n'en paraissait que plus belle.

» Tu vins alors, mon cher Uthal,
» Brillant comme un astre paisible ;
» Nul brave n'était ton égal :
» Je t'aimai ; je te crus sensible.
» Tu promis de n'aimer que moi,
» Et maintenant tu me délaisses.
» Trop aimable guerrier, pourquoi
» Trahir de si douces promesses ?

» En faveur de tes ennemis
» Ma faible main s'est-elle armée ?
» Ingrat, quel crime ai-je commis ?
» Pourquoi ne suis-je plus aimée !
» Me voici seule au bord des eaux,
» Seule avec ma douleur profonde ;
» Sans autres témoins de mes maux
» Que la nuit, le zéphyr, et l'onde. »

Elle dit. Sa complainte a déchiré nos cœurs ;
De mes yeux malgré moi je sens couler des pleurs,
Et m'avançant vers elle : « O jeune infortunée !

» A d'éternels ennuis tu n'es point condamnée ;
» Les héros de Morven veillent sur tes appas.
» Pour consoler ta peine, en quels lointains climats
» Feront-ils resplendir leur lance vengeresse ?
» A ton sort déplorable Ossian s'intéresse.
» Viens, lumière d'amour ; peut-être quelquefois
» Tes bardes, d'Ossian t'ont chanté les exploits.
» Viens donc, et suis mes pas sans en être alarmée.

» —Qui ne te connaît pas, fils de la renommée ?
» Le faible à ton aspect sourit de son effroi.
» O mon héros ! Nina s'abandonne à ta foi. »
Elle dit, et descend dans mon vaisseau rapide.
Un léger incarnat rougit son front timide :
Et bientôt, emportés par les flots bondissants,
Nous touchons d'Altheuta les bords retentissants.
L'aurore en ce moment répandait sur les plaines
De ses pâles rayons les clartés incertaines.
Les chasseurs, dispersés au fond des bois voisins,
Poursuivaient des chevreuils les rapides essaims.
Uthal est à leur tête ; entre ses mains vaillantes
Resplendissent deux arcs et deux lances brillantes ;
Cinq dogues, l'œil en feu, marchent devant ses pas.
Rien n'égalait, Uthal, la force de ton bras,
Ta beauté, ton souris, tes yeux, ta chevelure :
Mais comme un noir brouillard ton ame était obscure.

Uthal nous aperçoit sur le bord descendus :

Les chasseurs près de lui s'arrêtent éperdus.
Il s'arrête lui-même, enflammé de colère,
Fait retentir les airs de sa voix téméraire,
Jette un œil de courroux sur les chasseurs tremblants,
Et députe vers nous un barde en cheveux blancs.

« Étrangers, dit le barde, un destin déplorable
» Vous aurait-il jetés sur ce bord redoutable ?
» Uthal règne en ces lieux, Uthal qui n'a jamais
» Ouvert aux étrangers son sauvage palais ;
» Uthal qui ne sait point jouir de leurs conquêtes,
» Ni préparer pour eux la salle de ses fêtes ;
» Uthal qui s'applaudit de leur sort rigoureux,
» Et rougit de leur sang ses torrents écumeux.
» Si Selma vous vit naître au sein de ses murailles,
» Envoyez trois héros, messagers des batailles ;
» Qu'ils aillent, de ce pas, apprendre au vieux Fingal
» Que son peuple a péri sous la lance d'Uthal.
» Peut-être quelque jour Fingal viendra lui-même...

» Lui ! s'écrie Ossian dans sa fureur extrême ;
» Barde insensé, ton roi, plus timide qu'un daim,
» Au seul bruit de ses pas disparaîtrait soudain.
» Connais-tu bien Fingal ? sais-tu, quand il s'avance,
» Que la guerre et la mort sont au bout de sa lance,
» Que l'éclair de ses yeux embrase les héros,
» Et que son souffle au loin en fait rouler les flots ?
» Gloire au roi de Morven ! De notre mort cruelle

» Tu veux que trois guerriers lui portent la nouvelle.
» O barde ! s'ils y vont, Fingal saura du moins
» Que de notre valeur ces bords furent témoins. »

Pareil au sanglier qu'une blessure irrite,
Ossian au combat vole et se précipite.
Les guerriers d'Altheuta, près d'Uthal rassemblés,
S'opposent vainement à nos coups redoublés :
Ossian et Toscar marchent dans le carnage ;
Altheuta cède, fuit, ou meurt sur le rivage.

Loin du combat, assise au bord des vastes mers,
Du vieux barde Lethmal écoutant les concerts,
Nina, pâle, tremblante, et les yeux pleins de larmes,
Tout-à-coup aux clameurs, au tumulte des armes,
Entendant succéder le calme des tombeaux :
« Ah ! que ne suis-je encor seule au milieu des eaux,
» Dit-elle, et sur la roche escarpée et lointaine
» Où du perfide Uthal m'abandonna la haine !
» Mes yeux n'auraient pas vu le coup qui l'a frappé.
» Cher et perfide Uthal ! de tant d'amour trompé,
» Malgré ta trahison, je ne suis point guérie...
» Redoutables vainqueurs, prenez aussi ma vie. »

Elle s'avance alors, et de son lâche amant
Elle voit dans mes mains le bouclier sanglant...
Éperdue, elle fuit... A travers la bruyère
Elle cherche... O douleur ! privé de la lumière,

Le sein percé d'un dard, le front décoloré,
Uthal s'offre bientôt à son œil égaré.
A ses côtés, sans voix, sans haleine, elle tombe...
Je les pleurai tous deux, et j'élevai leur tombe.

Ronnan est libre enfin, et des hymnes de paix
Escortent ce vieillard jusque dans son palais.
Il n'est rien, dans l'excès de son joyeux délire,
Ou que sa main ne touche, ou que son œil n'admire;
Il contemple sur-tout, avec ravissement,
Ces armes, des héros antique monument,
Ces arcs, ces boucliers que le bras de ses pères
Suspendit autrefois à ces voûtes guerrières.
On chanta devant lui nos exploits belliqueux :
Lui-même avec transport nous bénit ; mais ses yeux
De son coupable fils cherchaient encor la trace.
Nous lui dîmes qu'Uthal, puni de son audace,
Perdu dans l'épaisseur des plus sombres forêts,
Y cachait loin de nous sa honte et ses regrets.
Mais Uthal reposait, étendu sous la pierre,
Froid, immobile, sourd aux accents de la guerre.

Nous fendîmes alors les flots de l'océan,
Nous gagnâmes Morven ; et l'heureux Ossian
Sur ses vaillantes mains, à la gloire fidèles,
Sentit couler encor les larmes paternelles.

LA MORT DE GAUL.

SUJET.

Ossian, retiré pendant la nuit parmi les ruines du palais de Selma, s'occupe de ses anciens malheurs : le hasard fait tomber sous sa main un fragment de bouclier, et il le reconnaît pour avoir fait partie du bouclier de Gaul, fils de Morni; là-dessus il entre en matière; il raconte une expédition de Fingal, dans laquelle Gaul ne put signaler sa bravoure, parce qu'il arriva sur la côte ennemie quand le roi de Morven n'y était déjà plus. Les habitants fondirent sur lui; accablé par le nombre et couvert de blessures, il demeura abandonné sur le rivage. Cependant la tendresse et l'inquiétude avaient engagé Palmina, son épouse, à s'embarquer avec Ogal leur fils, pour aller au-devant de lui : elle le trouva dans cette situation, et s'efforça de le ramener; mais les vents contraires, la faiblesse de Gaul, et sa propre fatigue, l'obligèrent de s'arrêter dans la baie d'une petite île. Ossian, qui cherchait les deux époux, survient comme ils expiraient l'un et l'autre, et les ramène à Strumon, séjour ordinaire de Gaul. Là, il chante leur hymne funèbre, et la peinture de la désolation qui régnait dans le palais du héros termine ce poëme, un des principaux et des plus dramatiques d'Ossian.

LA nuit, dans sa majesté sombre,
Règne sur les monts et les bois;

Le désert est plongé dans l'ombre,
Et la solitude est sans voix ;
Le sommeil, sur la mousse antique,
Du chasseur a fermé les yeux :
Mais dans ses songes belliqueux
Le chasseur d'un trait fantastique
Arme encore son bras nerveux.
Ses dogues aux flancs noirs rêvent aussi leur proie,
Et poursuivent le cerf sur les monts sourcilleux ;
Ils se réveillent pleins de joie...
Mais le cerf repose comme eux.

O vous que la paix environne,
Dormez, habitants des déserts ;
Dans les forêts et dans les airs
Au sommeil que tout s'abandonne !
Ossian veille seul : l'obscurité des nuits
Convient à ma sombre tristesse :
Tout semble alors répondre à mes mortels ennuis.
Demain, avec le jour ramenant l'allégresse,
Le soleil paraîtra, couvert d'or et de feux...
Il ne pourra du barde échauffer la vieillesse,
Ni ramener pour lui la lumière des cieux.

Je cherche en vain Selma ; le temps sur les collines
De ce palais des rois a semé les débris.
Le daim, couché dans ces ruines,
Souvent se relève à mes cris ;

Mais il voit Ossian, et bientôt se rassure :
Il sait que le vieillard ne fait plus de blessure.
Hôte de ces débris, ne me redoute pas!
  Tu sors de la couche paisible
Où mon Oscar, peut-être, au sortir des combats
  Reposait sa tête invincible...
Hôte de ces débris, ne me redoute pas!

A travers ces vieux murs, ces pierres dispersées,
Quelquefois d'un héros les armes émoussées
  Tombent sous ma débile main.
Quel est ce bouclier? A ces lames d'airain,
Et sur-tout au transport qu'en mon cœur il fait naître,
Ce fut celui de Gaul... puis-je le méconnaître!
Oui, du chef de Strumon voilà le bouclier...
Paix à toi sur les vents, magnanime guerrier!
Oh! de quel souvenir ton nom frappe mon ame!
Viens, Malvina, préside à mes nouveaux concerts;
Que ta harpe frémisse et rallume la flamme
Qui s'éteint dans mon cœur, glacé par cent hivers.

Morven était battu par les vents et l'orage;
Les ombres des héros se jouaient dans les airs;
  Les flots inondaient le rivage,
 Et les chevreuils, par la crainte troublés,
  Frissonnaient dans leur lit sauvage.
Fingal et ses amis, au banquet rassemblés,
La coupe d'or en main enflammaient leur courage (1).

Mais le jour a paru : le bouclier des rois,
Le bouclier de mort est frappé par mon père ;
Tous les chefs dispersés s'assemblent à sa voix.
Gaul se couvre à son tour de l'armure guerrière,
Il veut se joindre à nous ; mais les flots du Strumon,
Dans l'orageuse nuit gonflés par la tempête,
Comme une vaste mer roulent dans le vallon ;
Gaul ne peut les franchir, et sur le bord s'arrête.
Nous gagnons Ifrona (2) : son chef audacieux
 Depuis long-temps bravait notre colère ;
Mille de ses héros tombent sur la bruyère,
Et Selma nous revoit vengés et glorieux.
 Gaul cependant, à la faveur de l'ombre,
  Tend ses voiles vers Ifrona,
Et sur un frêle esquif traverse la mer sombre.
Debout au haut du mont la jeune Palmina,
Ses noirs cheveux flottants, d'une vue incertaine
 Suit la nacelle du héros :
L'albâtre de son sein a la blancheur des flots ;
Le zéphyr est moins doux, moins pur que son haleine.
 Mais des pleurs coulent de ses yeux ;
 Entre ses bras un faible enfant repose ;
Il n'a point de son père entendu les adieux ;
 Et Palmina sur sa bouche de rose
Imprime un long baiser : « O gage de mes feux,
» Dit-elle, cher enfant, tu souris, et ta mère
» N'a, pour la consoler dans sa douleur amère,
 » Que les ombres de ses aïeux !

» Respectez ce héros que tout un peuple admire,
» Vents du nord, enchaînez votre fatal courroux !
» Cet enfant, en faveur d'un père et d'un époux,
    » Vous implore par son sourire. »
Ainsi la belle épouse exhale ses regrets.
    Bientôt, chancelante, épuisée,
    Elle retourne à son palais,
Et des pleurs, de ses yeux, couverts d'un voile épais,
    Descendent avec la rosée.

Cependant, à travers le brouillard du matin,
Aux regards du héros Ifrona se présente,
Il aborde au rivage, un glaive est dans sa main,
Et l'île retentit de sa voix menaçante :
    « Je n'entends point le son des boucliers...
» Compagnons de ma gloire, êtes-vous sur la rive?
    » Roi de Morven, c'est un de tes guerriers ;
» C'est Gaul, qui de Strumon sous tes drapeaux arrive. »
L'écho seul lui répond. Ah ! pourquoi loin de lui
Veillais-je alors, tranquille au foyer de mes pères?
Mon bras à ce héros eût offert un appui.
    Et vous, fantômes tutélaires,
Vous, témoins du péril qui menaçait ses jours,
Pourquoi par vos sanglots, vos plaintes funéraires,
Ne pas nous avertir d'aller à son secours?
Vainqueurs et dans la joie, au retour des conquêtes,
Vous entendiez nos chants et nos accords si doux,
Tandis qu'au bord des mers, abandonné par nous,

Gaul mêlait ses clameurs au fracas des tempêtes.

GAUL, dans l'île d'Ifrona.

Suis-je seul en ces lieux qu'environne l'effroi ?
Nul brave de Morven n'est-il auprès de moi ?
Dois-je combattre ou fuir ? Moi fuir !... Ombre chérie,
La gloire de ton nom ne sera point flétrie,
O mon père ! mon ame est un rayon de feu.
Je le vois, je le sens : la mort est dans ce lieu.
N'importe ; je saurai, bravant seul une armée,
Emporter chez les morts toute ma renommée :
Mais Palmina... mon fils... fuyez, objets charmants!
N'opposez point vos pleurs à mes ressentiments?
La gloire parle seule à mon ame enflammée.

  A ces mots, de son bouclier
  Gaul fait gémir l'airain sonore :
  D'Ifrona le peuple guerrier
  A ce bruit se rassemble encore,
  Et se couvre d'un dur acier.
  Les dards, les glaives resplendissent,
  Et sur les armes du héros,
  Aussi rapides que les flots,
  Mille coups tombent, retentissent,
  Et font murmurer les échos (3).
Mais déjà le soleil dans le gouffre de l'onde
  Plonge sa chevelure d'or ;

D'OSSIAN.

La nuit et le sommeil rendent la paix au monde...
    Palmina seule veille encor :
    Debout sur la roche escarpée
Enfonçant ses regards dans la profonde nuit,
    Elle frissonne au moindre bruit,
Et du retour de Gaul son ame est occupée.

CHANT DE PALMINA.

Au sourd rugissement de flots
Je prête une oreille attentive :
Qui peut retenir mon héros
Si loin d'une épouse craintive ?
Tous les braves sont de retour ;
L'arc à la main, sur la fougère,
Leurs traits poursuivent tour-à-tour
Le daim et la biche légère.

Un songe affreux trouble mes sens.
Je l'ai vu couché dans la plaine ;
Il m'adressait quelques accents,
Et moi je l'entendais à peine.
Mais le songe, enfant de la nuit,
A disparu devant l'aurore
Comme un feu qui s'évanouit.
Je ne crains plus, et doute encore.

Mon amant, je vais te revoir :
C'est trop souffrir de ton absence ;
O mer, seconde mon espoir ;
J'emporte avec moi l'innocence :
Mon fils, pressé contre mon sein,
Voyagera sur l'onde amère,
Et Gaul nous reverra demain
Lui sourire avec la lumière.

Elle dit, et soudain par les flots emporté
Son esquif de Strumon laisse au loin le rivage.
La lune alors brillait sous un ciel sans nuage ;
Et Palmina, rêveuse, à sa faible clarté
Contemple de son fils la naissante beauté.
Enfin elle descend sur la rive étrangère,
Et confiant Ogal (4) à l'esquif protecteur :
« O toi dont la présence a charmé ma douleur,
» Repose, mon enfant, je vais chercher ton père. (5) »
Trois fois elle s'éloigne, et trois fois vers son fils
La ramène à grands pas sa crainte maternelle :
Telle aux monts d'Inistore on voit la tourterelle,
Qui dans le creux du roc délaisse ses petits,
 Lorsque, planant à l'aventure,
Au milieu des buissons par les frimas blanchis
  Elle va chercher sa pâture ;
Elle aperçoit les fruits long-temps cherchés en vain...
 Mais du faucon l'image meurtrière
  Tout-à-coup fait battre son sein ;

Elle vole à son nid s'assurer du destin
De la jeune famille à son amour si chère,
Et retourne au désert pour apaiser sa faim.
    Mais quelle voix, par les vents apportée,
Frappe de Palmina l'oreille épouvantée?...
Un malheureux se plaint... elle écoute...

        GAUL, blessé à mort.

                O douleur!
Je sens s'évanouir un reste de chaleur!
Que me sert aujourd'hui d'avoir avec courage
Bravé de cent combats le péril et la rage?
Si du moins Ossian savait que sans secours
Déjà je vois pâlir le dernier de mes jours...
Astres, qui m'éclairez dans la nuit ténébreuse,
Aux regards des héros dans Selma réunis
Offrez en traits de sang ma destinée affreuse,
Et que mes assassins par leurs bras soient punis;
    Et vous, fantômes secourables,
Racontez à Fingal mes malheurs déplorables:
      Dites-lui qu'au fond des déserts
      Mon bras fut trahi par la guerre;
      Qu'étendu sur le bord des mers,
      J'ai pour lit une froide pierre,
      Et pour boisson les flots amers:
Mais aux bords du Strumon, fantômes que j'implore,
    Ne racontez point mes ennuis;

Que mon épouse les ignore,
Et rêve encor l'amour dans le calme des nuits.
　　Dors, Palmina; repose, mon amante;
Que des songes riants occupent ton sommeil,
　　Et que ton fils à l'instant du réveil
Reçoive un doux baiser de ta bouche charmante!

PALMINA, guidée par la voix de Gaul, se rapproche de lui.

　　Puis-je avoir des songes riants
　　Quand mon héros est dans la peine?
　　Cher époux, recouvre tes sens;
　　L'amour près de toi me ramène.
Pour soutenir ton corps par la faim abattu,
Partage avec mon fils le lait de ces mamelles:
Nous partirons demain; tes blessures cruelles
Des plantes de nos bords connaîtront la vertu.

　　　　　　GAUL.

Est-ce toi, Palmina, toi que mon cœur adore?...
　　O la plus belle des beautés,
Repasse l'océan, si tu le peux encore;
　　Fuis loin de ces lieux détestés,
Et revois dans Strumon le souris de l'aurore:
　　Pour moi, je mourrai dans ces lieux
　　Comme une feuille desséchée
　　Que du pin funèbre arrachée

Emportent les vents orageux.
Le soleil, le printemps, zéphyre et la rosée,
　Ne me rendront pas ma fraîcheur...
　Toute ma force est épuisée...
A peine près de toi sens-je battre mon cœur!...
Mais il faut tôt ou tard que le brave succombe :
Adieu... Dis à Morven quel fut mon triste sort,
Et que ta main d'albâtre élève ici ma tombe ;
Ici... près du torrent où j'ai trouvé la mort.

PALMINA.

Non, tu ne mourras point dans cette aride plaine :
Laisse-moi te porter au berceau de mon fils ;
Ta lance soutiendra ma démarche incertaine :
Viens, ô mon jeune époux ; tous nos maux sont finis.

Elle l'emporte alors vers l'esquif solitaire ;
Ils voguent : mais bientôt l'onde écume et mugit ;
Le ciel s'arme d'éclairs, le vent du nord rugit,
Et d'un feu pâlissant chaque vague s'éclaire.

OSSIAN.

Je dormais cette nuit sous le toit du chasseur ;
　Une ombre m'apparut... C'était Morni lui-même :

« Gaul touche en ce moment à son heure suprême,
   » Et du sommeil tu goûtes la douceur !
» L'amitié d'Ossian est semblable à la haine.
» O trop malheureux fils ! » En achevant ces mots
Le fantôme en pleurant disparaît ; et le chêne,
Ébranlé par sa fuite, agite ses rameaux.
Je m'éveille en fureur et monte sur les eaux.
        L'aurore se montrait à peine.
J'aperçois un esquif par l'orage entraîné ;
J'approche... ô désespoir ! ô couple infortuné !
    Gaul n'était plus : les yeux rougis de larmes,
Palmina, son beau sein sanglant et déchiré,
Se penchait sur le front du héros expiré,
    Tandis qu'Ogal jouait avec ses armes.

Aux accents de ma voix, à mon aspect soudain,
Palmina se ranime... elle me tend la main,
Sourit, et meurt. Tremblant, le cœur rempli d'alarmes,
Je conduis à Strumon ces restes précieux.
Fingal et nos guerriers accourent vers ces lieux :
        Ma harpe d'un chant funéraire
Réjouit leur tristesse ; et bientôt devant eux :
        « O toi que j'aimais plus qu'un frère,
» M'écriai-je, reçois nos funèbres adieux.
» Cher ami, que de fois nos glaives homicides
        » Se mêlèrent dans les combats !
        » Que de fois les chevreuils rapides
» Dans les bois paternels fuirent devant nos pas.

» Lève-toi, guerrier indomptable,
» Viens triompher encore et t'asseoir à nos jeux;
» Lève-toi... l'ennemi sur les flots orageux
» Aborde de Selma le palais redoutable...
» Ciel! le voilà sans force à nos pieds étendu;
   » Il a fini le songe de victoire,
   » Et pour jamais son arc est détendu...
» Mais le barde est debout, il chantera sa gloire. »
A ces mots, que souvent étouffent mes douleurs,
Je place le héros dans son étroit asile;
   Et Palmina, digne objet de nos pleurs,
S'étend près d'un époux sur sa couche d'argile.

NOTES

DE LA MORT DE GAUL.

---

(1) Il y a diverses opinions touchant la liqueur dont on faisait usage dans ces fêtes : la plus probable est qu'elle était composée d'un suc de bouleau extrait et fermenté; cette boisson était plus agréable que celle qu'on dit avoir été tirée d'une sorte de bruyère, et pouvait mieux répondre aux besoins de ce peuple sauvage que le vin qu'il emportait des provinces romaines. Il se peut aussi qu'ils fissent venir de la bière des autres parties de l'île avant que leur attention se tournât vers l'agriculture.

(2) On ne connaît pas précisément la position d'Ifrona ; mais cette île paraît avoir été remarquable par la cruauté de ses habitants : un barde successeur d'Ossian la peint sous des traits dont plusieurs caractérisent l'enfer des Celtes.

« Ifrona, île horrible, couverte d'un brouillard épais, séjour im-
» pur des reptiles, terre de douleur, où l'amitié et la gloire sont
» étrangères, je tremble d'approcher de tes bords. »

(3) Gaul peut être accusé de témérité pour avoir provoqué lui seul une armée entière; mais comme il avait auparavant frappé son bouclier dans l'espérance que ses amis n'étaient pas éloignés, il est probable qu'il n'aurait pu sans déshonneur refuser un combat que lui-même avait demandé. Sa manière d'agir dans cette circonstance s'accorde bien avec le caractère qu'Ossian lui prête dans le poëme de Lathmon, et avec les mœurs de ce temps, où il était honteux pour

un héros de reculer sous quelque prétexte que ce fût. La ressemblance frappante des usages celtiques et des lois de la chevalerie donne lieu de penser que les premiers avaient suggéré la plupart des notions sur lesquelles étaient fondées les secondes.

(4) Ogal, jeune Gaul. Les enfants ne recevaient point alors de nom propre qu'ils ne se fussent distingués par quelque action glorieuse, ou qu'ils n'eussent offert dans leur personne ou dans leur conduite quelque trait caractéristique : cette coutume, comme toutes celles des anciens Écossais, était propre à faire naître dans le cœur des jeunes gens l'amour de la vertu et de la valeur, seul chemin qui conduisît parmi eux à cette immortalité de gloire dont ils étaient si jaloux.

(5) L'expédition de Palmina cessera de paraître extravagante ou contre nature, si l'on considère que dans ces temps-là les femmes avaient part aux entreprises les plus périlleuses sur terre et sur mer; c'étaient elles qui, dans ces temps héroïques, chantaient les exploits des braves lorsqu'ils étaient de retour. Dans l'intention d'animer leur courage, elles les accompagnaient souvent au champ de bataille, où elles ne se bornaient pas toujours au rôle de spectatrices. Presque toutes les éditions de Témora renferment, à l'endroit du chant premier où Ossian décrit la mort d'Oscar, deux vers qui annoncent que les filles de Morven étaient présentes. L'usage des autres peuples anciens et voisins de l'Écosse donne encore plus de probabilité à l'existence de cette coutume, si éloignée des mœurs actuelles : c'est un fait attesté par une multitude d'écrivains, dit le lord Kaims dans ses *Esquisses sur l'histoire de l'Homme*, que les femmes du nord de l'Europe étaient distinguées par leur force et leur courage.
César, décrivant, au livre premier de ses *Commentaires*, une bataille qu'il livra aux Helvétiens, dit que les femmes animées d'un esprit belliqueux, exhortèrent leurs maris à tenir ferme, et placèrent les chariots sur une ligne pour les empêcher de fuir. On lit dans

Florus et dans *Tacite*, que plus d'une fois les épouses de ces barbares les engagèrent à retourner au combat, en leur présentant leurs seins découverts, et en exprimant l'horreur que leur inspirait la captivité. Flavius Vopiscus nous apprend que sous le règne de Proculus cent vierges sarmates fut prises sur le champ de bataille. Dans un combat où plusieurs de leurs maris avaient été tués, les Lombardes prirent les armes et remportèrent la victoire. Les femmes des Galactophages, tribu scythe, étaient aussi belliqueuses que les hommes, et les accompagnaient toujours à la guerre. Jadis la plupart des femmes danoises s'exerçaient aux exercices militaires. Jornandès rapporte que les femmes des Goths maniaient aussi bien la lance que leurs époux. Joannes Magnus, archevêque d'Upsal, confirme cette assertion, et cite une invasion que firent les Goths dans un pays voisin du leur, où le nombre des femmes qui suivirent les guerriers monta à deux mille. Plusieurs femmes scandinaves firent le métier de pirates. Les Cimbres craignaient plus les reproches de leurs femmes que les blessures de l'ennemi. Dans une bataille entre Regner Lodbrog, roi de Danemarck, et Fro, roi de Suède, plusieurs femmes se rangèrent sous les drapeaux du premier, et entre autres Langertha, qui combattit avec ses beaux cheveux d'or flottants sur ses épaules. Regner, ayant été vainqueur, demanda le nom de l'héroïne qui s'était comportée si vaillamment; on lui répondit qu'elle était d'un sang illustre, et il l'épousa : mais il la répudia ensuite afin de pouvoir épouser la fille du roi de Suède. A quelque temps de là, Regner se trouva engagé dans une guerre contre Harold, qui aspirait à son trône; Langertha, sans conserver le moindre ressentiment de l'injure qu'elle avait reçue, lui amena un corps de Norvégiens, et donna de si grandes preuves de courage, que, suivant l'opinion générale, il lui fut redevable de la victoire qu'il obtint sur son compétiteur.

LES ADIEUX

D'OSCAR ET DE MALVINA.

OSCAR.

Le cor retentit dans les bois ;
Fingal appelle son armée :
Il faut retourner aux exploits,
Il faut partir, ma bien-aimée.
Ne verse point des pleurs d'amour,
Mais prends la harpe de la gloire ;
Bientôt nous serons de retour
Sur les ailes de la victoire.

L'azur du ciel est dans tes yeux ;
Ton souffle est celui du zéphyre ;
Le premier rayon lumineux
Est moins doux que ton doux sourire ;
L'albâtre de ton sein charmant
Du cygne efface le plumage.
Je suis ton époux, ton amant...
Et te laisse dans le veuvage.

La guerre appelle les héros.
Adieu, ma belle et tendre amie.
J'échappe aux langueurs du repos,
Je me dérobe à l'infamie.
Cesse donc de pleurer sur moi.
A la nuit succède l'aurore.
Mon cœur va rester près de toi ;
Je ne te quitte pas encore.

Mais si le sort trompe mes vœux,
S'il faut que ma valeur succombe,
Auprès du torrent écumeux
Souviens-toi d'élever ma tombe :
Quand les sombres vapeurs du soir
Auront couvert tous nos rivages,
Je descendrai pour te revoir
Du palais flottant des nuages.

MALVINA.

Oscar, je suis fille des rois ;
Ils m'ont transmis tout leur courage :
Mon arc sur les hôtes des bois
De la mort fit l'apprentissage :
J'immole les jeux du repos
Aux périls de la renommée :
Ma flèche, au sang accoutumée,
Trouvera le cœur des héros.

ENSEMBLE.

Adieu, bois de Morven ; adieu, roches sauvages,
Vallons silencieux, noirs torrents, clairs ruisseaux ;
Oscar et Malvina sur de lointains rivages
Vont chercher tous les deux la gloire ou des tombeaux.

OSSIAN A SULMALA. (1)

Parais dans ta beauté, viens, astre de Lumon;
Il est temps de sortir de ta retraite obscure :
La tempête a cessé, le zéphyr du vallon
Des chênes de Morven balance la verdure.
Je connais tes ennuis, et ne m'étonne pas
Du nuage de pleurs dont tes yeux s'obscurcissent.
Mais il arrive un jour où les braves périssent,
Fingal même, Fingal doit céder au trépas,
Et comme des brouillards les monts s'évanouissent.
Ton amant a véçu... N'accuse point son sort;
En roi victorieux il a quitté la vie;
La harpe d'Ossian a célébré sa mort,
Et décerné la gloire à son ombre ravie.
Hélas! il n'a point vu sous des traits assassins
Tomber son jeune fils, sa plus belle espérance;
Dans le palais des rois conquis par sa vaillance
Pour lui brillent encor des jours purs et sereins.
O charme des héros! sais-tu que j'étais père?
Oscar comme un beau lis fleurissait sous mes yeux;
Et cette tendre fleur, ornement de ces lieux,
Séchée à son matin, est réduite en poussière.

Je suis seul, délaissé, sans épouse et sans fils.
Peut-être dans Morven l'insulte et la menace
Poursuivront quelque jour mes pas appesantis :
Mon bras ne pourra plus châtier tant d'audace.
Viens donc, ô Sulmala, place-toi sur mon char (2).
Colombe du désert, le malheur nous rassemble;
Suis-moi près de Fingal ; nous pleurerons ensemble,
Toi le vaillant Cathmor, et moi l'aimable Oscar.

NOTES D'OSSIAN A SULMALA.

(1) Ossian n'abandonna point Sulmala privée de son amant, seule et sans appui dans un pays étranger; la tradition rapporte que le lendemain de la bataille de Témora il se rendit à la grotte où s'était retirée cette belle étrangère. D'un poëme composé à ce sujet il ne reste que le fragment que l'on vient de lire.

(2) Tacite, Pomponius Mela, César, et d'autres écrivains dignes de foi, attestent d'une manière trop décisive que les Calédoniens se servaient de char, pour qu'on ait droit de demander où ils pouvaient les faire rouler dans un pays aussi montueux que le leur.

LE DERNIER HYMNE

D'OSSIAN.

—

O de Lutha torrent impétueux,
Roule tes flots d'azur dans le vallon tranquille!
Forêts, versez sur lui votre ombrage mobile,
Et d'un jour trop ardent amortissez les feux!
  Non loin croît la fleur solitaire
 Qui, balançant au souffle du zéphyr
  Sa tête humide et printanière,
  Semble dire avec un soupir :
  « Zéphyr jaloux, dans la rosée
» Laisse-moi rafraîchir mes attraits languissants;
  » Bientôt sur ma tige brisée
  » Je serai le jouet des vents :
  » Aujourd'hui le chasseur s'enivre
  » Des parfums qu'exhale mon sein...
  » Hélas! il reviendra demain...
  » Demain j'aurai cessé de vivre. »
 Demain aussi, quand la nuit sur les bois
  Étendra son écharpe immense,

Le chasseur, d'Ossian n'entendra plus la voix ;
    Épouvanté de mon silence,
Il portera ses pas vers l'asile des rois ;
    Ma harpe veuve et détendue,
Ma harpe, dont les chants l'émurent tant de fois,
    Soudain viendra frapper sa vue,
    Et de sa tristesse imprévue
    Des pleurs soulageront le poids.
Viens donc, ô Malvina ! viens sous le chêne antique
    Qu'assiégent les vents et les flots,
Élever de tes mains la tombe pacifique
Où va se reposer le dernier des héros.
Viens... Mais l'esprit des bois (1) répond seul à ma plainte.

LE FILS D'ALPIN.

Ossian, j'ai passé près des murs de Lutha ;
Un silence de mort attriste leur enceinte.
    J'allais y chercher Malvina...
Des filles du palais la foule consternée
    Bientôt s'est offerte à mes yeux :
  Ses pleurs coulaient pour une infortunée...
L'épouse de ton fils a rejoint ses aïeux.

OSSIAN.

  O toi que pleurent tes compagnes,
Repose en paix dans ces bois ténébreux ;

Astre charmant, tes rayons amoureux
N'ont pas long-temps brillé sur nos montagnes!
Tes feux de mes vieux jours échauffaient le déclin;
Mais tu m'as laissé seul au milieu des ténèbres.
De mes soupirs, de mes plaintes funèbres,
Je ne lasserai pas l'écho du mont voisin.
Tu n'es plus, et dans nos campagnes
Ne luit que la clarté du météore affreux...
Astre charmant, tes rayons amoureux
N'ont pas long-temps brillé sur nos montagnes!
Repose en paix dans ces bois ténébreux.
Mais belle et d'éclairs entourée,
Tu prends un lumineux essor,
Et dans ta demeure azurée
Tu t'assieds sur un trône d'or.

Au sommet de l'Arven s'épaissit un nuage
Dont les flancs argentés s'élèvent jusqu'aux cieux :
Là flotte sur les vents le palais de l'orage;
Là résident Fingal et ses braves aïeux.
Mon père, enveloppé de vapeurs éclatantes,
Du glaive aérien arme son faible bras :
Les ombres des héros, autour de lui flottantes,
Se rappellent encor leurs antiques combats;
Il écoute d'Ullin la voix mélancolique.
Le vieux barde, au milieu des héros assemblés,
Presse encor sous ses doigts la harpe fantastique,
Et module les chants des siècles écoulés.

La belle Malvina s'avance ;
Une aimable rougeur peint son front ingénu :
Elle s'arrête, et contemple en silence
De ses aïeux le visage inconnu.
« Pourquoi, lui dit Fingal, viens-tu dans ma demeure?
» As-tu pu sans remords abandonner mon fils?
» Tes soins, de ses jours obscurcis,
» Devaient charmer la dernière heure :
» Quel deuil dans son palais!... Descendez, ô zéphyrs!
» Allez, et portez-lui nos douloureux soupirs. »

Mais du pâle occident, porté sur un nuage,
Quel fantôme apparaît aux yeux de Malvina?
Un sourire de joie anime son visage
Que la sombre mort sillonna.
« Astre d'amour, reconnais ton vieux père :
» Je suis Toscar. Quelle noire vapeur
» De tes jeunes rayons éteignit la lumière?
» Ma fille, d'Ossian pleures-tu le malheur? »
Eh quoi, Toscar, ton ame généreuse
Du plaintif Ossian garde le souvenir!
Un jour la renommée à l'aile impétueuse
De nos exploits rivaux instruira l'avenir :
Notre jeunesse ardente et fière
Plus d'une fois illustra ces déserts :
A nos pieds mordaient la poussière
Mille héros, de blessures couverts ;
Dans leur sang confondu les collines trempées

Retentissaient sous nos rapides pas...
 Gloire à ton nom, roi des épées,
 Suprême arbitre des combats!
 Bientôt nos ames consolées
Voltigeront dans le même palais.
Sous la douleur, les ans et les regrets
 Je sens mes forces accablées.

Conduis, ô fils d'Alpin, le vieillard dans ses bois :
Les sombres flots du lac que l'aquilon tourmente
Retombent à grand bruit sur leur rive écumante...
Le barde va chanter pour la dernière fois.
 Sur le torrent se balance un vieux chêne
Que d'un souffle de glace ont blanchi les hivers;
Ma harpe est suspendue à sa branche prochaine,
Je l'entends qui frémit au sein de ces déserts...
Est-ce le vent, ma harpe, ou bien quelque ombre vaine
Qui t'arrache en passant ces funèbres concerts?
 Quel transport m'agite et m'enflamme?
Approche, fils d'Alpin! O mes chants, dans les airs
 Accompagnez le départ de mon ame.
La mort va mettre un terme à mes longues douleurs.
Rugissez, vents du nord, et déployez vos ailes;
Portez jusqu'à Fingal mes plaintes solennelles.
O Fingal! je te vois, assis sur des vapeurs :
 Tu n'es plus l'effroi des armées;
 De tes prunelles enflammées
En rapides éclairs ne jaillit plus la mort...

Qu'il est faible celui qui fut jadis si fort!
>Mais dans tes mains (2) tu caches les tempêtes,
>>Et tu les sèmes sur tes pas :

Le tonnerre à ta voix éclate sur nos têtes,
Et des clartés du jour tu prives ces climats.
>>Quand ta fureur est apaisée,

Le zéphyr du matin caresse les ruisseaux,
>>Et sur le front des arbrisseaux

Frémit en goutte d'or une humide rosée.
Le soleil du printemps se couronne de feux;
Des parfums les plus doux la colline embaumée
>>Voit bondir le chevreuil joyeux
>>Sur la verdure ranimée...

Mais l'aquilon se tait ; un bruit sourd et confus
>>S'est élevé de la bruyère,
>>Et meurt dans les chênes touffus.

Un héros m'apparaît sur son char de lumière;
Il m'appelle et m'invite à m'élancer vers lui.
« Ossian, me dit-il, ton dernier jour a lui :
>>» Rien ne manque à ma renommée ;
>>» Tes chants, la gloire de Selma,

» Frappent depuis long-temps mon oreille charmée.
» Réunis-toi, mon fils, à tout ce qui t'aima ;
» Viens... » Le char à ces mots se dérobe à ma vue,
Et comme un feu léger remonte dans la nue.

Toi que j'ai tant chéri, toi que j'ai tant pleuré,
O le plus grand des rois! je vais te voir encore,

Et goûter le repos si souvent désiré.
Vents orageux du soir, ma bouche vous implore ;
De vos bruyantes voix retenez les éclats :
Ossian va dormir... ne le réveillez pas...
La nuit doit être longue... Eh! quel penser funèbre
S'empare de mon ame et semble la flétrir?
Réponds, fils de Fingal, as-tu peur de mourir?
Ne sais-tu pas encor que le guerrier célèbre
Et le guerrier obscur doivent tous deux périr?
  Pourquoi, des chagrins qui t'obsèdent,
Par d'indignes terreurs augmentes-tu le poids?
O débile vieillard! les hommes se succèdent
Comme les flots des mers et les feuilles des bois.
L'inexorable mort a-t-elle été touchée
Des attraits de Rino, du courage d'Oscar?
Fillan, comme une fleur de sa tige arrachée,
Ne s'est-il point flétri sur les bords du Lubar?
Et toi, barde insensé, tu voudrais fuir la tombe!
Sous l'âge et les douleurs ta faiblesse succombe.
Meurs : ta gloire vivra ; nos derniers descendants
La verront s'élever comme un chêne sauvage
Qui brave les assauts du ténébreux orage,
Et compte sans vieillir et les jours et les ans.

NOTES

DU DERNIER HYMNE D'OSSIAN.

---

(1) Les anciens Écossais croyaient que l'écho était un esprit qui se plaisait à répéter les derniers sons.

(2) Cette superbe description du pouvoir de Fingal sur les vents, sur les tempêtes, qu'il *cache dans ses mains*, semble contradictoire avec ce qu'Ossian a dit dans la strophe précédente, où il représente Fingal comme une ombre vaine et qui n'est plus l'*effroi des armées*. Mais tout cela est conforme aux opinions de ces peuples; ils croyaient que les fantômes commandaient aux éléments, mais qu'ils n'avaient plus de force pour combattre.

LA FÊTE D'OSCAR,

FILS D'OSSIAN.

Les guerriers de Morven et les bardes fameux
Dans le palais des rois ont devancé l'aurore.
    Le jour qui va bientôt éclore
Du bonheur le plus doux doit couronner leurs vœux.
Oscar, l'amour, l'espoir de la Calédonie,
Lève un front radieux de ses dix-huit printemps.
Sous les yeux paternels son enfance nourrie
Promet à l'avenir des exploits éclatants.

    Fidèle aux antiques usages,
    Ossian, chef de ces rivages,
Doit remettre en ce jour, à son fils bien-aimé,
De son aïeul Fingal le glaive renommé.
Il entre avec Oscar; les cent harpes frémissent,
    Les chants des bardes retentissent
Et la voûte sonore a prolongé ces mots :

LES BARDES.

« Salut, fils d'Ossian ! salut, jeune héros !

» Astre charmant, levé sur nos montagnes,
» Oh! que tes doux rayons enchantent nos regards!...
» Viens d'un ciel orageux dissiper les brouillards
　　» Et fertiliser nos campagnes. »

LES JEUNES FILLES.

« Quel est donc ce jeune guerrier?
» De ses naissantes fleurs le printemps le couronne;
　　» Dans le palais hospitalier
» La gloire le devance et l'amour l'environne :
» De ses nobles aïeux prêt à saisir les traits,
» C'est à les égaler que sa jeunesse aspire.
» Salut, fils d'Ossian! à ses chastes attraits
» Heureuse la beauté qui te verra sourire! »

　　Ainsi résonnaient à la fois
Dans les murs de Selma les hymnes triomphantes :
Mais le père d'Oscar fait entendre sa voix :
« Peuple, chefs de Morven, bardes, vierges charmantes,
　　» Voici le fils de mon amour :
» De vos destins futurs jeune dépositaire,
　　» A vos yeux, il vient en ce jour
　　» S'armer du glaive héréditaire.
» Prends ce glaive, ô mon fils! si des tyrans jaloux
» Insultent au repos de ces nobles contrées,
　　» Sur eux fais tomber ton courroux;
　　» Que leurs phalanges dévorées

» Disparaissent devant tes coups.
» Mais ne provoque point les périls de la gloire :
» Attends que tes guerriers, tes frères, tes amis
» Réclament tes secours à leur cause promis,
  » Et te demandent la victoire. »
Le jeune Oscar répond : « O de tous nos aïeux
  » Glorieuse et vivante image,
» Chef de tant de héros, ô mon père, en ces lieux
» D'un fils reconnaissant daigne accepter l'hommage.
» Au nom de la patrie, au nom de tes exploits,
» Je jure sur ce fer, qu'aujourd'hui je reçois,
» De protéger toujours la vieillesse et l'enfance :
  » Mon bras se voue à leur défense,
» Et je saurai mourir pour nos antiques lois. »

Il se couvre à ces mots des armes paternelles ;
Dans tous ses traits éclate une noble fierté ;
Du glaive de Fingal dans sa main agité
  Partent de vives étincelles.
Mille cris emportés sur les ailes des vents
S'élèvent, vont frapper les échos qui mugissent ;
Aux sons des boucliers les sons du cor s'unissent ;
  Et sur leurs nuages mouvants
  Les fantômes se réjouissent.
De pleurs délicieux l'œil humide et voilé,
  Ossian écoute en silence,
Et contemple long-temps, appuyé sur sa lance,
Son fils à tant de gloire en ce jour appelé.

Mais sur la harpe prophétique
Un barde s'abandonne à de nouveaux transports :
Il chante, et le palais antique
S'émeut au bruit de ses accords.

« Livre ton cœur à l'allégresse,
» O chef d'un peuple généreux ;
» A ton fils le ciel s'intéresse
» Et lui promet des jours heureux.
» Comme un chêne aux vastes ombrages,
» Son nom par les bardes chanté
» Des siècles brave les outrages
» Et croît pour l'immortalité.
» Mais quel long avenir devant moi se déroule !
» Que le temps dans son cours sème de changement !
» Et de noms glorieux quelle brillante foule
    » Sollicite mes chants !
    » Je vois grandir la race humaine ;
    » Elle atteint sa virilité.
» Les arts dans l'univers étendent leur domaine,
» Et les jours opulents que leur génie amène
    » Remplacent la stérilité
» Des temps où dominait l'ignorance hautaine.

» Le marbre hospitalier se transforme en palais :
» De pompeux monuments les cités s'embellissent :
» Des chefs-d'œuvre des arts les temples s'enrichissent,
» Et sur des tables d'or sont inscrits les hauts faits.

» Du héros qui n'est plus les images fidèles
» Éclatent en airain à nos yeux éblouis ;
» Par un brillant ciseau tous ses traits reproduits
» Offrent à ses neveux des leçons immortelles.

» On surpasse vos chants, bardes, enfants des rois ;
 » Vos harpes languissent brisées :
 » Des lyres plus civilisées
» De héros plus humains célèbrent les exploits.
» La gloire moins sanglante a des palmes plus belles.
» Sur vingt peuples divers, développant ses ailes,
» La raison les unit par les plus doux accords,
» Et du génie entre eux échange les trésors.
» Tu verras ces beaux jours, délices d'un autre âge,
» Toi qui des bords français, sur un lointain rivage,
» Des fiers enfants du Nord viendras guider le char.
 » Oui, parmi les forts et les braves,
 » Sur la terre des Scandinaves
 » Doit fleurir un nouvel Oscar.
 » Sous les yeux vigilants d'un père
» Dont le trône d'Odin a payé la valeur,
» Je le vois s'avancer dans la noble carrière
 » Et des vertus et de l'honneur.
» Un nouvel Ossian à le guider s'apprête ;
» Ce héros ne vient pas de nos derniers neveux
» Faire, le glaive en main, la sanglante conquête ;
» C'est un père adoptif qui se rend à leurs vœux.
 » De son grand siècle de lumières

» Il porte en nos climats les rayons bienfaisants,
» Et leur éclat réjouit les paupières
» Des fils d'Odin reconnaissants.
» Docile à des conseils dictés par sa tendresse,
» Je vois son jeune Oscar, plein d'une noble ardeur,
» De son aïeul égaler la sagesse,
» Et d'un nom glorieux accroître la splendeur.
» Au bonheur de son peuple il consacre sa vie.
» De ce peuple chéri protégeant les travaux,
» On le verra donner à la Scandinavie
» Une gloire plus pure et des trésors nouveaux;
» Et si jamais pour la patrie
» Il lève une lance aguerrie,
» La victoire suivra le vol de ses drapeaux.

» Voilà ce qu'ont promis d'infaillibles présages;
» Bardes, chantez et réjouissez-vous.
» Quand vos mânes viendront, portés sur les nuages,
» Visiter les enfants de ces lointaines plages,
» Vous les verrez plus grands et plus heureux que vous.»

FIN DES POÉSIES D'OSSIAN.

VEILLÉES

POÉTIQUES ET MORALES.

LES VEILLÉES

POÉTIQUES.

PREMIÈRE VEILLÉE.

L'astre des nuits se lève. A sa pâle lumière
Tout change, se confond dans la nature entière;
Et mon œil, entouré de prestiges divers,
Voit dans l'ombre s'étendre un magique univers.
Ce rocher sourcilleux n'est plus un bloc informe;
C'est un monstre, un géant d'une stature énorme.
Ces chênes, ces sapins, confusément épars,
En dômes arrondis, élevés en remparts,
D'une ville aux cent tours me retracent l'image.
Que le souffle des vents agite le feuillage,
Il me semble aussitôt que de lointains accords
S'élèvent tristement sur la tombe des morts.
 La Superstition, qu'exalte le silence,
Sur le mortel crédule à minuit se balance.

L'enfant du Nord, errant au sein des bois profonds,
Des esprits lumineux, des Sylphes vagabonds,
Rois au sceptre de fleurs, à l'écharpe légère,
Voit descendre du ciel la foule mensongère.
Dans la coupe d'un lis tout le jour enfermés,
Et le soir, s'échappant par groupes embaumés,
Aux rayons de la lune ils viennent en cadence
Sur l'émail des gazons entrelacer leur danse ;
Et de leurs blonds cheveux, dégagés de liens,
Les Zéphyrs font rouler les flots aériens.
O surprise ! Bientôt dans la forêt antique
S'élève, se prolonge un palais fantastique,
Immense, rayonnant du cristal le plus pur.
Tout le peuple lutin, sous ces parvis d'azur
Vient déposer des luths, des roses pour trophées ;
Vient marier ses pas aux pas brillants des Fées,
Et boire l'hydromel qui pétille dans l'or,
Jusqu'à l'heure où du jour l'éclat douteux encor,
Dissipant cette troupe inconstante et folâtre,
La ramène captive en sa prison d'albâtre.

   Plus loin, au pied d'un mont obscurci de vapeurs,
Sous le chêne d'Odin, les trois fatales Sœurs,
Monstres que le Danois en frémissant adore.
Au fracas du torrent, aux feux du météore,
D'un breuvage fatal commencent les apprêts.
Quel est le roi puissant que menacent leurs traits ?
Un poignard à la main, pâles, échevelées,
Elles chantent. Leur voix rugit dans les vallées ;

Et les spectres, du fond des sombres monuments,
Accourent éveillés par leurs enchantements.
Que dis-je? ah! des tombeaux franchissant la barrière,
Si les morts, en effet, rendus à la lumière,
Reviennent quelquefois errer autour de nous,
O ma mère! ô ma sœur! spectres charmants et doux,
A cette heure de paix quand ma voix vous appelle,
Pourquoi reposez-vous dans la nuit éternelle?
Mais du fatal sommeil qui s'endort une fois
De la tombe jamais ne soulève le poids.

 Tout est calme. Zéphyr m'apporte sur son aile,
Avec l'esprit des fleurs, les sons de Philomèle :
Tandis que, par ses chants de tristesse et d'amour,
Les bois sont consolés de l'absence du jour,
Que fait l'Homme, ce roi dont la force ou l'audace
De la terre et du ciel lui soumettaient l'espace?
Naguère à la clarté d'un soleil radieux,
Il étendait partout ses soins laborieux,
Du poids de ses vaisseaux chargeait l'onde inconstante,
Emprisonnait les vents dans la voile flottante,
Parcourait l'univers en monarque indompté,
Et semblait le remplir de son immensité.
Que fait l'Homme? au repos son ame s'abandonne;
Il abdique un moment sa brillante couronne;
Le Sommeil sur son front épanche des pavots,
Et lui verse l'oubli de ses mâles travaux.

 Mais quoi! tous les mortels sans trouble, sans alarmes,
Du repos, à longs traits, savourent-ils les charmes?

Non, ministre d'un Dieu, l'équitable Sommeil
Vient punir des forfaits qu'éclaira le soleil.
Le Crime, tourmenté de noires rêveries,
S'agite, se débat sous le fouet des Furies.
L'Innocence respire un air pur et serein;
L'Espoir, la douce Paix habitent dans son sein;
Et ces enfans du ciel, sur son front qui repose,
Versent tous les parfums de leurs ailes de rose.

 Maintenant échappés de leurs antres secrets,
Les brigands réunis veillent dans les forêts :
L'œil sombre, et respirant une homicide joie,
A travers ces détours ils attendent leur proie.
Un bruit lointain les frappe... Ils s'arment... Ciel vengeur
Sous leur couteau de mort tombe le voyageur...

 Voyez-vous, au milieu de la plaine rustique,
L'herbe haute flottant sur ce tombeau gothique?
Non loin d'un vieux manoir s'élèvent ses débris;
Lorsque le voyageur, par l'orage surpris,
Vient se réfugier au sein de ces décombres,
Il voit, à ses côtés, errer de pâles ombres;
Et sitôt que les vents et la foudre ont cessé,
Il s'éloigne interdit, muet, d'horreur glacé,
Et n'ose raconter quels étranges mystères
Se passent dans la nuit de ces murs solitaires.

 Un ange de pudeur, d'innocence et d'amour,
Azémire, autrefois habitait ce séjour.
Edvin idolâtrait sa grace enchanteresse,
Et la jeune beauté partageait sa tendresse.

Ce jour que, dès long-temps, appellent tous leurs vœux,
Le beau jour de l'hymen va se lever pour eux;
Et cependant Edvin à s'éloigner s'apprête.
Eh quoi! de notre hymen on dispose la fête,
Dit Azémire en pleurs, et tu veux me quitter? —
Du devoir le plus saint il me faut acquitter,
Lui répond son amant. Une mère adorée
Ne doit pas embellir cette pompe sacrée.
Tremblante sous le poids et des maux et des ans,
Elle ne peut bénir les nœuds de ses enfans. —
Eh bien, je vais la voir; je l'entendrai moi-même
Solliciter pour nous la clémence suprême.
Demain, béni par elle, et plus digne de toi,
Demain, avant *minuit*, j'aurai reçu ta foi.
Il dit, et part. Soudain, plaintive, solitaire,
Azémire ressent un trouble involontaire;
Mais un plus doux espoir est rentré dans son sein.
Qu'ai-je à craindre? dit-elle : il reviendra demain.

Des ombres de la nuit déjà tout s'environne :
Azémire au repos, heureuse, s'abandonne,
Et les songes d'amour enchantent son sommeil.
Le lendemain ses yeux, à l'instant du réveil,
S'étonnèrent de voir l'aurore accoutumée
Se montrer sans éclat, sans fraîcheur embaumée :
Un voile triste, sombre, enveloppait les cieux,
Et l'oiseau du matin restait silencieux.
Oh! combien Azémire, en son inquiétude,
Accuse de ce jour la longue solitude!

Lentement il se traîne, et son heureux déclin
A donné le signal de l'approche d'Edvin.
La jeune amante alors, par l'espoir embellie,
Respire des langueurs de sa mélancolie ;
On s'empresse autour d'elle, et l'art ingénieux
Se plaît à la parer de cent dons précieux.
Les perles et les fleurs, avec goût mariées,
Se courbent sur sa tête en tresses variées ;
Et sa sœur, au regard pudique et virginal,
Attache sur son sein le bouquet nuptial.
On ouvre cependant la gothique chapelle,
Les flambeaux consacrés dont l'autel étincelle,
L'encens, les vases d'or, le prêtre du Seigneur,
Tout n'attend plus qu'Edvin. Mais, par sa jeune sœur
Dans la pieuse enceinte, Azémire amenée
A voulu devancer l'heure de l'hyménée ;
Elle a voulu prier le Monarque éternel
De jeter sur Edvin un regard paternel.
Tout le hameau voisin, rassemblé dans le temple,
Forme des vœux pour elle, et prie à son exemple.
Edvin ne revient pas.... Qui l'arrête, grand Dieu !
Quel obstacle jaloux l'éloigne du saint lieu ?
L'heure fuit.... Azémire, à l'autel prosternée,
Se tait, et n'ose encor se croire abandonnée.
Enfin, ne cachant plus le trouble qui la suit....
L'horloge du château frappait alors *minuit :*
Le son lugubre roule et meurt dans l'étendue.
Mais au faîte sacré la cloche suspendue

D'elle-même s'ébranle, et semble avec effort
Tinter les cris du meurtre et le glas de la mort.
Le vent se lève, gronde autour de ces portiques,
Pénètre, en tourbillon, sous les voûtes gothiques,
Et de l'autel divin renverse tous les feux :
L'horreur sur chaque front fait dresser les cheveux.
Hors du temple aussitôt la foule répandue
Entraîne, dans ses flots, Azémire éperdue.
Tout fuit, tout l'abandonne à ses justes frayeurs.
Mais, que dis-je? insensible à force de douleurs,
La vierge, solitaire, errant ainsi qu'une ombre,
Précipite ses pas à travers la nuit sombre.

Non loin du vieux château s'étend un bois obscur,
Muet, impénétrable aux rayons d'un jour pur.
Jamais sous cette voûte immense, ténébreuse,
L'oiseau n'a soupiré sa romance amoureuse ;
Seulement de l'orfraie on entend quelquefois
En sons mourants et sourds s'y prolonger la voix ;
Et le reptile, au pied de ces vertes murailles,
De son corps, en sifflant, promène les écailles.
C'est là, c'est vers ces lieux d'horreur environnés,
Qu'Azémire, adressant ses pas désordonnés,
Porte son désespoir, ou plutôt son délire.
Étrangère à l'effroi qu'un tel séjour inspire,
Elle marche au hasard, lorsque du bois épais
Un hurlement lointain trouble l'affreuse paix :
Il redouble.... Il s'approche.... O surprise soudaine!
Azémire, est-ce Edvin que le ciel te ramène ?

Regarde, reconnais ce Médor tant chéri,
Compagnon de son maître et par ses mains nourri....
La lune, en ce moment, sur le bois homicide
Laissait tomber à peine un jour sombre et livide.
De son dernier malheur osant douter encor,
A travers la forêt, sur les pas de Médor,
Azémire s'élance. Enfin Médor s'arrête.
Azémire!... la foudre éclate sur sa tête.
Quel objet! son Edvin meurtri, défiguré!...
Elle attache sur lui son œil désespéré,
Horriblement sourit, et de ses mains tremblantes
Parcourt, semble compter les blessures sanglantes.
« Éveille-toi, dit-elle, il est tard.... A l'autel
» On nous attend tous deux.... Quel silence mortel!
» Edvin, ouvre les yeux.... reconnais Azémire!...
» Comme ton sein est froid!... » Sa voix alors expire:
Elle chancelle, tombe, et bientôt la douleur
Décompose ses traits, presse et brise son cœur.

 Le jour parut enfin. Loin de ces lieux funestes
Du couple malheureux on emporta les restes.
Le château paternel s'enveloppe de deuil;
La guirlande d'hymen entoure le cercueil;
Et la mer, rugissant autour des funérailles,
D'un insensible flot bat ces tristes murailles.

NOTE.

Les peuples du Nord croient en effet à l'existence de ces êtres fantastiques qu'ils appellent *Sylphes* ou *Génies*. Le retour de la nuit est le signal de leurs travaux et de leurs plaisirs. Les uns s'occupent à faire circuler des veines d'or dans le sein des montagnes; les autres plongent au fond des mers pour y répandre avec profusion les perles et les coraux. Tous se rassemblent au milieu de la nuit dans un palais brillant de lumière, et qu'ombragent des cèdres et des citronniers. C'est là qu'ils se livrent au charme des banquets et des concerts jusqu'à l'approche du crépuscule : ils se séparent alors, et vont se cacher dans le calice des fleurs. Le chef de ces bienfaisants génies se nomme *Oberon*. *Titania*, son épouse, toujours éclatante de fraîcheur et de beauté, tient en main une baguette de lis, et porte sur sa tête un diadème de roses. Cette charmante fée est accessible aux prières des amans malheureux. Pour les secourir, elle descend sur un rayon de la lune, et les esprits qui composent son cortége, font retentir les airs d'une musique tendre et harmonieuse.

Feu Millevoye, dans son poëme de Charlemagne, s'est emparé de cette riante mythologie. Elle constitue le merveilleux de son ouvrage, écrit avec une grace et une élégance peu communes. Nous croyons faire plaisir à nos lecteurs en remettant sous leurs yeux le morceau suivant, que tous les amis des bons vers avaient déjà remarqué.

Dès que le soir élève ses vapeurs,
La belle Fée, en sa grotte profonde,

NOTE.

Des blancs Lutins et des Sylphes trompeurs
Fixe un moment la foule vagabonde.
« Vous tous, dit-elle, ornement de ma Cour,
Sylphes brillants, aimables infidèles,
Illusions, compagnes de l'Amour,
Prenez vos luths, et parfumez vos ailes.
Si, tant de fois, votre invisible essaim,
Glissant dans l'ombre aux heures du mystère,
Fit soupirer la vierge solitaire
Et souleva l'albâtre de son sein;
Si, par vos soins, le miroir de la nue
Qui se colore aux flammes du matin
Lui présenta, dans un riant lointain,
Du jeune amant l'apparence inconnue;
A la lueur du magique flambeau,
Accompagnez mon nocturne voyage :
Je vous prépare un triomphe nouveau. »
Elle se tut. Dans la troupe volage
Un bruit flatteur doucement circula,
Comme le bruit du mobile feuillage,
Ou de l'abeille aux montagnes d'Hybla.

De ses jardins, odorant labyrinthe,
La Fée alors gagne la vaste enceinte.
Là, croît pour elle un arbuste enchanté,
Qui de ses mains autrefois fut planté.
Un charme pur de sa tige s'exhale;
Un prisme éclate au milieu de ses fleurs,
Et mollement la brise orientale
En fait mouvoir les changeantes couleurs :
Pour l'arroser, de vingt jeunes Sylphides
Les urnes d'or se plongent tour-à-tour
Dans le cristal des fontaines limpides.
L'arbre inconnu se nomme *Arbre d'Amour :*
Tout est soumis à son magique empire;
L'hôte des airs sur sa branche arrêté,
Charmé soudain, frémit de volupté;

NOTE.

Plus tendrement la palombe y soupire;
L'indifférent, qui sous l'ombrage heureux
S'est endormi, se réveille amoureux;
Même on a vu les Sylphides charmantes,
Abandonnant leurs urnes éclatantes,
Faibles, céder aux langueurs du désir,
Et l'œil fermé, la bouche demi-close,
En murmurant les accens du plaisir,
Tomber d'amour sur des tapis de rose.

Morgane approche : elle invoque la Nuit,
Divinité favorable au prestige;
Cueille un rameau qui verdit sur la tige;
Et des jardins rapidement s'enfuit.
A l'escorter sa Cour est préparée :
Quatre Lutins, à l'aile diaprée,
Sont les coursiers de son char nébuleux;
Et, dans sa main, la branche balancée,
Sceptre léger, ressemble au caducée
Qui mène au Styx les mânes fabuleux.

SECONDE VEILLÉE.

Comme sur la prairie au matin arrosée
Étincelle et s'épand une fraîche rosée,
Qui bientôt en vapeurs remonte vers les cieux;
Ainsi ma jeune sœur a brillé sous mes yeux.
Toi que j'appelle en vain, durant la nuit obscure,
Emma, toi de mon cœur éternelle blessure,
Hélas! où retrouver ton sourire charmant,
Ton entretien si doux, ton folâtre enjoûment?
Qui me rendra ces jours de paix et d'innocence,
Où l'un et l'autre, à peine en notre adolescence,
Par les mêmes penchans nos cœurs prompts à s'unir,
Des roses du bonheur couronnaient l'avenir?
Dans ce monde désert, mon œil te cherche encore.
Comme un lis virginal qui passe avec l'aurore,
Belle et le front couvert des ombres de la mort,
Ta défaillante voix me dit avec effort :
« Je n'ai vu qu'un matin. Le vent de la tempête
» Autour de moi se lève, et fait ployer ma tête.
» Demain, ce beau soleil, ô regrets superflus!
» Brillera pour un monde où je ne serai plus :
» Il nous faut séparer; et déjà ma paupière.....
» O d'un si chaste amour qui t'aimera, mon frère? »

Depuis ce jour fatal je pleure son trépas,
Et ne vois point la tombe ouverte sous mes pas.
Oui, telle est ici-bas notre démence extrême ;
L'homme dans l'esclavage, ou ceint du diadême,
Jouet des passions, du monde et de son cœur,
Flotte de peine en peine, et d'erreur en erreur :
Et pourtant je ne sais quel instinct déplorable
L'invite à prolonger le tourment qui l'accable.
Tel qu'on voit d'Ispahan le ver laborieux
Tresser d'un réseau d'or le fil industrieux ;
Tel l'homme s'environne, au déclin de la vie,
De ses voiles brillants, tissus par la folie.
Un pied dans le cercueil, n'ose-t-il pas encor
Donner à ses désirs un chimérique essor ;
Et soi-même excusant cette lâche faiblesse,
Pour l'avenir douteux réserver la sagesse ?

Quand un sang généreux fait palpiter son sein ;
Séduite par l'éclat d'un jour pur et serein,
La jeunesse s'embarque, et follement ravie,
Brave, dans ses écueils, le détroit de la vie.
Dans sa fougueuse ardeur tout lui semble permis.
Les astres, les saisons et les vents sont amis ;
Mais l'ouragan se lève et l'éclair étincelle.
La tempête poursuit l'imprudente nacelle,
Et, trompant les efforts des jeunes matelots,
Les précipite, en foule, au sein des vastes flots.
Qui put leur inspirer un tel excès d'audace ?
Devaient-ils de la mort oublier la menace ?

Eh! comment oublier qu'il nous faut tour-à-tour
Passer les sombres bords qu'on passe sans retour?
　Par quel enchantement, quelle erreur criminelle,
L'homme ne voit-il pas, hideuse sentinelle,
A sa porte veiller l'inexorable Mort?
Elle crie... il l'entend, s'éveille, et... se rendort!
De maux et de périls cette terre semée
En un champ de bataille est en vain transformée :
En vain aux yeux de l'homme, et jusqu'à ses côtés,
Mille braves soldats tombent ensanglantés;
En vain du trait fatal il est atteint lui-même;
Pâle et déjà touchant à son heure suprême,
Prêt à s'offrir sans voile aux yeux de l'Éternel,
Environné de morts, il se croit immortel.
　O fol aveuglement! qu'un vieillard de notre âge,
Chancelant et courbé, s'offre à notre passage;
Notre œil sur ce terrible et fidèle miroir
S'arrête indifférent, et ne sait rien y voir.
Ce front chauve, ces traits que les rides sillonnent,
Tous ces pas que la mort et la tombe environnent,
Nous les voyons sans trouble; et, gais comme à vingt ans
Ce vieillard, disons-nous, ne vivra pas long-temps.
Accablés, comme lui, de tourments et d'années,
Nous espérons encor de longues destinées;
Nous croyons (et tel est notre malheureux sort)
Que l'homme à force d'ans triomphe de la mort.
　Mais lorsqu'autour d'un lit où veillent les alarmes,
Le cœur gros de soupirs et l'œil noyé de larmes,

Debout près d'un ami qui lutte vainement
Contre toute l'horreur de son dernier moment,
Nous soutenons en pleurs sa tête qui succombe,
S'échappe de nos bras et penche vers la tombe,
Alors le charme cesse ; alors, autour de nous,
La terreur épaissit un nuage jaloux ;
Nous perdons des plaisirs la trace fugitive,
Et d'un monde riant la douce perspective.
Avertis du néant de nos illusions,
Dans notre sein glacé meurent les passions ;
Mais le cercueil à peine a dévoré sa proie,
Un ascendant fatal nous ramène à la joie.
Dans nos yeux obscurcis roulent encor des pleurs,
Et déjà l'allégresse habite dans nos cœurs.
Nous devenons bientôt pour l'ami le plus tendre
Aussi froids que le marbre où repose sa cendre,
Plus étrangers à lui que ces troupeaux errants
Qui sur son lit de mort paissent indifférents.

Où va ce jeune amant, troublé, hors de lui-même ?
Hélas ! le malheureux a perdu ce qu'il aime.
Les parfums du matin et l'or de ses rayons
Se jouant sur la plaine et la cime des monts,
La paix des champs, les soins de l'amitié fidèle,
Rien ne distrait son ame et sa langueur mortelle ;
Pour lui tout est muet, triste dans l'univers.
Les cieux d'un voile sombre à peine sont couverts ;
Il dirige ses pas vers l'enceinte sacrée
Où dort de nos aïeux la cendre révérée.

Sous la voûte des pins et des cyprès en deuil,
Tel qu'un spectre échappé des ombres du cercueil,
Il s'avance : nul bruit ne trouble son passage ;
Mais non : un rossignol, transfuge du bocage,
Des arbres de la mort habite les rameaux,
Et de ses chants d'amour console les tombeaux.
L'infortuné frémit : la pierre sépulcrale,
Qui presse de son poids la beauté virginale,
Vient frapper ses regards!..., et lui, pâle, sans pleurs,
En mots désordonnés exhale ses douleurs :
« Une tombe! voilà ce qui me reste d'elle !
» M'abandonner,.... mourir et si jeune et si belle !
» Tout repose ; il fait nuit... nous sommes seuls... c'est moi
» Tu m'as quitté, cruelle! et cependant pour toi
» Chaque Aurore, de fleurs la tête couronnée,
» Se levait, dans le ciel, riante et fortunée,
» De mes jours importuns que faire désormais?
» Non, tu n'as pu connaître à quel point je t'aimais.
» Oh! quel voile funèbre enveloppe tes charmes!
» Et ces hommes cruels me reprochent mes larmes!
» Contre mon déséspoir je les vois tous s'unir ;
» Tous veulent de mon cœur chasser ton souvenir.
» Moi, t'oublier... jamais... » il dit : serment frivole!
Avec rapidité le temps fuit et s'envole.
Cet amant consolé des maux qu'il a soufferts,
Parjure envers sa foi, brigue de nouveaux fers,
Et craignant de la mort la leçon salutaire,
Il ne visite plus la tombe solitaire.

Plus fidèle que lui, sitôt que le printemps
Fait ondoyer des bois les panaches flottants,
Le même rossignol vient, dans la même enceinte,
Soupirer, près des morts, sa douleur et sa plainte.
  Si l'homme seul du moins subissait le trépas!
Mais tous ses monuments ne lui survivront pas ;
Une seconde fois il meurt dans sa statue,
Et sous la faux du temps son ombre est abattue.
Homme, empire, tout meurt : où retrouver encor
Babylone, Corinthe, et la cité d'Hector?
Elles ont disparu. Reine pâle et terrible !
O Mort ! ouvre à mes yeux la profondeur horrible
Du gouffre où, dans la nuit, flottent tes étendards.
Que de glaives rompus ! que de spectres épars !
Mon souffle seul perdu dans cet espace immense,
D'un écho de la mort réveille le silence ;
Et le ver du sépulcre, effrayé par ma voix,
Ronge plus sourdement la dépouille des rois.
  Mais qu'ai-je dit ? au fond d'un vaste mausolée,
Sur la pierre funèbre, et de mousse voilée,
L'homme a-t-il donc besoin, pour deviner son sort,
D'attacher ses regards et de lire la mort ?
C'est en vain qu'il la fuit ; il la trouve à toute heure ;
L'artiste la suspend au sein de sa demeure.
Ces bronzes animés, ces portraits glorieux
Où son œil voit revivre une foule d'aïeux,
Décorent ses lambris, relèvent leur richesse,
Et, comme des flatteurs, chatouillent sa faiblesse.

Hélas ! il ne voit pas, de son néant charmé,
Qu'il respire au milieu d'un peuple inanimé.
Le monarque superbe, à qui tout rend hommage,
Voudrait fuir, à son tour, cette importune image :
En vain, pour s'étourdir sur ses derniers instants,
Il s'entoure de jeux, de hochets éclatants :
En vain dans ses banquets tout son faste s'étale,
Le spectre affreux s'assied à la table royale ;
Et, convive sanglant, d'un œil plein de courroux,
Il désigne la place où tomberont ses coups.

   Qu'est ce monde lui-même ? un tombeau sans mesure.
La terre des vivants, rebelle à la culture,
Ingrate et s'endormant dans son oisiveté,
A la destruction doit la fécondité.
La substance des morts dans ses veines fermente.
Quelle poussière, ô ciel ! n'a pas été vivante ?
La bêche et la charrue, en nos jardins fleuris,
De nos aïeux en poudre exhument les débris.
Avec l'or des moissons ils flottent et s'unissent
Au pain réparateur dont leurs fils se nourrissent.
Quand l'ame, rappelée au trône de son Dieu,
Monte et vole vers lui sur des ailes de feu,
Le soleil de nos corps boit la flamme éthérée,
La terre en ressaisit la dépouille altérée,
Et tous les éléments se disputent entr'eux
D'un souverain détruit les restes malheureux.
Ma vue, à cet aspect, d'épouvante glacée....
Ciel ! la mort est partout, hors dans notre pensée.

NOTE.

Young a traité le même sujet. De toutes les Nuits qu'il a composées, il n'en est point où il ait répandu des couleurs plus sombres, mais en même temps plus de désordre et de mauvais goût. L'*Oubli de la Mort* est un chaos informe, où l'on remarque néanmoins des pensées neuves et hardies. J'ai profité de quelques-unes.

TROISIÈME VEILLÉE.

Qu'il est puissant, cet Être architecte des mondes,
Qui, peuplant du chaos les ténèbres fécondes,
Fit éclore le jour, fit bouillonner les mers,
Alluma le soleil, dessina l'univers ;
Et de ces astres d'or roulant dans leur carrière,
Prodigua, sous ses pieds, la brillante poussière !
Où commence, où finit le travail de ses mains ?
Vers quels lieux inconnus des fragiles humains,
De la création accomplissant l'ouvrage,
A-t-il dit aux esprits qui lui rendent hommage :
« Enfants du Ciel, ici s'arrêtent mes travaux ;
» Je n'enfanterai plus de prodiges nouveaux ? »
 Nuit, de tant de trésors sage dépositaire,
Qui portes dans ton sein le monde planétaire,
Dis-moi, ne puis-je voir le monarque éternel
Assis dans son repos auguste et solennel ?
Et vous, au char du pôle étoiles attelées,
Toi, brillant Orion, vous, Pléiades voilées,
Où faut-il diriger mes pas et mon ardeur,
Pour contempler ce Dieu dans toute sa splendeur ?
Mais en vain, chaque nuit, mon zèle vous implore ;
Dans ces lieux qu'embellit une éternelle aurore

Vous voyez votre maître, et ne trahissez pas
Le secret de l'enceinte où s'impriment ses pas.

L'enfant de Sybaris veille encore dans l'ombre :
Est-ce pour admirer les prodiges sans nombre
Qu'étale, à nos regards, la splendeur de la nuit ?
Non, non ; la volupté, dont l'attrait le séduit,
Le promène au milieu de ses fêtes impies.
De profanes beautés, rivales des Harpies,
Se disputent son or, l'abreuvent tour-à-tour
Du filtre, des poisons d'un impudique amour ;
Et le soleil, levé pour éclairer le monde,
Le retrouve abruti par la débauche immonde.
Arrête, malheureux ! si ton cœur abattu
N'est pas sourd à ma voix et mort à la vertu,
Lève les yeux au ciel, qu'épouvante ton crime,
Et contemple, avec moi, sa majesté sublime.
S'il te faut des parvis et des dômes brillants
Où l'or se mêle aux feux des cristaux vacillants,
Viens sous la voûte immense où Dieu posa son trône ;
Et pour Jérusalem renonce à Babylone.

Vois l'astre au front d'argent : son éclat tempéré
Charme ton œil vers lui mollement attiré :
Plus doux que le soleil il caresse ta vue,
Et te laisse jouir d'une scène imprévue.
Vois comme ses rayons tremblent sur les ruisseaux,
Mêlent l'albâtre au vert des jeunes arbrisseaux,
Se glissent, divisés, à travers le feuillage,
Et blanchissent au loin les roses du bocage.

Du globe des vivants, du terrestre horizon,
Détache, à cet aspect, ton cœur et ta raison ;
Suis mes pas sans effroi : viens ; nouveaux Prométhées,
Dérobons tous leurs feux aux voûtes argentées ;
Et, nous applaudissant de ce noble larcin,
Réveillons la vertu qui dort en notre sein.
Entre au fond du brasier où la foudre s'allume,
Où de l'éclair naissant bouillonne le bitume ;
Mesure sans pâlir, dans son orbe trompeur,
Cet astre vagabond qu'exagère la peur ;
Qui, les cheveux épars et la queue enflammée,
S'offre comme un fantôme à la terre alarmée.
Dans son horrible éclat, vois un ciel orageux ;
Ou plutôt, affranchi du tourbillon fangeux
Qui pesait sur ton ame et la tenait captive,
Dans un ciel tout d'azur que ta vue attentive,
S'égarant, au hasard, de beautés en beautés,
Compte du firmament les berceaux enchantés.
L'allégresse, l'amour, dans ton cœur se confondent.
Tu viens parler aux cieux, et les cieux te répondent.
Quels sublimes objets! quel luxe ravissant!
Le jour n'a qu'un soleil à l'horizon naissant ;
Et de mille soleils la nuit est éclairée.
Mille astres à ma vue interdite, égarée,
Épanchent à la fois des torrents lumineux
Qui, sans les fatiguer, éblouissent mes yeux.
 Innombrables soleils, vous planètes errantes,
Et de lois et de mœurs familles différentes,

Qu'importe, dites-moi, cet amas fastueux ?
Palais aérien, temple majestueux,
Loges-tu l'Éternel ?... Insensé ! quelle audace !
Dès que je nomme Dieu, toute pompe s'efface.
L'univers, comme un point, disparaît devant moi,
Et le sujet se perd dans l'éclat de son roi.
  Faut-il donc s'étonner qu'aux jours de l'ignorance,
Ces astres, qui des dieux offrent la ressemblance,
Aient usurpé l'encens des crédules mortels ?
Le sage, dans son cœur, leur dresse des autels,
Et, contemplant du ciel la majesté suprême,
Au milieu de la nuit se demande à lui-même :
« Quel art dut présider à ce dôme éclatant,
» Sur un fleuve d'azur, sans orage flottant ?
» Rien dans tous ses rapports n'annonce l'indigence.
» La sagesse, le choix, l'ordre, l'intelligence,
» Savamment confondus, brillent de toutes parts ;
» Un seul lien unit tant de mondes épars.
» O surprise ! tandis qu'un mouvement rapide
» Les emporte à travers cet océan limpide,
» Que tout part, va, revient, se balance, s'étend,
» Roule, vole, et se suit dans un ordre constant,
» Quel silence profond règne sur la nature !
» Quelle main de ces corps éleva la stature ?
» Quel invisible bras, par la force conduit,
» Sema d'or et de feux les déserts de la nuit,
» De ces astres roulants étendit la surface,
» Et versa leurs rayons au milieu de l'espace,

» Plus nombreux mille fois que les sables des mers,
» Les perles du matin, les flocons des hivers,
» Et tous ces flots qu'au sein des villes consumées
» Promène l'incendie aux ailes enflammées?
» C'est en vain que l'impie ose élever la voix,
» Et, dépouiller encor l'Éternel de ses droits.
» Oui, la Religion est fille d'Uranie ;
» Tout d'un Dieu créateur atteste le génie.
» Il est sans doute un chef qui, sous ses pavillons,
» De ce peuple étoilé range les bataillons.
» Guerriers du Tout-Puissant, ministres de sa gloire,
» Leurs mains à ses drapeaux attache la Victoire.
» Quel œil pourrait les suivre en leur brillant essor?
» Des casques de rubis pressent leurs cheveux d'or ;
» De saphirs immortels rayonne leur armure ;
» Leurs rangs aériens, sans trouble, sans murmure,
» S'étendent par milliers dans l'éther radieux,
» Et veillent, en silence, à la garde des cieux. »
Et l'homme, incessamment témoin de ces spectacles,
Pour croire à l'Éternel demande des miracles!....
Des miracles! ingrat, contemple l'univers.

Mais au brillant aspect de ces globes divers,
Je ne sais quel délire a passé dans mon ame ;
Je me crois enlevé sur des ailes de flamme,
Et, du sein de la terre, élancé vers les cieux,
Le globe des vivants disparaît à mes yeux.
J'ai franchi de la nuit l'astre mélancolique ;
Je touche au voile d'or, au voile magnifique,

Qui des mondes lointains me cachait la grandeur.
Perdu dans ces rayons d'éternelle splendeur,
Je m'égare à travers des soleils innombrables,
De vie et de chaleur foyers inépuisables.
Que vois-je! un long espace, un désert enflammé!....
Sans doute du grand roi le trône accoutumé
S'élève dans ces lieux.... Vain espoir qui m'abuse!
A se montrer déjà l'Éternel se refuse :
Il est encor plus haut, par-delà les soleils,
Par-delà tous les cieux et leurs palais vermeils.
Arrêtons un moment.... aussi bien ma paupière
Ne s'ouvre qu'à regret et fuit tant de lumière.
Commandons, s'il se peut, à mes sens effrayés.
Quel amas d'univers sous mes pas déployés!
Que d'astres radieux, de sphères vagabondes!
Me voici seul, debout sur le sommet des mondes.
Invisibles témoins de mon secret effroi,
Habitants de ces bords, parlez, rassurez-moi.
Dans ce monde où bientôt dormira ma poussière,
L'homme ne vit qu'un jour de trouble et de misère ;
Les yeux à peine ouverts, il gémit et pressent
Les ennuis du séjour qu'il habite en passant.
Vous que déjà mon cœur chérit sans vous connaître,
Si loin du grain mouvant où le ciel me fit naître,
Partagez-vous, hélas! notre funeste sort?
De douleurs en douleurs marchez-vous à la mort?
Mais sans doute, étrangers aux passions humaines,
Un sang aérien fait palpiter vos veines.

Vous ne connaissez pas nos besoins renaissants,
Tous ces fougueux désirs, orages de nos sens.
Aussi pur que le ciel qui vous sert de ceinture,
Chacun de vous respire et nage à l'aventure,
En des flots lumineux, dont la foudre et les vents
Respectent le cristal et les trésors mouvants....
Eh quoi! vous m'entendez et n'osez me répondre!
Que votre voix s'élève et vienne me confondre,
Si dans ma folle erreur, multipliant les cieux,
Je tends, vers l'infini, mon vol audacieux.
Que dis-je? et qui pourrait, sans crime et sans blasphème,
Assigner quelque borne à l'artisan suprême?
S'il créa d'un seul mot l'atome et l'univers,
N'a-t-il pu s'entourer de cent mondes divers?
Mon ame aime à le croire : ici-bas exilée,
Elle vole en espoir dans la sphère étoilée,
Sous ces berceaux d'azur, à travers ces jardins
Où rayonnent la pourpre et l'or des séraphins.

 Mortel qui, dans la nuit majestueuse et sombre,
Contemples, loin de moi, ces prodiges sans nombre,
Tous ces milliers de cieux, miroir éblouissant
Où vient se réfléchir le front du Tout-Puissant,
Oh! que le grand destin promis à ta noblesse,
Fasse battre ton cœur d'une saine allégresse;
Reconnais du Très-Haut le bienfait paternel;
Ces mondes passeront, toi seul es éternel.
Oui, toi seul.... Mais où suis-je? et quel rayon m'éclaire!
L'avenir se dévoile à mon œil téméraire;

Tout s'émeut.... tout frémit.... dans l'espace arrêté,
Le temps même suspend son vol précipité.
Voici l'heure dernière ; une voix qui menace,
La voix du Dieu vivant tonne au sein de l'espace :
« Fils des hommes, sortez de la profonde nuit ;
» Le grand jour est venu ; l'éternité vous luit. »
Alors du fond des bois, des eaux et des vallées,
Les générations se lèvent désolées ;
Et deux rideaux de flamme, au même instant ouverts,
Offrent, dans sa splendeur, le roi de l'univers.
Sur un trône flottant, où l'or pur étincelle,
Il repose, entouré de sa garde fidelle ;
Dans sa main resplendit le glaive lumineux ;
Vingt soleils, à ses pieds, rassemblent tous leurs feux ;
Ses habits sont semés d'étoiles flamboyantes ;
Et l'éther réfléchit leurs clartés ondoyantes.
Mais le fatal arrêt est déjà prononcé ;
De la création le prodige a cessé.
L'homme seul, des tombeaux secouant la poussière,
Superbe, revêtu de force, de lumière,
S'élève et va s'asseoir dans le palais divin ;
Sur sa tête immortelle éclate un jour sans fin.
Tandis qu'à son bonheur les harpes applaudissent,
Que de l'hymne d'amour tous les cieux retentissent ;
Quel spectacle ici-bas ! Mille sombres vapeurs
Des astres de la nuit éclipsent les lueurs.
L'Océan mutiné soulève les orages,
Gronde dans tous ses flots, franchit tous ses rivages.

Les montagnes, les tours, les temples, les cités,
Dans l'abîme des eaux croulent de tous côtés ;
Les cieux sont des volcans ; mille éclairs en jaillissent ;
Mille foudres rivaux se croisent et rugissent ;
Tous les enfants de l'air, turbulents, vagabonds,
S'échappent, à la fois, de leurs antres profonds,
Se heurtent en courroux, et d'une aile hardie
Aux plus lointains climats vont porter l'incendie.
Les astres, arrachés de leurs axes brûlants,
Du sommet de l'éther l'un sur l'autre roulants,
Nourrissent de leurs feux la flamme universelle ;
Déjà brille et s'éteint la dernière étincelle.
Fuyons, fuyons la mort.... Mais la mort est partout ;
Sur l'univers détruit son fantôme est debout.
Dans l'antique chaos la nature retombe ;
Toute une éternité va peser sur sa tombe.
Dieu chasse devant lui, comme de vains brouillards,
La poudre des soleils dissous de toutes parts ;
Et, porté sur un char où sa colère gronde,
Il passe, et, dans sa course, il efface le monde.

NOTE.

Plusieurs écrivains distingués ont déjà traité le même sujet. Je croirai faire un véritable plaisir à mes lecteurs en remettant sous leurs yeux un fragment du *Génie de l'Homme*, par M. Chênedollé. Son poëme, rempli de beautés du premier ordre, est loin encore d'occuper le rang qu'il mérite.

Mais quel astre, étalant son écharpe d'albâtre,
Blanchit des vastes cieux le pavillon bleuâtre?
Laissez-moi contempler, du front de ces coteaux,
Ce disque réfléchi qui tremble sur les eaux.
Liée à nos destins par droit de voisinage,
La lune nous échut à titre d'apanage
Et l'éternel contrat qui l'enchaîne à nos lois,
D'un vassal, envers nous, lui prescrit les emplois :
Par elle nous goûtons les douceurs de l'empire.
Des traits brûlants du jour quand le monde respire,
Tributaire fidèle, en reflets amoureux,
Elle vient du soleil nous adoucir les feux;
Tantôt brille en croissant, tantôt luit tout entière,
Et commerce, avec nous, et d'ombre et de lumière.
Cet astre au front mobile, en voyageant dans l'air,
Obéit à la terre, et commande à la mer;
Ramène de Thétis la fièvre régulière,
Et balance ses flots sur leur double barrière.
Dans un cercle inégal mesurant chaque mois,
La lune, autour de nous, marche et luit douze fois;
Et son pas suit de près les pas de notre année.

Satellite paisible, elle nous fut donnée
Pour dissiper des nuits la ténébreuse horreur,
Et cette obscurité, mère de la terreur.
Tandis que le soleil, éclairant d'autres mondes,
Ne laisse sur ses pas que des ombres profondes,
O Phébé! dévoilant ton char silencieux,
Vers les monts opposés lève-toi dans les cieux;
Sur le dôme étoilé que ton éclat décore,
Le soir, fais luire aux yeux une plus douce aurore;
Et, remplaçant le jour qui par degrés s'enfuit,
Prends, de tes doigts d'argent, le sceptre de la Nuit;
De tes tendres clartés caresse la nature,
Rends leur émail aux champs, aux arbres leur verdure.
A travers la forêt, que ton pâle flambeau
Se glisse, et du feuillage éclairant le rideau,
A l'ame, en ses pensers doucement recueillie,
Révèle le secret de la mélancolie!
Quel demi-jour charmant! quel calme! quels effets!
Poursuis, reine des nuits, le cours de tes bienfaits;
Protége de tes feux, et rends à son amante
Le jeune homme égaré sur la vague écumante;
Au voyageur perdu dans de lointains climats
Prête un rayon ami qui dirige ses pas:
Tandis que le sommeil, les songes, le silence,
Doux et paisible essaim qui dans l'air se balance,
Planent près de ton char, et composent ta Cour.

Centre de l'univers et monarque du jour,
Le Soleil, cependant, immense, solitaire,
Dans son orbe lointain voit rouler notre terre.
Il échauffe, il nourrit de ses jets éclatants
Ces globes, loin de lui, dans le vide flottants,
Et les animant tous de ses clartés fécondes,
De ses rênes de feu guide et retient les mondes.
Lui seul, de l'univers supportant le fardeau,
Il en est le foyer, et l'axe, et le flambeau;

NOTE.

En tournant sur lui-même il échauffe sa masse,
Et dispense ses feux jusqu'aux bords de l'espace;
Ardent, inépuisable en sa fécondité,
Inébranlable, et fixe en sa mobilité.
Soleil! astre sacré, contemple ton empire!
Tout vit par tes regards, tout brille, tout respire :
Souverain des saisons, le monde est ton palais,
Les globes sont ta Cour, et le ciel est ton dais.
Notre terre, à tes yeux, sans fin se renouvelle,
Et roulant nos débris sur sa route éternelle,
Le Temps emporte tout, mais il ne t'atteint pas.
Les révolutions, longs tourments des États,
Ébranlent notre globe et te sont étrangères;
Tu n'es jamais troublé du bruit de nos misères;
Et ton front, toujours calme, éclaire les tombeaux
Des peuples dont tu vis s'élever les berceaux.

Qui pourrait s'égaler à ta vaste puissance?
Ta présence est le jour, la nuit est ton absence.
La nature sans toi, c'est l'univers sans dieu.
Père de la lumière, et des vents, et du feu,
Renfermant, dans les plis de ta robe éclatante,
Le rubis, l'émeraude, et l'opale inconstante,
D'une pluie à jets d'or inonde l'univers;
Et, la décomposant dans le prisme des airs,
Nuance des saisons la mobile ceinture;
Suspends, au front des bois, un réseau de verdure;
Et, prodiguant partout un luxe de couleurs,
Dore, argente ou rougis le panache des fleurs;
Donne un habit de neige au lis qui vient d'éclore,
Et l'arc-en-ciel au paon, et la pourpre à l'aurore;
Et garde pour les cieux ce pavillon d'azur,
Ce manteau de saphir d'où s'échappe un jour pur,
Et que la vaste mer réfléchit dans son onde :
Voilà comme, par toi, se décore le monde.
Oh! de quel saint transport mon cœur est agité!

NOTE.

Grand astre! quand tes feux dans l'air ont éclaté,
Soleil, quelle est ta pompe! oui, lorsque ta lumière,
Symbole radieux de ta beauté première,
Enflamme les forêts, les monts et les déserts,
Brille, et se multiplie en flottant sur les mers,
Je crois voir, de Dieu même, au sein de son ouvrage,
Partout se réfléchir la glorieuse image;
Et, dans l'ombre du soir, ton globe moins ardent
Vient-il à se pencher aux bords de l'occident;
Qu'avec respect encor j'y retrouve l'emblème
Du souverain moteur, lorsqu'il fixa lui-même
A la création un terme limité,
Et rentra dans la nuit de son éternité.

QUATRIÈME VEILLÉE.

Pourquoi, me révoltant contre la destinée,
Déplorer nuit et jour, dans ma plainte obstinée,
Mes parens, mes amis au tombeau descendus,
Et la perte de ceux que je n'ai point perdus?
Oui, de stériles pleurs pourquoi mouiller leur cendre?
Dans un monde éternel ils sont allés m'attendre.
Ils coulent dans la paix des jours délicieux,
Et l'astre du matin luit toujours à leurs yeux.
Sans un espoir si doux à notre ame ravie,
Combien serait pesant le fardeau de la vie !
Qui pourrait ici-bas supporter ses malheurs,
Et ne pas rejeter la coupe des douleurs?
Mais tout nous entretient du jour de la victoire.
Veux-tu d'un seul regard t'assurer de ta gloire,
Mortel infortuné ! contemple l'univers !
Tu ne peux l'observer sans bénir les revers
Que répandit sur toi la sagesse suprême
Pour épurer ton front promis au diadème ;
Sans te croire immortel, et voir, ainsi que toi,
La nature subir l'inévitable loi.
Inconstante, mobile, elle se renouvelle,

Expire, et cependant rien ne périt en elle.
Vois l'été qui s'avance : il marche sur des fleurs,
Et de son pied de flamme en ternit les couleurs.
De son teint, par degrés, le vermillon se fane ;
Il fuit et disparaît dans l'air moins diaphane.
L'automne prend alors le sceptre des climats ;
Il s'envole à son tour : couronné de frimas,
Assis sur des glaçons, dans le char des orages,
Le sombre hiver accourt et presse ses ravages.
Son empire n'est plus : mais brillant de saphirs,
Le printemps amoureux vole sur les zéphyrs,
Et, fermant de ses mains le cercle de l'année,
Du palais où languit sa force emprisonnée,
Il rappelle l'été qui, lui-même à son tour,
De ses frères rivaux annonce le retour.

Ainsi, grace au bienfait de la loi souveraine,
Dans un ordre éternel tout se suit et s'enchaîne.
Voit-on l'astre brillant qui mesure les jours
S'arrêter et s'éteindre au milieu de son cours ?
Partout, dans l'univers, la sagesse infinie
Nous donne des leçons et d'ordre et d'harmonie.
Depuis l'aigle superbe, habitante des airs,
Jusqu'au ciron perdu dans les sables déserts,
Tout renaît : pourquoi donc le plus noble des êtres
Qui comptent la nature et Dieu pour leurs ancêtres,
Sur un sol infécond, par ses soins embelli,
Seul dans tout l'univers serait-il avili ?
Ce globe est un domaine où sa toute-puissance

S'environne de pompe et de magnificence,
A travers mille efforts par l'obstacle excités,
A la cime des monts il suspend des cités.
Animé par ses doigts, ici l'airain soupire ;
Là palpite le marbre, et le bronze respire :
Plus loin la terre s'ouvre et cède ses trésors ;
L'Océan contenu bat, en grondant, ses bords :
Les cieux sont dévoilés ; heureux dans son audace,
L'homme soumet aux arts la nature et l'espace ;
En naissant il trouva son séjour ébauché :
A sa perfection, à toute heure attaché,
Il travailla long-temps ; et Dieu, qui le seconde,
Acheva, par ses mains, l'édifice du monde.
Et ce fier conquérant, une fois terrassé,
Verrait tout son éclat dans la poudre effacé !....

Quoi ! lorsque le héros, le poëte, le sage,
Ont franchi de la mort le terrible passage,
Que la tombe, sur eux, se fermant à grand bruit,
Enveloppe leurs fronts d'une profonde nuit,
Il ne resterait d'eux qu'une vile poussière !
Ah ! si tel est le sort des fils de la lumière ;
Trahi dans son espoir, si l'homme infortuné
Du Dieu qui le forma doit être abandonné,
Bravons ce Dieu jaloux, ce tyran solitaire ;
Qu'il reprenne des jours, présent de sa colère !
Insensé que j'étais ! devant lui confondu,
Au pied de ses autels que d'encens j'ai perdu !
O Dieu, que trop long-temps mon cœur voulut connaître,

Impitoyable Dieu, pourquoi m'as-tu fait naître ?
Pourquoi, si ton courroux a besoin de mes pleurs,
Par l'aspect de ta gloire irriter mes douleurs ?
Fallait-il m'entourer de tes pompeux ouvrages,
Suspendre sur ma tête, au-dessus des nuages,
Ce firmament d'azur, ces mondes enflammés,
Ces globes d'or roulant, pour toi seul allumés ?
Fallait-il tout soumettre à mes lois souveraines,
De la terre, à mes mains, abandonner les rênes,
Et, pour me replonger dans une nuit d'effroi,
Me ravir au néant qui me sauvait de toi !...

Malheureux ! qu'ai-je dit ? abjurons ce blasphème !
C'est trop calomnier la clémence suprême ;
Non, par un vain orgueil mon esprit tourmenté
Ne rêva point la gloire et l'immortalité.
Pour un monde éternel j'ai reçu la naissance ;
Tout, jusques au sommeil, m'en donne l'assurance.
De tranquilles pavots quand mes yeux sont couverts,
Mon ame veille encore et parcourt l'univers.
Tantôt, développant ses ailes fantastiques,
Sur la cime des monts ou des temples antiques
Elle plane : tantôt du lointain horizon
Elle descend, et vient effleurer le gazon.
Souvent elle traverse une forêt sauvage ;
Rêveuse, elle s'enfonce au sein du noir ombrage ;
Ou, d'un vol inconstant, dans les plaines des cieux,
Légère, elle se trace un chemin radieux.
Elle vient se mêler à la troupe folâtre

Des Sylphes vagabonds, aux épaules d'albâtre,
A la robe d'azur, aux cheveux d'or épars;
Mais qu'un mensonge heureux enchante ses regards,
Ou que d'un faux péril elle soit alarmée,
Tout lui parle en secret du Dieu qui l'a formée;
Tout lui dit que sa main l'enchaîna dans nos corps
Pour en faire mouvoir les flexibles ressorts;
Mais qu'elle doit un jour, à la gloire rendue,
Remonter vers celui dont elle est descendue.
  Et l'homme cependant à toute heure, en tout lieu,
Couvert de la présence et du pouvoir d'un Dieu,
Sur ce globe d'exil s'agite et se tourmente!
Plus son espoir s'accroît, plus sa terreur augmente.
Le monarque et le pâtre, irrités de leur sort,
Se plaignent tous les deux, et redoutent la mort.
En murmures ingrats tous deux ils se confondent,
Et du chaume au palais les soupirs se répondent.
Mortel! ces longs ennuis ne t'annoncent-ils pas
Quel bonheur, à tes vœux, réserve le trépas?
Vois enfin ta noblesse; apprends à te connaître:
Tu naquis pour mourir, mais tu meurs pour renaître.
  Que le sage est heureux! Sûr de vivre toujours,
Je l'entends s'écrier : « Pâlis, flambeau des jours!
» Levez-vous, ouragants, et soufflez la tempête!
» Astres, éteignez-vous! Cieux, croulez sur ma tête!
» Mon ame invulnérable, à travers vos débris,
» Monte, comme la flamme, aux célestes lambris;
» Mon ame du Très-Haut est l'image vivante :

» La foudre, à son aspect, recule d'épouvante ;
» Et les traits de la mort sur les mondes lancés
» S'égarent autour d'elle, et tombent émoussés.
» J'habiterai bientôt ma nouvelle patrie.
» Toi que je pleure encor, mon épouse chérie !
» Que depuis si long-temps je brûle de revoir,
» Sous les parvis du ciel, oh ! viens me recevoir ;
» Viens, brillante d'amour, d'éternelle jeunesse,
» Conduire le vieillard au banquet d'allégresse ;
» Et, dans ces beaux palais, de feux étincelants,
» Des roses de l'Éden couvrir mes cheveux blancs. »

CINQUIÈME VEILLÉE.

A-t-on vu, dans les nuits de l'été dévorant,
Se détacher du ciel un météore errant,
Qui s'éteint au milieu de sa chute enflammée?
Tel est notre destin. L'or et la renommée,
Le trône, les plaisirs, tous ces fantômes vains
Qu'adorent, à genoux, les vulgaires humains,
Rien ne peut à nos lois, par un charme suprême,
Assujettir le souffle émané de Dieu même.
Oui, ces réseaux mouvants, ces fils inaperçus,
Que, sous les toits déserts, l'araignée a tissus,
Sont plus forts que les nœuds dont l'étreinte nous lie
Un moment au bonheur, un moment à la vie.
O douleur! que de fois un père en cheveux blancs
Pleura sur le tombeau de ses jeunes enfants!
Hélas! il se flattait qu'un jour leur main si chère
Au soleil des vivants fermerait sa paupière;
Il les voyait sourire, et son cœur enchanté
Les dotait, en espoir, de l'immortalité.
Mais qu'un amant sur-tout à tromper est facile!
Comme il prête au plaisir une oreille docile!
En voyant de ce front l'incarnat vif et pur,
L'albâtre d'un beau sein que nuance l'azur,

Et de ces longs cheveux les ondes caressantes,
Et de ce corps de lis les formes ravissantes,
Le malheureux s'abuse, et sa crédulité
Lui fait d'une mortelle une divinité.
L'éclair brille soudain.... la foudre vengeresse
Gronde, et brise, à ses pieds, l'autel et la déesse.

 Dans un vallon tranquille, aux campagnes d'Enna,
Que de ses flots brûlants fertilise l'Etna,
S'élevait, entouré de parfums et d'ombrages,
Un château, monument des antiques Pélages ;
Pure comme un beau jour de ces climats riants,
Sous les yeux paternels, Amélie, à seize ans,
De tous les dons du ciel fleurissait embellie ;
Pourtant on ignorait quelle mélancolie
Lui faisait des destins pressentir le courroux,
Et versait dans son cœur un charme triste et doux.
On ne la voyait point sur l'émail des prairies,
Au printemps, égarer ses molles rêveries,
Ni, dans les bois prochains devançant le soleil,
Des oiseaux et des fleurs épier le réveil.
Elle aimait à gravir la roche solitaire ;
A voir l'astre des nuits sortir, avec mystère,
Des flancs noirs du nuage, et de pâles rayons
Blanchir l'azur des flots et la cime des monts.
Bien jeune, elle pleurait une mère adorée.
Par les soins d'un époux, en marbre figurée,
Cette mère si tendre, à ses pieds, chaque jour
Voyait couler des pleurs de regret et d'amour.

Debout, sous le parvis de l'antique édifice,
Presque vivante à l'œil, comme un ange propice
Qui diffère, un moment, son retour vers les cieux,
Elle semblait veiller à la paix de ces lieux.
Sa fille en deuil, sa fille, à cette auguste image,
Venait, silencieuse, adresser son hommage.
Quelquefois, à travers les pleurs et les sanglots,
Elle disait : « Du sein de l'éternel repos
» Arrête encor sur moi tes vœux et ta pensée :
» Cette terre d'exil où tu m'as délaissée
» N'est qu'une solitude ouverte à mon ennui,
» Et du monde, avec toi, mon bonheur s'est enfui. »
Elle disait. Pourtant une modeste flamme,
En faveur d'Orsano, faisait brûler son ame.
Par sa mère, autrefois, avaient été bénis
Ces nœuds dont, aux autels, ils doivent être unis.
Un père enfin l'ordonne, et leur hymne s'apprête ;
L'airain religieux en proclame la fête.
Vers le temple voisin, le couple fortuné
D'un cortége nombreux s'avance environné.
Ils entrent.... Quel moment ! une pompe rustique
A rajeuni, pour eux, la vieille basilique ;
Des vierges du hameau les groupes innocents
Font monter vers le ciel la prière et l'encens.
On croirait que, témoin de l'auguste hyménée,
Dieu même, avec plaisir, en bénit la journée.
L'Étna, dont le soleil, abandonnant les flots,
De ses premiers rayons éclairait le repos ;

Les sons du rossignol, que l'écho solitaire
Renvoyait affaiblis aux murs du sanctuaire ;
Les vallons embaumés du souffle matinal ;
La rose au sein pudique et le lis virginal,
Et les vertes forêts que la pourpre colore....
Tout semblait saluer et l'hymen et l'aurore.
   Mais les jeunes amants sont au pied des autels ;
Le pontif a reçu leurs serments immortels ;
Tout-à-coup Orsano, jetant sur Amélie
Un regard plein d'amour, la voit pâle, affaiblie....
Elle tremble, et des pleurs s'échappent de ses yeux :
Enfin ils sont époux. Bientôt, loin de ces lieux,
Ensemble ils ont revu le toit héréditaire.
« D'où naît, dit Orsano, ce trouble involontaire ?
» Pourquoi donc, en tes yeux et sur ton front charmant,
» Ne vois-je pas l'excès de mon ravissement ?
» De quel muet effroi tu sembles poursuivie !
» Te repens-tu déjà du bonheur de ma vie ? »
« —Orsano, lui répond la sensible beauté,
» Va, mon cœur est heureux de ta félicité ;
» Mais, quand à l'Éternel j'adressais ma prière,
» J'ai cru voir.... Non, j'ai vu le spectre de ma mère
» S'approcher de l'autel, éteindre les flambeaux,
» Et de loin me montrer la route des tombeaux.
» Le fantôme a paru tristement me sourire....
» —Ah ! tu m'as fait frémir. —Sa voix semblait me dire :
» C'est en vain qu'Orsano veut régner sur ton cœur ;
» Dieu ne te permet pas de faire son bonheur ;

» Dieu te rejoint à moi ; du monde il te sépare :
» Ton banquet nuptial dans les cieux se prépare.
» A ces mots, elle a fui mon regard alarmé....
» Cependant, Orsano, je t'aurais tant aimé!...
» — Peux-tu croire, un moment, que ta mère chérie,
» Abandonnant le ciel, sa nouvelle patrie,
» Brise des nœuds par elle approuvés autrefois?
» Non, je suis ton époux, et l'époux de son choix. »
Il se tait ; et pourtant, près de l'objet qu'il aime,
D'une vague terreur il est frappé lui-même.
Mais, pour mieux célébrer ces instants solennels,
Retentissent les sons des joyeux ménestrels.
On dresse les banquets ; les antiques bannières
Flottent sur le sommet des tours hospitalières :
Les filles des vassaux, d'une moisson de fleurs,
Pour l'hymen d'Amélie, ont tressé les couleurs ;
« Comme un songe riant leur éclat s'évapore,
» Dit-elle ;.... ce matin, elles vivaient encore. »
　Le festin se termine, et déjà, moins ardent,
Le disque du soleil penche vers l'occident.
Dans la vieille forêt la fête est transportée.
La cime des hauts pins, doucement agitée,
Balance ses parfums aux derniers feux du jour ;
Tout rit dans la nature : Amélie, à son tour,
D'un avenir plus doux ose entrevoir l'aurore ;
Son beau teint, par degrés, s'anime, se colore ;
Ses yeux remplis d'amour, de charme, de langueur,
Déjà vers son époux.... Tout-à-coup, ô douleur!

Un bruit lugubre et sourd fait frémir le feuillage ;
L'éclair serpente et luit sous un ciel sans nuage ;
Nul souffle dans les airs : l'Etna sort du sommeil.
Quel sinistre murmure annonce son réveil !
Un épais tourbillon de cendre et de fumée
S'échappe, au même instant, de sa bouche enflammée ;
Il rugit, et du fond de ses noirs soupiraux
Mille rochers ardents, mille foudres rivaux
Se heurtent en fureur ; et la nuit ténébreuse
S'éclaire, devant eux, d'une lumière affreuse.
Aux lueurs de l'éclair et du mont courroucé,
Loin des jeunes époux tout a fui dispersé ;
Ils restent seuls, perdus dans la forêt immense.
O Dieu, sur Orsano jette un œil de clémence !
De sa tremblante épouse il raffermit les pas :
« Eh bien ! dit-elle, eh bien ! tu ne m'en croyais pas !
» Défends-moi maintenant de l'horrible tempête,
» De ce ciel irrité qui menace ma tête.
» Cher époux ! ton amour ne peut me secourir ;
» Ne songe qu'à toi-même, et laisse-moi mourir. »
Ses genoux, à l'instant, se dérobent sous elle :
Mais Orsano, qu'anime une force nouvelle,
L'enlève dans ses bras, et pâle, échevelé,
L'emporte au bruit du ciel par l'orage ébranlé.
Plus d'un sentier confus l'égare dans la route :
L'ange de l'infortune en eut pitié sans doute.
Le déplorable amant, après mille détours,
Du château d'Amélie a reconnu les tours.

Sous le parvis désert aussitôt il s'élance.
Cependant Amélie, en un morne silence,
Demeure encor plongée, et son époux en pleurs
S'efforce d'apaiser de trop justes frayeurs :
« Toi que me disputait la fortune jalouse,
» Il n'est plus de péril.... O ma charmante épouse,
» Renais sous mes baisers, ouvre enfin tes beaux yeux ! »
Il dit. Un long éclair pénètre dans ces lieux,
Et, d'un bleuâtre éclat entourant la statue,
La dévoile aux regards d'Amélie abattue.
« Ma mère ! » A ce nom seul, à ce plaintif accent,
L'écho de ces vieux murs répond en gémissant.
L'orage alors redouble : au fracas du tonnerre,
Au choc des éléments, tremble et s'ouvre la terre ;
De ses flancs déchirés mille feux ont jailli ;
D'épouvante Orsano lui-même a tressailli.
Sur le sol chancelant, Amélie incertaine
Aux pieds de la statue avec effort se traîne,
Et les presse en criant.... Ma mère, me voici !
La foudre éclate alors dans le ciel obscurci :
Tout tremble ; la statue, à sa base arrachée,
Sur la triste Amélie, à l'instant, s'est penchée,
Semble étendre les bras, tombe enfin ; et son poids
La renverse sanglante, et meurtrie, et sans voix.
Un moment de sa force elle a repris l'usage :
« Adieu, cher Orsano ; rappelle ton courage ;
» Tu vois.... » Le lendemain, immobiles, glacés,
On les trouva tous deux se tenant embrassés.

SIXIÈME VEILLÉE.

Édouard n'était plus : sa volonté suprême
A la jeune Suffolk léguait le diadème ;
Mais la sœur d'Édouard, en faveur de ses droits,
Arme les bataillons de la sombre Tamise :
Tout fléchit devant elle, et dans Londres soumise
Ses mains ont ressaisi l'héritage des rois.
O fortune ! ô revers ! Ophélie étonnée
N'ose s'abandonner à de justes douleurs,
Et ne murmure point contre la destinée.
Mais toi, son jeune époux, tu fais couler ses pleurs,
Toi, Gilfort... Dans ses bras elle tombe, et s'écrie :
« C'en est fait : la victoire a couronné Marie !
» O charme de mes jours ! cesse de t'alarmer :
» Je suis épouse encor si je ne suis plus reine.
» Loin de moi, sans retour, la grandeur souveraine !
» Il m'est plus doux cent fois d'obéir et d'aimer.
» Fuyons une rivale injuste et criminelle ;
» Mettons entr'elle et nous l'immensité des mers.
» Cher Gilfort, Ophélie attentive et fidèle
» Dans les noires forêts, au milieu des déserts
» Pourra de son époux alléger la souffrance,
» Et lui rendre en amour ce qu'il perd en puissance. »

Elle se tait ; et belle et les cheveux épars,
Elle enflamme Gilfort de l'espoir qui l'anime....
De farouches soldats entrent de toutes parts,
Et traînent dans les fers l'héroïque victime.
Gilfort est resté seul.... seul avec son malheur.
Dans ce palais brillant d'une splendeur fatale
Il s'égare, et devant la couche nuptiale
De ses plaisirs détruits il repaît sa douleur.
Qu'elle fut courte, hélas! cette nuit fortunée
Qui prêta son mystère aux plus tendres amours!
La lune, dans le ciel, recommençait son cours,
Et ses feux argentaient la couche d'hyménée ;
Maintenant sa clarté, mourante au haut des cieux,
D'un bonheur aussi doux n'est plus dépositaire ;
Elle luit tristement sur ce lit solitaire
Qu'amour n'enchante plus de ses folâtres jeux.

 Cependant Ophélie, au désespoir livrée,
D'un père, d'un époux à la fois séparée,
S'entretient de ses maux dans le fond d'une tour
Que n'éclaira jamais l'œil consolant du jour.
Au lieu de cette foule à lui plaire assidue,
D'un trône et des honneurs sous ses pas déployés,
Une ombre impénétrable, en ces murs répandue,
N'offre que son horreur à ses yeux effrayés.
Nul bruit ne vient frapper son oreille attentive.
C'est en vain que l'aurore, au visage riant,
De rubis et de fleurs parsème l'Orient,
Et que du rossignol la romance plaintive

Se mêle aux doux accords des zéphyrs et des eaux :
Tout est sombre, muet pour l'aimable captive ;
Tout dort, à ses côtés, du sommeil des tombeaux.

    Ainsi donc cette fleur, naguère épanouie,
Le parfum du bocage, et l'orgueil du printemps,
Qui, dès l'aube du jour, sur les flots inconstants,
Aimait à balancer sa tête réjouie,
Cette fleur, qu'épargnait le courroux des autans,
Dont le sein amoureux s'abreuvait de rosée,
Va bientôt se flétrir sur sa tige brisée !...
O ciel ! qu'il est affreux, dans l'âge des plaisirs,
Quand la beauté naissante éveille les désirs,
D'entrevoir, un moment, la pompe nuptiale,
Et de fuir un époux dans la tombe fatale !
Ophélie, ah ! du moins si le destin jaloux
Avait permis qu'un fruit de ton doux hyménée,
Qu'un rejeton d'amour, bercé sur tes genoux,
Consolât de Gilfort la vie infortunée !
Mais tu descends entière auprès de tes aïeux :
Un fils n'ira jamais, à côté de son père,
Arroser ton cercueil de pleurs religieux,
Et demander au ciel le bonheur d'une mère !...
Mais la religion lui prête son secours ;
Elle voit sans regret, à la fleur de ses jours,
S'évanouir l'éclat de la grandeur suprême.
La foudre a, sur son front, brisé le diadême ;
Des fers chargent ses mains : amour, gloire, trésors,
Elle perd tout : eh bien ! son courage est le même,

Et son cœur est heureux puisqu'il est sans remords.
Au fond d'un noir cachot, vers le ciel qu'elle implore
Élevant ses beaux yeux, où brille la ferveur,
Elle tombe à genoux : « Dieu clément, que j'adore,
» Dit-elle, à ta bonté s'adresse ma douleur.
» C'est toi qui fais passer de l'ombre à la lumière,
» De la vie à la mort, du trône à la chaumière ;
» Tu peux tout, et je sais que le sort des humains,
» Leurs peines, leurs plaisirs reposent dans tes mains :
» Ne m'abandonne pas au jour de l'infortune ;
» Arbitre des mortels, ne crains pas que mon cœur,
» Élevant jusqu'à toi sa prière importune,
» Te redemande encor le sceptre et le bonheur :
» Frappe, je te bénis ; mais épargne mon père,
» Mais d'un époux chéri détourne ta colère. »
Elle dit : vers les cieux prenant un libre essor,
L'ange de l'espérance emporte sa prière.
Le sommeil tout-à-coup vient fermer sa paupière,
Et l'asseoir sous un dais brillant de pourpre et d'or ;
D'un cortége pompeux elle est environnée ;
Un peuple adorateur se presse sur ses pas,
Et sa fière rivale, à ses pieds amenée,
Attend, en frémissant, l'arrêt de son trépas :
Mais la jeune beauté ne connaît point la haine,
Et veut, par des bienfaits enchaîner tous les cœurs.
Elle presse Marie entre ses bras vainqueurs,
Dans son abaissement voit encore une reine,
Et lui fait partager les suprêmes honneurs.

L'aube alors s'avançait de roses couronnée ;
Ophélie, en ces lieux, consacrés à la mort,
Comme aux jours de bonheur, se tourne vers Gilfort :
Mais du songe charmant elle est abandonnée ;
Des fers et l'échafaud, voilà quel est son sort.
Tout-à-coup, ô vengeance! ô terreur imprévue!
Son cachot s'est ouvert. Ceinte de cheveux blancs,
Une tête hideuse épouvante sa vue,
Tombe, bondit, et roule à ses pieds chancelants.
Ah! ce fatal aspect accable son courage :
Voilà de son aïeul le front majestueux!
Quoi! Marie a donc pu, dans l'excès de sa rage,
Tremper ses mains au sang d'un vieillard vertueux!...
O ciel! et si l'objet de sa flamme constante,
Si Gilfort, maintenant sous le glaive assassin....
Une invincible horreur fait palpiter son sein.
Tandis que dans les pleurs, le deuil et l'épouvante
Elle attend... tel qu'une ombre échappée au cercueil,
Muet, pâle, couvert de longs habits de deuil,
Devant elle Gilfort à l'instant se présente.
« Gilfort! ah! cher époux, enfin je te revois ;
» La fureur de Marie.... » Elle dit, et sans voix,
Sans haleine, à ses pieds elle tombe expirante.
Gilfort tremble, pâlit et chancelle à son tour.
Il presse dans ses bras son épouse chérie,
Et bientôt soulevant sa tête appesantie,
A travers un nuage et de pleurs et d'amour,
Il voit briller encor les beaux yeux d'Ophélie.

Elle a revu déjà la lumière et Gilfort ;
Mais, en le retrouvant dans ces lieux pleins d'alarmes,
Un noir pressentiment l'avertit de son sort.
« Ah ! ce n'est que sur toi que je verse des larmes !
» Quel crime as-tu commis pour demander la mort ?
» As-tu dicté des lois à la fière Tamise ?
» D'une reine superbe as-tu bravé l'effort,
» Et porté la couronne à son orgueil promise ?
» C'est moi, c'est mon amour qui t'entraîne au tombeau !
» Sans ce fatal hymen, dont le courroux céleste
» A la voix de ton père alluma le flambeau,
» Libre, heureux, étranger à mon destin funeste,
» Rien de ton avenir n'aurait troublé le cours ;
» Un bonheur éternel eût embelli tes jours...
» Mais que dis-je ? mon sang doit suffire à la reine.
» Jure de me survivre, et qu'au moins cet espoir,
» A mon dernier moment, adoucisse ma peine...
» Ma bouche te l'ordonne et t'en fait un devoir. »
   Mais leur malheur bientôt passera leur attente,
Et le ciel les réserve à des tourments nouveaux.
Un prêtre tout-à-coup devant eux se présente ;
Il est accompagné de féroces bourreaux.
« J'exécute à regret les ordres de la reine :
» Madame, il faut mourir ; mais tremblez... votre époux
» Sous le fer suspendu doit périr avant vous...
» Ah ! de vos jours si beaux ne rompez pas la chaîne ;
» Abjurez les erreurs de vos faibles aïeux,
» Et d'une grande reine embrassez la croyance ;

» Elle daigne à ce prix vous pardonner tous deux,
» Et vous combler des dons de sa magnificence.
» Dites un mot, le sort va sourire à vos vœux. »
O puissances du ciel, soutenez Ophélie !
Relevez sa constance un moment affaiblie !
A genoux, et les bras vers le ciel étendus,
Elle prie. O bonheur ! ses vœux sont entendus.
Son œil majestueux d'un feu pur étincelle ;
Dans tous ses traits éclate une noble fierté ;
Elle semble s'unir à la Divinité,
Et commencer déjà sa carrière immortelle.
C'en est fait, dans son cœur il n'est plus de combats ;
Calme et s'abandonnant au zèle qui l'anime :
« Si ce n'est qu'à ce prix qu'on sauve la victime,
» Et si le déshonneur »…. Elle n'achève pas.
Gilfort désespéré s'élance dans ses bras,
Et brûle d'étouffer son dessein magnanime.
    « Cruelle ! lui dit-il, ah ! si je te fus cher,
» Si tu m'aimas jamais, arme-toi, prends ce fer,
» Plonge-le dans mon sein : épargne à ma tendresse
» L'aspect du coup fatal qui doit trancher tes jours !
» Au nom de notre hymen, par nos jeunes amours,
» Qu'à ton propre destin la pitié t'intéresse !
» Si rien ne peut fléchir ton courage insensé,
» Songe, songe du moins à ton malheureux père,
» Et qu'un reste de sang, dans ses veines glacé,
» Ne vienne point rougir la hache meurtrière.
» Mais pourquoi te parler d'un père, d'un époux ?

» Ton insensible cœur à leurs vœux se refuse.
» Ophélie, ah! reviens de l'erreur qui t'abuse !
» Sauve ton père et toi ; mon sort sera trop doux. »
Il achevait ces mots : chancelant, hors d'haleine,
S'avance, l'œil en pleurs, un débile vieillard ;
Chargé d'ans et de maux, il se soutient à peine.
Il jette sur sa fille un douloureux regard,
Et d'une voix tremblante : « O fille infortunée !
» Ce n'est point pour sauver quelques jours languissants
» Que ma vieillesse en deuil, vers la tombe entraînée,
» Au milieu des sanglots, t'adresse ces accents ;
» Mais laisse-toi fléchir ; prends pitié de toi-même :
» Par ces cheveux blanchis, ces regrets paternels,
» Au nom d'un peuple entier qui gémit et qui t'aime,
» N'appelle plus la mort par tes vœux criminels! »
Il dit, et dans ses pleurs sa faible voix expire.
Ophélie à ses pleurs oppose un front serein ;
Le calme est sur ses traits quand son cœur se déchire.
Mais le Dieu qu'elle implore affermit son dessein,
Et lui montre déjà les palmes du martyre.
« Cessez de m'arrêter sur les bords du tombeau,
» Dit-elle ; l'heure sonne, il faut quitter la vie.
» Osez me plaindre encor, lorsque pour Ophélie
» De l'immortalité s'allume le flambeau !
» Adieu, ne pleurez pas celle qui vous fut chère.
» Dans un monde nouveau j'emporte votre amour ;
» Cet espoir me soutient au bout de ma carrière,
» Et la mort est pour moi l'aurore d'un beau jour.

» Mon sang doit apaiser ma superbe ennemie.
» O vous de ses fureurs ministres rigoureux,
» Dites-lui que mon nom échappe à l'infamie,
» Et que j'ai su garder la foi de mes aïeux ;
» Qu'elle jouisse en paix des fruits de sa conquête ;
» Je bénis son courroux ; il avance pour moi
» Le moment de m'unir à mon souverain roi.
» Faites briller le fer... frappez ; voilà ma tête. »

VUE

D'UN CIMETIÈRE DE CAMPAGNE

AU MOIS DE MAI.

Le Mois voluptueux, par nos champs attendu,
Sur l'aile des zéphyrs du ciel est descendu :
Il s'avance, il sourit à la nature entière :
Ses longs cheveux, tressés de fleurs et de lumière,
Exhalent, dans les airs, les parfums les plus doux,
La Terre, avec transport, reçoit son jeune époux,
Et laisse au loin flotter, sur le lit d'Hyménée,
Sa robe d'émeraude aux vents abandonnée.
Les arbres, entourés de festons éclatants,
Balancent à la fois leurs panaches flottants :
Tout s'éveille, tout rit d'amour et d'allégresse,
Et pourtant je ne sais quelle vague tristesse
De ces riants berceaux semble éloigner mes pas ;
Mes yeux sont satisfaits et mon cœur ne l'est pas.
Le jour fuit..... Approchons de ce temple rustique,
Dont la mousse et les ans ont noirci le portique.

Le Soleil qui s'éteint, sur les sombres vitraux,
Verse la pourpre et l'or de ses feux inégaux.
Quel silence! observons cette enceinte profonde,
Seul avec ma pensée et le maître du monde.
C'est là que des étés redoutant la fureur,
A genoux et priant, le pauvre laboureur
Au sort de ses moissons intéresse Dieu même;
Et ses vœux écoutés par le juge suprême,
Montent, comme l'encens, au palais éternel.
Quand du septième jour le repos solennel,
Proclamé par l'airain, règne dans ces campagnes,
Suivis de leurs enfants, suivis de leurs compagnes,
Tous ces bons villageois, la paix au fond du cœur,
Viennent prêter l'oreille au discours du pasteur,
Qui des simples vertus leur retraçant l'image,
A d'un ange du ciel la voix et le langage;
Sa parole nourrit la veuve et l'orphelin.
Mais bientôt, revêtu de son habit de lin,
Il unit, par les nœuds d'une propice chaîne,
Le couple qu'à ses pieds un chaste amour amène;
Une pompe charmante alors pare ces lieux;
Des festons enlacés par un zèle pieux
Serpentent sur les murs du champêtre édifice.
Belle de ses quinze ans, fraîche sans artifice,
Et baissant vers la terre un front plein de candeur,
La jeune amante espère et rougit de pudeur;
Un bandeau fastueux n'entoure point sa tête;
Elle n'apporte pas à cette simple fête

Un trésor bien souvent par le crime obtenu,
Sans richesse, elle a tout : sa dot est la vertu.
Allez, heureux amants, couple toujours fidèle,
D'un hymen sans nuage offrez-nous le modèle.
Que l'ange du Seigneur, vous prenant par la main,
Puisse de votre vie aplanir le chemin,
Jusqu'à l'heure où la mort.... Mais, triste et solitaire,
D'où peut venir en moi ce trouble involontaire ?
La mort !... son vaste enclos près du temple s'étend ;
Je veux à mes regrets m'y livrer un instant.
L'if et le pin funèbre, associant leurs ombres,
Jusqu'au pied des tombeaux m'ouvrent des routes sombres.
Non loin de moi, des fleurs, des arbres, des ruisseaux
Confondent leurs parfums, leurs feuillages, leurs eaux ;
Des chantres du printemps la foule réunie
Anime les bosquets d'une douce harmonie ;
La sève de la vie, en rapides torrents,
Court inonder les bois, les vallons odorants ;
La colombe gémit sous la verte ramée.
Entendez-vous au loin, dans la plaine embaumée ;
Les génisses beugler, et mugir les troupeaux ?...
Là tout est mouvement, ici tout est repos.
A peine un vent léger ride, par intervalle,
L'herbe haute couvrant la pierre sépulcrale.
Tout se tait, rien ne veille, et mon souffle et mes pas
Troublent seuls le silence et le deuil du trépas.
Habitants de ces lieux, quel sommeil vous enchaîne !
Hélas ! en ce moment, et le mont et la plaine,

Et ces bois que l'hiver naguère, en son courroux,
Avait sous les frimas endormis comme vous,
Et ces fleurs dont l'éclat venait de disparaître,
Tout s'éveille, se pare, et prend un nouvel être.
Et vous jadis les rois de ce vaste univers,
Vous ne partagez plus tant de bienfaits divers ;
Vous ne soulevez pas cette pierre immobile,
Qui presse de son poids votre couche d'argile.
Homme, songe de gloire et de félicité,
C'est donc là que finit ta vaine autorité ?
Du moins ceux qu'à mes pieds le sommeil environne,
N'ont pas à regretter l'éclat d'une couronne.
Un pain noir et grossier composait leur festin,
Et leur trépas sans doute embellit leur destin :
La paix est avec eux ; les remords, les alarmes
De leurs derniers moments n'ont pas troublé les charmes.
Illustres inconnus, bénissez votre sort ;
Heureux qui, comme vous, obscurément s'endort ;
De vos humbles vertus la récompense est prête.
Le ciseau du sculpteur, la lyre du poëte,
De vos jours disparus fêtant le souvenir,
N'ont pas à votre gloire attaché l'avenir.
Mais vous vivez au cœur d'une épouse éplorée ;
Comme celle des rois votre cendre est sacrée ;
Vous n'avez point péri sur des bords étrangers.
C'est au sein de vos champs, non loin de vos vergers,
Et du toit où votre œil s'ouvrit à la lumière,
Que repose aujourd'hui votre froide poussière.

Vos membres, pour jamais de douleurs affranchis,
Pressent de vos aïeux les ossements blanchis.
Tous les ans, quand l'automne et l'humide froidure
Dépouillent les coteaux d'un reste de verdure,
Vos enfants, vos amis, penchés sur vos tombeaux,
Vous apportent des pleurs et des regrets nouveaux ;
Leur foi pure et sincère est sans doute exaucée....
Plein de ces grands objets, ma rêveuse pensée
Au départ du soleil ne songe point encor.
Son disque, enseveli dans un nuage d'or,
De ses derniers rayons a salué la plaine :
De la mort, à mon tour, saluons le domaine.

JOB,

POËME LYRIQUE.

JOB,

POËME LYRIQUE.

Long-temps monarque heureux, père, époux adoré,
De l'Orient soumis Job reçut les hommages :
Nul monarque jamais, de sa gloire entouré,
Ne vit autant de jours se lever sans nuages.
L'infortune eut son tour : mille fléaux divers
Au sein de ses états confondent leurs ravages;
La guerre, au vol sanglant, plane sur ses rivages :
La famine la suit; les cieux toujours ouverts
Vomissent la tempête, et la grêle, et la foudre.
Le roi de l'Orient, accablé de revers,
Sous les feux éternels voit ses cités en poudre.
Des sables de Lybie accourt un vent mortel :
Tout tombe, se flétrit sous son impure haleine;
La mort couvre de deuil et le mont et la plaine....
L'homme n'a plus d'asile, et Dieu n'a plus d'autel.
  Du fléau dévorant Job est atteint lui-même.
Une lèpre hideuse enveloppe son corps;
Le mal de son courage a brisé les ressorts;
Contre le roi des rois il s'emporte et blasphême.

Seul, en cris furieux exhalant ses douleurs,
Il se traîne, il s'assied sur un fumier immonde,
Et, tournant vers les cieux son œil mouillé de pleurs,
Il insulte, en ces mots, à l'arbitre du monde :
« L'épouvante et la mort environnent mes pas ;
» Pour jamais l'espérance à mon cœur est ravie :
» Impitoyable Dieu, que je ne connais pas,
» T'avais-je demandé le présent de la vie ? »
   Il achevait ces mots ; un éclair pâlissant
Vient luire, tout-à-coup, à sa vue alarmée ;
Il entend une voix ; la voix du Tout-Puissant
Tonne et sort en courroux de la nue enflammée.
« Qui blâme insolemment ma justice et ma loi ?
» D'où partent ces clameurs ? Quel mortel téméraire
» Du sein de son néant s'élève jusqu'à moi,
» Et de mes volontés veut sonder le mystère ?
» Toi qui me condamnais, ose m'envisager ;
» Soutiens, si tu le peux, l'éclat qui m'environne ;
» Prête l'oreille, Job, Dieu va t'interroger ;
» Et, si tu me réponds, ma bonté te pardonne.
   » Que faisais-tu le jour où naquit l'univers ?
» Est-ce toi qui, porté sur un trône d'éclairs,
» Des ombres du chaos où sommeillaient les mondes,
» Fis jaillir la lumière, et les vents et les ondes ;
» Dont la main suspendit à la voûte des cieux
» Ces lustres d'or flottants, ces anneaux radieux ;
» Toi qui dis à la mer : Respecte tes limites ;
» Aux astres de la nuit : Roulez dans vos orbites ;

» Au printemps : Couvre-toi de fleurs et de festons ;
» A l'été : Fais éclore et mûrir les moissons ;
» A l'automne : De fruits compose ta ceinture ;
» A l'hiver : Dors en paix sur un lit de froidure ?
» Es-tu maître des cieux ? A l'horizon vermeil,
» Au bord du firmament qu'un éclat pur colore,
» Sur un trône d'opale assieds-tu le soleil,
» Et dans son lit de pourpre éveilles-tu l'aurore ?

» Es-tu l'artisan des chaleurs ?
» Sur la terre fertilisée
» Fais-tu descendre les vapeurs
» Et les perles de la rosée ?
» Échappé tout-à-coup de l'antre des hivers,
» Ton souffle d'un voile de glace
» Enveloppe-t-il la surface
» Des ruisseaux vagabonds et des bruyantes mers ?
» Montes-tu sur les vents ? Peux-tu dans les nuages
» Cacher ton front majestueux ?
» Au seul bruit de ta voix le nord impétueux
» Ouvre-t-il, en grondant, l'arsenal des orages ?

» Devant les pâles matelots
» Fais-tu reculer la tempête ?
» Tes pieds marchent-ils sous les flots,
» Quand les flots grondent sur ta tête ?
» Ton œil connaît-il les trésors
» Que la mer couvre de ses ombres ?

» Vivant, de l'empire des morts
» As-tu franchi les routes sombres ?

» Si l'homme, à mes pas attaché,
» A vu s'animer la matière,
» Et dans les champs de la lumière
» Resplendir le monde ébauché,
» Il doit savoir en quelles plaines
» L'obscurité tient son séjour,
» Et sur quelles rives lointaines
» Est assis le berceau du jour.

» Quelle main forge le tonnerre,
» Sur des ailes de feu balance les éclairs,
» Et sous les éléments, divisés par la guerre,
　　» Fait frémir et trembler les airs ?
　　» Au milieu d'une nuit profonde
　» Qui hérissa les cheveux flamboyants
　　» De la comète vagabonde ?
» Qui déploya sa queue en replis ondoyants,
　» De ton pouvoir fatale messagère,
　» Ceinte d'épouvante et d'horreur,
» Va-t-elle aux nations parler de ta colère,
» Et sur le front des rois secouer la terreur,
» Mais peut-être c'est toi qui rafraîchis les plaines,
» Qui verses les torrents de la fertilité ;
» En gerbes de cristal fais jaillir les fontaines,
» Tempères au midi les ardeurs de l'été ;

» Toi qui, de mes secrets heureux dépositaire,
» Dans un désert aride, inconnu des humains,
» Sur le sommet d'un roc fécondé par tes mains,
» Offres à l'œil du jour la rose solitaire?

» Nomme celui dont le savoir
» Enseigne aux oiseaux leur langage ;
» Dont le mystérieux pouvoir,
» Du paon étoile le plumage,
» Le nuance d'or et d'azur,
» Et sur sa tête triomphante
» Place une aigrette éblouissante
» Qui rayonne aux feux d'un jour pur.

» Lève-toi dans ta force, et commande aux étoiles
 » D'illuminer le firmament.
 » Homme insensé! fantôme d'un moment!
» Dis à la sombre nuit de déployer ses voiles;
» Ou, contre l'univers justement irrité,
» Fais mugir les volcans, soulève les tempêtes,
» Tonne sur les pervers, et fais pencher leurs têtes
 » Comme l'épi par les vents agité.

 » Suis dans son vol l'aigle superbe :
» Elle affronte l'éclat d'un soleil radieux,
» Plane dans ses rayons, et, du sommet des cieux,
 » Démêle un ver rampant sous l'herbe.

» Quand les nuages pluvieux
» Attristent le front de l'année,
» A l'hirondelle fortunée
» Permets-tu de changer de lieux ?
» Elle vole en d'autres contrées
» Où les zéphires caressants
» De leurs haleines tempérées
» Parfument les gazons naissants ;
» La paix escorte ses voyages,
» Et dans mille climats nouveaux
» Pour elle croissent des feuillages,
» Et murmurent de clairs ruisseaux.

» Vois le cheval guerrier : le clairon du carnage
» Frappe-t-il l'air d'un bruit qui plaît à son courage,
» Le feu roule et jaillit de ses nazeaux fumants ;
» L'écho lointain répond à ses hennissements :
» Vois son œil réfléchir les éclairs de ta lance.
» Sous ta main qui le guide il frémit, il s'élance ;
» Il court, les crins épars ; la poudre des sillons
» Sous ses pieds belliqueux s'envole en tourbillons :
» Insensible au trépas qui partout le menace,
» Il perd des flots de sang sans perdre son audace ;
» Il cède, il tombe enfin, mais sans se démentir ;
» Et son soupir de mort est son premier soupir.

» As-tu réglé dans ta sagesse

» Quel nombre de jours et de mois
» La biche, malgré sa faiblesse,
» Du fardeau maternel peut supporter le poids ?
» Exempts des misères humaines,
» A peine leurs yeux sont ouverts,
» Ses petits vont bondir sous les ombrages verts,
» Ou se désaltérer dans les sources prochaines.

» Va sur les bords du Nil qu'entourent les roseaux ;
» Suspends à la ligne mordante
» L'énorme crocodile habitant de ses eaux.
» Sur le sable, à tes pieds, vois sa rage expirante.
» Fuis plutôt si tu crains la mort....
» Le héros devant lui sent fléchir son audace ;
» Il n'ose réveiller le monstre qui s'endort,
» Et du fleuve sacré couvre au loin la surface :
» Mais s'il se dresse sur les flots,
» Quel guerrier de Memphis, nourri dans les batailles,
» Put jamais de son sang teindre ses javelots,
» Et porter en triomphe une de ses écailles ?
» Rempart impénétrable, il brave le trépas ;
» Sur ses membres d'acier le fer vole en éclats,
» La flèche rejaillit... Lorsque la foudre gronde
» Son oreille en aime le bruit :
» La tempête le réjouit,
» Et d'un cri d'allégresse il fait retentir l'onde.
» Dans l'univers cherche mon bienfaiteur :

» Qu'il se montre celui dont la main souveraine
» M'offre dans l'esclavage un appui protecteur,
   » Et sans effort brise ma chaîne.
   » Jette les yeux autour de toi ;
» Les fleuves, les vallons, les ruisseaux, les prairies,
   » Les bois épais, les collines fleuries,
» Tout m'appartient; le jour et la nuit sont à moi.
   » Debout, au sein de la lumière,
   » Je règne sur tous les climats ;
   » Et les astres sont la poussière
   » Qu'avec dédain foulent mes pas,
   » Je suis l'auteur de la nature ;
   » Le destin est ma volonté ;
   » L'espace me sert de ceinture,
   » Et mon âge est l'éternité.
   » Mortel, que je viens de confondre,
   » Toi qui blasphèmais ma bonté,
   » Maintenant ose me répondre ! »

Dieu se tait, et les cieux frémissent à sa voix.
Job reconnut sa faute, et des larmes amères
S'échappant de ses yeux, attestent à la fois
   Sa honte et ses regrets sincères.
« O Dieu que j'offensais, pardonne à mon erreur ;
» De mon coupable orgueil je vois trop la démence.
» Mais quand ta seule voix me glace de terreur,
» Fais jusqu'à mon néant descendre ta clémence.

» Dans le deuil et les pleurs, soumis à mon devoir,
» Je nourrirai sans cesse un remords salutaire ;
» Est-ce au faible mortel à sonder ton pouvoir ?
    » Il doit t'adorer et se taire. »

FRAGMENTS

IMITÉS D'YOUNG.

FRAGMENTS

IMITÉS D'YOUNG.

LA NUIT ET LA SOLITUDE.

Sommeil, baume enchanteur, pure et fraîche rosée,
Toi qui viens rajeunir la nature épuisée....
Mais il me fuit. Pareil à ce monde pervers,
Il s'éloigne des lieux qu'assiégent les revers;
Il s'éloigne, il échappe à la plainte importune;
Et, désertant la couche où gémit l'infortune,
Il va se reposer en de riches palais,
Sur des yeux que les pleurs n'obscurcissent jamais.
Maintenant, au milieu de sa route étoilée,
Assise sur un char, et d'un crêpe voilée,
La Nuit, la sombre Nuit, roulant au haut des airs,
Sous un sceptre d'ébène accable l'univers.
Quel deuil religieux! Tout se tait.... tout sommeille....
Je ne vois rien : nul son ne frappe mon oreille.

Silence, Obscurité, seuls témoins de mes pleurs,
Inspirez-moi des chants dignes de mes malheurs.
Mais faut-il implorer votre vaine puissance?
Noirs enfants de la nuit, Obscurité, Silence,
Qu'êtes-vous, répondez, devant le Dieu fécond
Qui, peuplant du chaos le sein vaste et profond,
Envoya du matin les étoiles joyeuses
Essayer dans l'azur leurs courses lumineuses,
Et signaler aux yeux de l'univers naissant
La force et la splendeur de son bras tout-puissant?
Être immortel! c'est toi que dans ces vers j'implore.
Si d'un voile d'or pur ta main couvrit l'aurore,
Et sur un char de flamme éleva le soleil,
Oh! viens de ma raison éclairer le réveil!
Fais luire dans mon ame un rayon de sagesse.
Je voudrais un moment surmonter ma faiblesse,
Un moment m'arracher à l'aspect de mes maux,
Et des destins de l'homme esquisser les tableaux.

Que l'homme est pour lui-même un effrayant mystère!
De mille passions esclave involontaire,
Portrait décoloré de son auteur divin,
De ce globe d'un jour atome souverain....
Qui suis-je, Dieu puissant? A ma faible paupière
Quelle main peut ravir, peut rendre la lumière?
Vous, que je pleure encore et que j'ai tant chéris,
Qui vous offrez dans l'ombre à mes yeux attendris,
Beaux fantômes, Lucie, et toi, jeune Narcisse,
De ce cœur à la fois le charme et le supplice,

Parlez, éclaircissez mes doutes inquiets.
Dans la tombe, pour vous, il n'est plus de secrets.
Quel est donc ce destin que je ne puis comprendre?
Parlez... Mais, dans les airs, ils passent sans m'entendre;
Je reste seul, flottant; et, dans l'obscurité,
Mes regards incertains perdent la vérité.

 Mais pourquoi, n'écoutant qu'une sombre tristesse,
Sur mes propres malheurs m'appesantir sans cesse?
Hélas! pourquoi me plaindre ou ne plaindre que moi?
Young, l'astre du jour ne luit-il que pour toi?
Es-tu seul malheureux? Ah! reprenons courage.
La peine est des mortels le commun héritage.
La femme avec le jour transmet à ses enfants
Tous les maux attachés au destin des vivants.
Partout la race humaine, à souffrir condamnée,
Pleure, et comme un fardeau porte sa destinée.
Ici, dépossédés de la splendeur du jour,
D'un père, d'une amante, exilés sans retour,
Des hommes engloutis dans les mines profondes,
Y puisent un métal corrupteur des deux mondes.
Là, par un vil despote à la rame attachés,
D'autres, avec effort, sur les vagues penchés,
Habitans de ces mers où les tempêtes grondent,
Tourmentent un esquif que leurs sueurs inondent.
D'autres, ô désespoir! pour des maîtres ingrats,
Sanglants et mutilés au milieu des combats,
Dans la honte et l'ennui d'un abandon funeste,
Tendant à la pitié le seul bras qui leur reste,

Vont mendier un pain d'opprobre et de douleur,
A travers ces états sauvés par leur valeur.
Ceux-là sont sur le trône. Une garde assidue
Veille dans leur palais, jour et nuit répandue.
Ils n'ont qu'à dire un mot; de nombreux bataillons
Au bout de l'univers plantent leurs pavillons....
Mais les soucis rongeurs, plus puissants que leurs armes,
S'attachent à leurs pas, les entourent d'alarmes;
Et le même destin pèse, de tout son poids,
Sur le front des sujets et la tête des rois.

 Palais aériens, demeures fortunées
Où ne se comptent plus les jours et les années,
Qu'habitent des plaisirs sans cesse renaissants,
Et qui ne doivent rien aux prestiges des sens;
Séjour délicieux, où l'Éternel préside,
Ce n'est qu'en votre sein que le bonheur réside.
Comme j'ai vu bientôt le mien s'évanouir!
Mes yeux de son éclat se laissaient éblouir.
J'ai tenté de le suivre, et n'ai suivi qu'une ombre
Qui m'a laissé perdu dans un dédale sombre.
Oh! si j'avais connu, dans ma jeune saison,
Le néant des faux biens qui troublent la raison;
Si j'avais su du moins, repoussant leur image,
A la vérité seule adresser mon hommage,
Et charger ses autels de vœux et de présents,
Que j'aurais épargné d'ennuis à mes vieux ans!

 O mort! si l'univers est ton vaste domaine,
Au gré de ton courroux que ta faux s'y promène;

Efface sous tes pas les empires fameux ;
Arrache le soleil de son char lumineux ;
Que sa flamme s'éteigne au fond des noirs abîmes.
Mais n'as-tu pas assez de ces grandes victimes ?
Pourquoi me poursuis-tu sans relâche, et pourquoi
Menacer un vieillard aussi faible que moi,
Un atome invisible et perdu sur la terre ?
Je dormais : réveillé par trois coups de tonnerre,
Et Philandre, et Narcisse, et Lucie, à mes yeux,
Dans la nuit et la poudre ont rejoint leurs aïeux.
Mais à ce souvenir les forces m'abandonnent ;
Le deuil, la solitude et l'effroi m'environnent.
Objets de tant d'amour, ah ! lorsqu'à mes ennuis
Je viendrais consacrer la plus longue des nuits,
L'alouette joyeuse annoncerait l'aurore,
Que des pleurs de mes yeux s'échapperaient encore.
Mais je l'entends : sa voix pénètre en ce séjour....
Oh ! qu'elle est diligente à saluer le jour !

NARCISSE.

O toi qui dans les airs par un Dieu suspendue,
De tes pâles rayons éclaires l'étendue,
Lune, fille du Ciel, descends, inspire-moi.
Je pleure une beauté modeste comme toi.
Narcisse! ô mon amour, entends ma voix plaintive ;
Et de ton Élysée, à mes maux attentive,
Envisage ce front pâle, d'ennuis couvert,
Et ce cœur paternel au désespoir ouvert....
Du moins, grace aux accords de ma muse éplorée,
L'univers apprendra ta fin prématurée.
  Un Amphion des bois, aux premiers feux du jour,
Tranquille, soupirait sa romance d'amour.
Ses chants de la forêt troublaient seuls le silence :
D'un long tube soudain le plomb mortel s'élance....
Le printemps est sans voix, et l'écho des vallons
Du chantre inanimé ne redit plus les sons.
Ainsi tomba Narcisse : ô fille toujours chère,
Dans quelle solitude as-tu laissé ton père ?
  Dès que je vis ses yeux voilés par la douleur,
Et ses traits s'obscurcir d'une sombre pâleur,
Pères tendres, jugez comme, plein d'espérance,

Je l'emportai moi-même au midi de la France,
En ces climats plus doux, plus voisins du soleil.
« Ses feux de la beauté hâteront le réveil,
» Me disais-je, et ma fille à mon amour rendue.... »
Ma prière, grand Dieu ! ne fut pas entendue ;
Et ce même soleil qui voit avec dédain
Se faner et mourir la rose d'un jardin,
Vit sans pitié Narcisse, en tous lieux poursuivie,
Exhaler, sur mon sein, le souffle de la vie.

Qu'elle avait de vertus, de charmes, de candeur !
Quel mélange de grace ensemble et de pudeur !
Comme ses yeux brillaient d'une pudique flamme !
Comme sa douce voix frémissait dans mon ame !
Fraîches roses, beaux lis, œillets majestueux,
De nos riants vallons peuple voluptueux,
Qu'au feu de ses baisers un doux zéphyr colore,
Qui vous désaltérez dans les pleurs de l'aurore,
Et qui, chaque matin, déployez vos habits,
Où tremble la rosée en liquides rubis,
Vous aimiez que ma fille, inconstante et folâtre,
Cueillît tous vos trésors et de pourpre et d'albâtre ;
Vous portiez à ses sens, par un charme vainqueur,
Un parfum aussi frais, aussi pur que son cœur.
O filles du printemps ! aimables fugitives,
Symboles de l'espoir et des graces naïves,
Comme nous, vous passez de la vie à la mort ;
Mais vous ne connaissez ni douleur, ni remord.

Souvenir de Narcisse au tombeau descendue,

Laisse en paix, un moment, ma tendresse éperdue!
Laisse-moi.... Vain espoir.... et le jour et la nuit
Un fantôme adoré m'assiége, me poursuit,
Me demande des pleurs; et dans l'ombre, où je veille,
De sanglots douloureux afflige mon oreille.
Tel qu'un daim qu'a percé la flèche du chassseur
Traverse des forêts la sauvage épaisseur :
Il se roule, il bondit sur la fraîche verdure ;
Ses stériles efforts irritent sa blessure :
Et partout, à travers mille arbustes sanglants,
Il emporte le trait qui tremble dans ses flancs.
Tel de ce faible cœur, siége de mon supplice,
Je voudrais arracher l'image de Narcisse.
Juste ciel! puis-je donc, étouffant ma douleur,
O ma fille! oublier qu'à peine dans ta fleur,
Quand l'Hymen t'apprêtait sa coupe enchanteresse,
J'éloignai de nos bords ta mourante jeunesse ;
Que, lorsque de tes jours s'éteignit le flambeau,
On osa te fermer l'asile du tombeau?
Pour couvrir les débris d'une beauté si chère,
Je ne demandais rien.... rien qu'un peu de poussière ;
Je ne pus l'obtenir ; et, dans mon désespoir,
Enlevant ma Narcisse, et n'osant la revoir,
Quand la nuit vint couvrir cette plage abhorrée,
Chancelant sous le poids de la vierge expirée,
On me vit, dans le champ de larmes et de deuil,
D'une furtive main dérober un cercueil.
J'y déposai ma fille ; et, délaissant son ombre,

Je m'enfuis, en coupable, à travers la nuit sombre.
Père dénaturé! sur le marbre attendri,
Quoi! tu n'as pas gravé son nom.... son nom chéri?
Aux pieds du voyageur elle sera foulée,
Et nul ne gémira sur sa cendre exilée!....
Malheureux! où t'égare un injuste remords?
Tu l'as remise au Dieu qui veille sur les morts.

NOTE.

De toutes les *Nuits* ou *Complaintes* d'Young, celle qui a pour titre *Narcisse* est la plus généralement préférée. La douleur d'un père a quelque chose de religieux et d'auguste, qui parle puissamment à tous les cœurs. Les circonstances de la mort de *Narcisse* ajoutent d'ailleurs à l'intérêt du récit. Elle était douce et belle ; elle n'avait que seize ans, et son malheureux père la voyait dépérir chaque jour, consumée par une maladie de langueur. Il prit enfin le parti de la conduire dans le midi de la France. Tous les secours de l'art furent impuissants, et *Narcisse* mourut. Le zèle superstitieux des habitants de Montpellier lui refusa les honneurs de la sépulture. Qu'on se mette à la place d'*Young* ; qu'on se représente un pauvre vieillard chargé du corps de sa fille, et traversant des rues solitaires à la clarté de la lune. Il se vit contraint à creuser lui-même le tombeau de sa fille, et à s'éloigner d'une terre qui renfermait tout ce qu'il aima.

On peut se convaincre, par la lecture de cette pièce, dont je n'ai imité que les principaux détails, combien la manière d'*Young* est défectueuse. Ce luxe de comparaisons, cet abus du genre descriptif, embarrassent la marche et glacent l'intérêt. Ce n'est pas ainsi que Virgile et Racine, ces modèles éternels de goût, auraient chanté la mort d'une fille bien-aimée.

LE CARACTÈRE DE LA MORT.

—

Voici l'heure chérie où, fuyant un vain bruit;
J'aime à m'environner des tableaux de la nuit.
La ténébreuse horreur de ces forêts profondes,
Le murmure lointain et des vents et des ondes,
Les soupirs de l'orfraie, et la lugubre voix
Du hibou solitaire habitant de ces bois,
Tout porte jusqu'au fond de l'ame recueillie
La méditation et la mélancolie.
Dans ce calme touchant de la terre et des cieux,
L'Éternel se dévoile à l'œil religieux.
Tandis que tout se tait sur la terre affaissée,
On remonte vers lui, du moins par la pensée;
On aime à le sentir dans la fraîcheur des airs,
Dans le sommeil des champs d'un long crêpe couverts,
Sur-tout dans les attraits de la vierge nocturne
Qui verse, à flots d'argent, sa clarté taciturne.
Qu'on vante moins le jour et son éclat trompeur!
La nuit, la sombre nuit parle mieux à mon cœur.
Minuit sonne : l'amant, plein d'une douce ivresse,
Vole aux lieux fortunés où l'attend sa maîtresse.
Fidèle au rendez-vous que m'ont donné mes maux,

Moi, je viens les rejoindre au milieu des tombeaux.
Des tombeaux! Que la mort est injuste et bizarre!
Que ses jeux sont cruels! Si son courroux barbare
Du moins ne poursuivait que l'âge et le malheur;
Si, pour les balayer dans une nuit d'horreur,
Elle attendait du moins qu'au bout de leur carrière
Tous les corps desséchés tombassent en poussière....
Mais, aveugle en son choix, son bras ensanglanté
Les saisit pleins de force et brillants de santé.
N'est-ce pas moi, grand Dieu! dont la main affaiblie
Creusa la tombe où dort Narcisse ensevelie?....

Oui, la prospérité jette un sinistre éclat;
Une trêve est souvent le signal d'un combat.
Ministre de la mort, complice de ses crimes,
La fortune, pour elle, engraisse des victimes,
Et, le front ceint de fleurs, à ses pieds les conduit.
Que de fois je l'ai vue, en un simple réduit,
Chercher un malheureux promis à la misère,
L'entourer des trésors, idoles du vulgaire;
Sur un mont élevé, de feux éblouissant,
L'offrir, en perspective, aux regards du passant;
Et quand à son bonheur l'infortuné se livre,
Qu'il respire, à longs traits, un encens qui l'enivre,
Le saisir, l'entourer de ses bras ténébreux,
Et l'entraîner au fond d'un précipice affreux!
Le matin, sa splendeur excitait notre envie....
Le soir, de nos regrets sa mémoire est suivie.

Un chêne antique, orgueil des paisibles hameaux,

Au printemps, dans les airs balance ses rameaux.
Philomèle soupire au sein de son feuillage.
Immense, il verse au loin la fraîcheur et l'ombrage.
L'herbe flotte à ses pieds. Contre un soleil brûlant
Il protège le pâtre et son troupeau bêlant.
Un siècle il défia les vents et le tonnerre,
Et sa racine plonge au centre de la terre.
Le bûcheron enfin remarque sa hauteur,
S'arme de la cognée, et d'un bras destructeur
Précipite ses coups : le chêne altier succombe :
Comme un roc bondissant, il se détache, tombe,
Ébranle de sa chute et les bois et les flots,
Et du vallon sonore éveille les échos.
Ainsi, pour consterner une foule joyeuse,
La mort cherche de l'œil quelque tête fameuse,
Et soudain la frappant d'un revers de sa faux,
D'un sang illustre et pur abreuve les tombeaux.

LE TEMPS.

—

L'homme, dès son berceau, par le temps emporté,
L'accuse de lenteur dans sa rapidité;
Il gémit abattu sous le fardeau d'une heure.
Dans les cités, aux champs, au fond de sa demeure,
Fatigué de lui-même, il erre sans dessein;
Il jouit de la vie ainsi que d'un larcin,
Cherche hors de son cœur une vie insensée,
Et craint de se trouver seul avec sa pensée.
L'aspect de la nature ajoute à son ennui :
Il accuse le temps d'être avare envers lui;
Sa prodigalité quelquefois l'importune.
Trop de jours à leur suite attachent l'infortune;
Et la mort, qu'il implore, est pour lui désormais
L'aurore du bonheur, du calme et de la paix!
A ses vœux mensongers que la mort favorable
Accoure, balançant sa faux inévitable,
Il frémit, il s'indigne.... Il a si peu vécu!
De son erreur fatale alors trop convaincu,
Ce temps, qui lui semblait un vieillard sans haleine,
Et sous l'âge courbé se traînant dans la plaine,
Est un adolescent qui, pareil à l'éclair,

De son rapide vol à peine effleure l'air.
Ah! de ces vains tourments n'accusons que nous-mêmes :
L'Éternel ordonna, dans ses décrets suprêmes,
Que de l'emploi du temps dépendrait le plaisir ;
Si le dégoût prolonge un instant de loisir,
Recourons au travail : par ruse ou par adresse,
A des soins renaissants forçons notre paresse,
Et, d'une aimable étude empruntant le secours,
Semons de quelques fleurs les ronces de nos jours.
Le sage seul jouit de toute sa durée :
Chaque heure qui s'envole, au travail consacrée,
Ne laisse dans son cœur ni tourments, ni regrets ;
Il suit de sa raison les oracles secrets,
Et content de son sort, sans trouble, sans murmure,
D'un pas égal et sûr marche avec la nature.
  Tel est le juste arrêt par Dieu même dicté :
L'ennui toujours s'attache à la frivolité.
Voyez ces froids mortels, déchus de leurs ancêtres,
Anneaux irréguliers de la chaîne des êtres,
Sybarites charmans, toujours parés de fleurs,
Et toujours revêtus des plus fraîches couleurs :
Insectes voltigeans, papillons infidèles,
Balancés sur l'albâtre ou l'azur de leurs ailes,
Et nos rians jardins on les voit tour-à-tour
Folâtrer et s'abattre au vif éclat du jour ;
Pour eux l'astre enflammé que l'Orient adore,
Sème de diamans les rivages du More ;
Pour eux l'été mûrit et dore les moissons ;

Pour eux le doux printemps, ceint de légers festons,
Enchante les bosquets de leurs métamorphoses,
Et l'hiver étonné se couronne de roses.
Que zéphyr, s'il ne craint d'exciter leur courroux,
Embaume les vallons des parfums les plus doux;
Les élémens surpris, et rendus tributaires,
Remplissent leurs palais de dons involontaires;
Ils boivent à longs traits, dans une coupe d'or,
Les brillantes liqueurs d'Ormus et de Tidor;
Et leur faste, usurpant l'air, la terre et les ondes,
Consomme, en un banquet, les présens des deux mondes.

 Hommes toujours bercés par des songes trompeurs
D'un coupable sommeil dissipez les vapeurs!
Pouvez-vous oublier qu'un Dieu, dans sa puissance,
Pour l'immortalité vous donna la naissance?
Quoi! les yeux éblouis par un frivole éclat,
Vous prenez des hochets dans un jour de combat!
Eh bien! que ferez-vous, quand la pâle agonie,
Appelant de ses maux la foule réunie,
Épanchera sur vous le vase de douleurs;
Lorsqu'en vos yeux brûlans s'amasseront les pleurs;
Lorsque tous les objets de vos fougueux hommages
S'éloigneront de vous, ainsi que les rivages,
Les cités et leurs tours qui menacent les airs,
S'éloignent de l'esquif fendant les flots amers?
Où seront, répondez, vos plaisirs chimériques,
Vos stériles grandeurs et vos jeux fantastiques?
Vous-même où serez-vous? Mais que dis-je? mes yeux

Vous retrouvent encor sous un dais radieux,
Chargés des vains atours que le faste déploie,
Enveloppés d'un lin tissu d'or et de soie,
Et bientôt, dans le marbre, avec pompe étendus,
Dormant à la lueur de vingt feux suspendus.
Mais lorsque le Très-Haut, moteur des destinées,
Viendra vous demander compte de vos années,
Combien alors, combien vous connaîtrez le prix
De ce temps ici-bas l'objet de vos mépris !
Jeune voluptueux, qui, dans la fleur de l'âge,
Écoutes en pitié ce sévère langage,
Qui, livrant ton oreille à la voix des amours,
Prodigues follement le trésor de tes jours,
Crois mes sages conseils : qui nous flatte nous trompe ;
Le monde te sourit ; enivré de sa pompe,
Au doux accord des Jeux, des Grâces et des Ris,
Tu rêves le bonheur sous des berceaux fleuris :
Sors de l'enchantement ; regarde sur ta tête
Un calme plus sinistre encor que la tempête.
Ainsi que toi, jadis, ivre de volupté,
Le temps n'était pour moi que l'immortalité ;
De plaisirs en plaisirs, égarant mon hommage,
D'un bonheur éternel je caressais l'image :
Il m'en souvient : j'errais, de moi-même charmé,
A travers les replis d'un dédale embaumé,
Quand tout-à-coup le son de la cloche fatale,
Que balance la mort de sa main sépulcrale,
M'arrachant à ma folle et criminelle erreur,

Je me suis parcouru d'un regard de terreur,
Et je n'ai plus trouvé qu'une frêle machine
Que sape l'infortune et qui tombe en ruine.
 Mais quoi! rien ne pourra t'effrayer sur ton sort!
L'airain autour de toi fait retentir la mort;
Le temps fuit à grands pas; l'éternité menace;
Vers le terme commun tout se presse et s'entasse;
Tout t'avertit de l'heure où tu dois succomber;
Soutenu par un fil, toujours prêt à tomber
Dans le gouffre où des rois s'engloutit la puissance,
Quand tout tremble et frémit, tu dors en assurance!
L'orage universel gronde, éclate, et tu dors!
Malheureux! foule aux pieds les sceptres, les trésors,
Et, désormais vainqueur de ta propre faiblesse,
Regrette un seul instant perdu pour la sagesse.

LA CRAINTE DE LA MORT.

HEUREUX qui, détrompé des faux plaisirs du monde
Et des objets menteurs où notre espoir se fonde,
Lit le destin des morts écrit en traits poudreux,
Pèse leur froide cendre et médite sur eux!
Pénétrons, sans pâlir, sous ces voûtes antiques;
Loin de nous désormais des terreurs fantastiques,
Et, par un vain orgueil sans succès combattus,
Cueillons sur les tombeaux la palme des vertus.
   Mais sur la terre sombre et de débris couverte,
La tombe de Narcisse à mes yeux s'est ouverte;
Et, ceinte de rayons, l'auguste vérité
S'élève du milieu de son obscurité.
A peine d'un cercueil l'épaisseur nous sépare.
Je la sens qui déjà de mon ame s'empare.....
A l'éclat de ses feux s'étend mon horizon :
Les nuages épais qui voilaient ma raison
Se dispersent au loin, dans l'air s'évanouissent,
Et d'un ciel tout d'azur les clartés m'éblouissent.
Dans un monde nouveau je marche en liberté.
Tout mon être agrandi recouvre sa fierté;
Et mon âme, à l'aspect du bonheur qu'elle envie,

Repousse, avec dédain, le fardeau de la vie.
O ma fille! c'est toi qui, du séjour des morts,
Dissipes mes terreurs, apaises mes remords,
Me soutiens sous le poids des maux où je succombe,
Et de loin m'aplanis le chemin de la tombe!
   Pourquoi donc frissonner au seul nom du trépas?
Esclaves du plaisir qui nous tient en ses bras,
Ivres de sa beauté, notre crainte stupide
Se crée un noir fantôme au front pâle et livide,
Aux gigantesques bras, au regard enflammé;
Et bientôt, oubliant que nous l'avons formé,
Nous tremblons devant lui; notre œil nous exagère
De ce colosse vain la hauteur mensongère.
Misérable terreur! quel peintre, en ses portraits,
Put saisir de la mort les véritables traits?
Repoussons loin de nous un sinistre présage!
Quand l'ombre de la mort couvre notre visage,
Lorsque s'évanouit un reste de chaleur,
Frappés, nous succombons sans bruit et sans douleur.
La fosse, le cercueil, la cloche sépulcrale,
Et le drap de la tombe et la bêche fatale,
Les ténèbres, les vers, tous ces spectres hideux,
Qui, troublant les vieillards, s'élèvent autour d'eux,
Sont l'effroi des mortels attachés à la vie:
Mais leur ombre au cercueil n'en est point poursuivie.
Une éternelle paix accompagne la mort.
L'homme est un nautonnier dont la tombe est le port.
   Tout doit finir un jour, et pourtant mon oreille

Entend d'un long sommeil le vieillard qui s'éveille,
Solliciter des jours, des plaisirs, des grandeurs!....
Eh! malheureux, plutôt sonde les profondeurs
De cette mer avide et féconde en naufrages!
Veux-tu donc sur ta tête épuiser les orages?
Instruit par la nature et par ces cheveux blancs
Que même ont moissonnés l'infortune et les ans,
Détache tes désirs de ce globe de fange,
Et cherche dans la mort un bonheur sans mélange.
Eh! qu'a-t-il de si doux pour être tant aimé,
Ce monde où tu languis de ta prison charmé?
Tu veux vivre, et pourquoi? pour suivre encor la trace
Où tes pieds ont marché de disgrâce en disgrâce,
Pour mesurer un cercle insipide et constant,
Voir les mêmes objets, passer en un instant
De la haine à l'amour, de l'amour à la haine,
Et t'affranchir des sens, et reprendre leur chaîne,
Et souvent implorer quelque calamité
Qui te délivre au moins de l'uniformité.
Tout est néant : ta joie est même une chimère :
Le plaisir est cruel et sa coupe est amère.
 O vous, que le malheur investit du pouvoir,
S'il est encore pour vous quelqu'auguste devoir,
Loin de ces vils flatteurs dont la cour vous encense,
Au fond de vos palais méditez en silence;
Une heure, chaque jour, pensez à votre sort,
Et donnez audience au spectre de la mort;
Lui seul est votre ami, lui seul avec courage

Vous aborde et vous tient ce sévère langage :
« Tu te crois bien puissant.... mais qu'es-tu devant moi?
» Je parais.... tout fléchit, tout tremble sous ma loi.
» Je veille à tes côtés, je m'assieds à tes fêtes,
» Je te suis sur le trône, au milieu des conquêtes,
» J'assiége tous tes pas, et tu crois cependant
» Dérober à mes traits ton front indépendant !
» Insensé ! ton cercueil se prépare dans l'ombre ;
» Et peut-être demain, sous cette voûte sombre,
» A côté d'un sujet, ton égal à mes yeux,
» Tu fuiras, sans retour, la lumière des cieux.
» Puisqu'il te faut céder à ma toute-puissance,
» Oppose-moi les vœux et la reconnaissance
» Du pauvre soulagé du fardeau des besoins ;
» Étends sur la vertu ta justice et tes soins ;
» Puis cède-moi, sans crainte, une victoire aisée....
» Ma main en te frappant t'ouvrira l'Élysée. »

 Quand mon œil se détourne, et compte les instants
Qui se sont envolés sur les ailes du temps,
Et qu'il n'aperçoit plus cette foule ravie
Naguère parcourant le sentier de la vie,
Je m'étonne moi-même ; à peine je conçois
La cruelle faveur que du ciel je reçois.
La beauté, la jeunesse ont passé sur la terre ;
Trois générations ont peuplé l'Angleterre,
Et moi je vis encor, moi vieillard languissant,
Sous le poids de mes fers esclave gémissant,
Moi qui ne meurs jamais et qui meurs à toute heure !...

Que la mort entre donc au sein de ma demeure !
Tranquille, je l'attends et lui cède sans peur
Les restes de ce corps chancelant et trompeur.
   Monarque du trépas, soleil de la nature,
Arbitre souverain de ma grandeur future,
C'est pour me rendre heureux que tu m'as animé !
Je m'élance vers toi d'un pur zèle enflammé.
Glorieux avenir ! espoir où je me livre !
Sûr de m'unir à toi, que m'importe de vivre ?
Plaignons tous ces mortels que l'âge et le malheur
N'ont point désabusés d'une coupable erreur.
Trop aveugles mortels, vous, dont l'ame asservie
Traîne complaisamment les chaînes de la vie,
Vous verra-t-on toujours, comme ces vieux ormeaux,
Dont les ans et la foudre ont brisé les rameaux,
Sur un sol desséché, couvert de vos ruines,
Pousser encor au loin de stériles racines ?
Vous verra-t-on toujours dans le vague de l'air,
Pour saisir un fantôme errant comme l'éclair,
Étendre, promener vos mains impatientes,
De vieillesse et d'ardeur tout à la fois tremblantes,
Et toujours mécontents de vous-même et du sort,
Dans vos reproches vains calomnier la mort,
Jusqu'à l'heure où la tombe, hélas ! trop méconnue,
Vous fera traverser sa funèbre avenue
Pour vous conduire enfin, rayonnants de clarté,
Au temple de la Gloire et de l'Éternité ?
   O mort ! sans ton secours nos vertus seraient vaines ;

C'est à toi de payer tout le prix de nos peines.
L'homme abattu par toi se relève vainqueur :
Une paix inconnue habite dans son cœur.
Il reprend, pour jamais, sa dignité première ;
Environné de gloire et de flots de lumière,
Superbe, et déployant son vol audacieux,
Il s'élève, il triomphe, il s'empare des cieux.

L'AMITIÉ.

Le coq chante....... sa voix, bruyante sentinelle,
M'éveille dans la nuit, et vers Dieu me rappelle.
Dieu, du haut de son trône, embrasse l'univers;
Sur l'atome et sur moi ses regards sont ouverts.
Qu'il me voit malheureux!... toujours remplis de larmes,
Mes yeux....... mais repoussons de stériles alarmes.
Quelle était ma faiblesse! Ai-je donc oublié
Que l'homme à l'infortune en naissant fut lié?
Sous le joug du destin fléchissons sans murmure.....
La vie est un fardeau qu'imposa la nature.
　Charme éternel du monde, ô fruit délicieux,
Que fit croître pour nous l'influence des cieux,
Amitié! le nectar qu'à l'aurore vermeille
Butine sur les fleurs la diligente abeille,
Est moins doux et moins pur, moins savoureux que toi.
J'eus un ami; la mort le sépara de moi.
Ami de ma jeunesse, ô malheureux Philandre,
Hélas! où retrouver ce cœur sensible et tendre?
Je l'aimais comme un frère, et l'aime plus encor
Depuis que vers le ciel il a pris son essor.
　Entouré, malgré moi, d'une horreur imprévue,

Loin de l'éclat du jour qui s'éteint à ma vue,
Je crois me perdre au fond d'un bois silencieux ;
Ou dans un souterrain muet, religieux,
Je crois, à la lueur des lampes sépulcrales,
Mesurer ces cercueils, ces tombes inégales,
Où par un bras d'airain les rois précipités
Dorment sans diadême, et ne sont plus flattés.
Recueillons nos esprits, et d'un pied téméraire
Allons...... De mon ami voilà le sanctuaire :
Quel spectacle d'effroi !..... Ce soleil qui pâlit.....
Cet abîme inconnu..... ce corps qui s'affaiblit.....
Cette immortalité dont l'aspect le console,
Et ce dernier soupir d'une ame qui s'envole.....
Philandre, par ses maux doucement abattu,
Consolait ses amis, leur léguait sa vertu ;
Et nous, à ses côtés, dans une extase sainte,
Nous le vîmes mourir sans murmure et sans crainte.
Je ne sais quel prestige enchantait nos douleurs,
Et mêlait dans nos yeux le sourire et les pleurs.....

 A l'heure où le soleil, las d'éclairer le monde,
Plonge son char de flamme au vaste sein de l'onde,
Tandis que les brouillards s'élèvent vers les cieux,
Que la nuit, s'avançant à pas silencieux,
Laisse dans les vallons, déjà muets et sombres,
Se répandre et tomber la rosée et les ombres ;
Au faîte d'une tour, sur la cime des monts,
L'œil encor du soleil voit les derniers rayons.
Ainsi dans ces moments où les esprits vulgaires

Au milieu de la nuit frémissent solitaires,
Vers ce lit de douleur, se frayant un chemin,
L'ange du ciel descend, des palmes à la main;
Du juste, en souriant, il ferme la paupière,
L'enlève et l'introduit au palais de lumière.

FRAGMENTS

DU JUGEMENT DERNIER.

Homme, lève les yeux! regarde autour de toi
Cet immense univers où tu marches en roi ;
Contemple ces vieux monts aux gigantesques cimes,
Ces astres, ces rochers pendants sur les abîmes,
Ces déserts à ta voix transformés en guérets,
Ces superbes remparts, ces antiques forêts,
Ces hardis monuments, ces flottes souveraines
Voguant, avec orgueil, sur les humides plaines,
Ces fertiles vallons, ces prés silencieux ;
Vois, contemple sur-tout la majesté des cieux ;
Ce soleil qui, porté sur un char de lumière,
Poursuit, d'un pas égal, sa brillante carrière,
De ses vastes rayons divise les faisceaux,
Se brise en gerbes d'or sur le cristal des eaux,
Et, dispensant au loin sa chaleur fortunée,
Est le foyer du monde et le roi de l'année.
Compte tous les flambeaux de la voûte d'azur :
Ils brillent d'un éclat inaltérable et pur ;

Eh bien! ils s'éteindront dans une nuit profonde.
Un jour doit se lever, le dernier jour du monde.
. . . .
. . . .
Tout s'abaisse et pâlit. La foudre consternée,
Dans un effroi muet attend sa destinée :
Du pôle à l'équateur les méchants répandus,
Sous le poids des remords, gémissent éperdus ;
Au supplice prochain, à la honte éternelle
Ils voudraient dérober leur tête criminelle.
L'un, au milieu des flots, cherche un nouveau trépas ;
Mais les flots dans leur sein ne le reçoivent pas,
Et comme un noir limon, une écume empestée,
Le jettent sur la rive au loin épouvantée :
L'autre, au fond des forêts, dans les antres poudreux,
Croit échapper à l'œil du juge rigoureux ;
Mais sa voix le poursuit ; et pâle, hors d'haleine,
Il accourt aux accents de la voix souveraine.
Les justes cependant lèvent un front serein ;
La surprise, l'amour font palpiter leur sein ;
Et malgré leur espoir, dans leurs traits se déploie
Un mélange incertain et de trouble et de joie.
Ainsi la jeune amante, en ce moment si doux
Qui doit à sa tendresse accorder un époux,
Quand le pontife saint pour les unir s'avance,
Flotte entre la pudeur, le doute, l'espérance,
Et tremble qu'un obstacle, à l'instant suscité,

Ne fasse évanouir trop de félicité.

　Dieu poursuit ses desseins : une scène imprévue
A la fois intimide et console ma vue ;
Des portes de cristal ouvertes dans les cieux
M'offrent des immortels le séjour radieux :
Cent colonnes d'azur en supportent le faîte :
Sous cette voûte d'or quelle pompe s'apprête ?
Quels chœurs mélodieux d'anges, de séraphins,
Des élus du Très-Haut célèbrent les destins ?
Au-dessous, quel séjour d'horreur et d'épouvante !
De bitume enflammé quelle mer écumante !
Quels reptiles affreux ! quels serpents meurtriers
Se dressent, en sifflant, sur ces vastes brasiers !
A l'aspect de leurs dards, de ces feux qui mugissent,
Sur le front du pécheur les cheveux se hérissent :
Il s'écrie : « O fureur ! ô céleste courroux !
» Il est donc vrai, sur moi vont éclater vos coups !
» Des pleurs de sang, des feux, le désespoir, la rage,
» Un abîme sans fond, voilà mon seul partage !
» Maudite soit la main qui punit mes forfaits,
» Et qui brisa la tombe où je dormais en paix.
» Quoi ! mes yeux, à travers cette nuit enflammée,
» Ne verront que la haine à ma perte animée !
» Impitoyable Dieu, pourquoi dans ta fureur
» M'avoir donné des jours dévoués au malheur ?
» Ton invisible bras m'a poussé vers le crime ;
» Je n'ai fait qu'obéir....... et je suis ta victime ?

POETIQUES 373

» Et, pour comble de maux, ton orgueil irrité
» M'accable du fardeau de l'immortalité!. . . .
. . . .
. . . .

LA GRANDEUR DE L'AME.

Un voyageur, parti dès l'aube matinale,
Quand le jour s'est plongé dans l'onde occidentale,
S'il s'égare en sa route et ne découvre pas
L'asile protecteur où tendaient tous ses pas,
S'arrête, et tristement, au fond d'une chaumière,
Attend que le soleil verse encor la lumière.
Ainsi, las des plaisirs qui trompent les humains,
Et, jaloux d'un bonheur qui repose en mes mains,
Je me suis retiré sous mon toit solitaire.
Loin du monde, et content d'un exil volontaire,
J'ai banni de mon cœur les désirs turbulents :
J'élève jusqu'aux cieux mes hymnes consolants ;
Je chante, et chaque nuit, sur la voûte étoilée,
J'admire du Très-Haut la splendeur dévoilée.
   Mais que sert au mortel de promener ses yeux
Sur les vastes tableaux de la terre et des cieux,
Si, toujours insensible à sa grandeur suprême,
Il connaît la nature et s'ignore soi-même ?
Et la terre et les cieux ne l'instruisent-ils pas
Du destin qui l'attend au jour de son trépas ?
Ne lui parlent-ils point de sa haute origine,

De son ame, rayon de la gloire divine ;
De son ame, plus belle et plus sublime encor
Que ces astres bornés dans leur brillant essor ?
  L'ame tend vers les cieux : notre seule faiblesse
La détourne d'un vol digne de sa noblesse.
Celui qui, pour un rang à grands frais acheté,
De cette ame immortelle abaisse la fierté,
Me paraît aussi lâche, en son erreur profonde,
Que Néron déposant la couronne du monde
Pour aller dans le cirque, aux yeux du spectateur,
Solliciter le prix d'un vil gladiateur.
Pleurons sur ces mortels qui, dans leur vain délire,
Des puissants de la terre implorent le sourire.
Moi-même, il m'en souvient, au pied du trône admis,
Et sous les dignités baissant un front soumis,
Je traînai dans les cours, nourri d'inquiétude,
La chaîne de l'opprobre et de la servitude ;
Mes yeux se sont ouverts ; je respire, et mon cœur
Renaît au sentiment de sa propre grandeur.
Esclave si long-temps je m'appartiens encore.
Homme, le seul trésor dont la pompe t'honore,
Ne va point le chercher dans les flancs entr'ouverts
Ou des mines de l'Inde, ou de bruyantes mers :
Il repose en ton sein : ce trésor, c'est ton ame :
Que sa possession et t'élève et t'enflamme :
Par elle l'univers est rangé sous tes lois,
Et par elle tu peux ce que peuvent les rois.
  Analyse tes sens : leur force souveraine

De la terre et du ciel te compose un domaine ;
Tes sens prêtent aux fruits leur suc délicieux ;
Aux chantres des forêts, leurs sons mélodieux ;
A la plaine, l'argent du fleuve qui l'arrose ;
Ses perles au matin, ses parfums à la rose :
Sans eux, tout l'univers muet, désenchanté,
N'offrirait qu'un chaos à ton œil attristé.
Mais bénis du Très-Haut la sagesse profonde ;
Tes sens sont les pinceaux qui colorent le monde.

 Homme ingrat ! qui te plains de ta félicité,
Connais-tu de tes droits toute l'immensité ?
Connais-tu les trésors promis à ta puissance ?
Investi de bonheur et de magnificence,
As-tu bien mesuré tous ces présents divers
Qu'en foule, à tes genoux, dépose l'univers ?
Cette voûte d'azur, d'astres brillants semée,
Chef-d'œuvre du Très-Haut, et par ses mains formée,
S'élève sur ton front, comme un dais radieux.
Pour éclairer tes pas le jour luit dans les cieux.
Lorsque la sombre nuit commence sa carrière,
Pour toi la lune épand sa douteuse lumière,
Te conduit à travers les vallons embaumés,
Te guide sur les flots aplanis et calmés ;
Et prodiguant au loin ses clartés amoureuses,
Adoucit des objets les teintes ténébreuses.
Quand un sommeil profond appesantit tes yeux,
Les riants souvenirs, les songes gracieux
Voltigent sur ta tête, amusent tes pensées ,

Des longs travaux du jour la terre est délassée ;
Et le zéphyr du soir, le calme, la fraîcheur
Te bercent sur ta couche, asile de bonheur.
A peine le soleil a-t-il dispersé l'ombre,
Tes yeux sont éblouis de prodiges sans nombre.
Le monde réveillé proclame ton pouvoir ;
Les champs sont tes greniers, les mers ton réservoir ;
Les animaux domptés devant toi s'humilient ;
A tes goûts, à tes vœux, les éléments se lient ;
Tu règnes sans partage, ingrat ! et cependant
Tu baisses sous le crime un front indépendant ;
Tu flétris ta noblesse, et sous l'œil de Dieu même,
Tu souilles, dans les fers, l'éclat du diadème !

LA CONSOLATION.

Au milieu de la nuit, mon ame consolée,
Par la religion vers son Dieu rappelée,
Passe insensiblement des chagrins à la paix.
Lorsque du haut des cieux, couverts d'un voile épais,
Quelques faibles rayons descendent sur la terre,
Ma muse, s'envolant au séjour du tonnerre,
Et planant au milieu des oiseaux de la nuit,
A de ses doux accords fait retentir le bruit.
Elle a franchi d'un trait cet horizon immense,
Où des mondes lointains le spectacle commence :
Heureuse, et renonçant à des efforts nouveaux,
Elle recueille enfin le prix de ses travaux.
 Ami, d'un froid repos que ton ame s'éveille!
Il est vrai, j'ai voulu séduire ton oreille ;
Et, pour te ramener sous le joug du devoir,
De l'art sacré des vers emprunter le pouvoir.
Ne me soupçonne pas d'une vaine imposture.
Je fus, dans mes leçons, l'écho de la nature.
Elle seule t'éclaire et te dit par ma voix :
« Ces globes, ces soleils, ces mondes que tu vois,
» T'annoncent du Très-Haut la volonté suprême.

» Le jour de ma naissance, il me chargea lui-même
» D'interpréter ses lois, d'instruire les mortels,
» Et de les rassembler autour de ses autels.
» O vous qui gémissez dans l'exil de la vie,
» Supportez vos malheurs ; un jour digne d'envie,
» Un jour luira pour vous, dont la félicité
» Ne verra point de borne à son immensité. »

Quel espoir consolant ! maintenant, si tu l'oses,
Compare, homme insensé, ces biens dont tu disposes,
Ces périssables biens, plus fragiles cent fois
Que le verre, en cylindre, arrondi sous tes doigts,
Avec tous ces trésors d'éternelle durée,
Promis à la vertu du monde retirée.

Sous la voûte des cieux, dont les flambeaux trompeurs
Achèvent de s'éteindre au milieu des vapeurs,
D'un long habit de deuil, de crêpes entourée,
Comme une veuve en pleurs, au désespoir livrée,
Dans son palais désert la Nuit veille et gémit.
L'univers, en silence, autour d'elle frémit :
Son éclat disparaît sous des voiles funèbres....
Vil esclave des sens ! telles sont les ténèbres
Où languit à toute heure, où sommeille en tout lieu
L'ame qui se distrait du commerce d'un Dieu.
Mais si de la raison le sévère langage
Peut obtenir encore ou forcer ton hommage ;
Si dans ces vers, souvent par mes pleurs effacés,
Et pour toi dans la nuit à la hâte tracés,
Il est quelque douceur, quelque charme propice,

N'égare plus tes pas au bord du précipice.
Ami, prête l'oreille à mes derniers discours,
Et que leurs souvenirs t'accompagne toujours.
    J'ai rempli mon devoir ; à l'amitié fidèle,
J'ai voulu te donner des preuves de mon zèle ;
Je le voudrais encor ; mais voilà que je sens
S'affaiblir, malgré moi, mon zèle et mes accents.
Mes esprits sont glacés, ma force m'abandonne ;
Je ne chanterai plus, la nature l'ordonne.
Le sommeil, si long-temps exilé de ces lieux,
Y rentre, et de son sceptre il vient toucher mes yeux.
Doux sommeil, désormais charme mes destinées !
Promets-moi de beaux jours par des nuits fortunées ;
Que tes pavots tardifs assoupissent mes sens ;
Écarte de mon lit les spectres menaçants ;
Mais que l'espoir, la paix, déités inconnues,
Descendant à ta voix sur un trône de nues,
Leur sceptre d'or en main, leurs blonds cheveux épars,
Des roses sur le front, enchantent mes regards !
Du palais où Dieu seul recevra mon hommage,
Que des songes charmants me présentent l'image !
Dieu puissant, seul appui qui reste à ma douleur,
Source de vérité, d'amour et de bonheur ;
Toi, dont le souffle pur, fécondant la matière,
Fit éclore la vie et jaillir la lumière ;
Qui, régnant sur un trône invisible aux humains,
Enfermes les soleils, les mondes dans tes mains,
Seul tu connais l'instant où d'un bras redoutable

La mort doit me lancer le trait inévitable.
Bientôt ces faibles yeux se fermeront au jour;
Mais ne les laisse pas se fermer sans retour;
D'un regard de pitié contemple ma misère;
Que dans mon juge encor je retrouve mon père!

NOTICE HISTORIQUE

SUR

HERVEY.

NOTICE HISTORIQUE

sur

HERVEY.

—

Une vie consacrée à des fonctions augustes, mais obscures, n'est guère propre à conduire à la célébrité; et ce ne sont pas là les héros dont l'histoire se charge de nous transmettre les actions et de conserver les sentiments. Hervey, simple recteur de deux villages, serait mort inconnu dans sa patrie, sans quelques écrits qui attirèrent sur lui l'attention de ses compatriotes. Ce sont ses talents qui ont sauvé de l'oubli ses vertus.

Cet auteur n'écrivait pas pour la gloire, mais pour de l'argent. Tandis que l'Angleterre admirait et lisait ses Méditations, lui, de sa retraite, distribuait aux pauvres les quatorze mille livres qu'il en retira. C'était ainsi qu'il dissipait le revenu de ses deux bénéfices. Malgré son extrême frugalité pour ses dépenses personnelles, c'était tout ce qu'il pouvait faire que d'atteindre le bout de l'année. « Je veux, disait-il, être mon exécuteur » testamentaire. » Aussi ses fonds se trouvèrent presque épuisés en même-temps que sa vie ; et, comme il mourut dans l'hiver, il ordonna qu'on employât le peu qui restait à acheter des habits chauds pour couvrir le pauvre dans cette saison rigoureuse.

Si l'on jugeait de la bonté d'un ouvrage par la rapidité de son débit, les Méditations d'Hervey devraient, au premier aspect, l'emporter sur les Nuits d'Young. Ce dernier ouvrage n'était qu'à sa quatrième édition, lorsqu'on publiait à Londres la quinzième des œuvres d'Hervey. Il s'en faut pourtant de beaucoup qu'Hervey ait un génie original. On ne trouve trop souvent en lui qu'un imitateur d'Young assez faible, qui se traîne sur ses idées, et redit en longue prose une morale que l'auteur des Nuits avait parée de tout l'éclat de la poésie et de toutes les richesses de l'expression. Cependant Hervey n'est pas dénué de sentiment et même d'énergie : ses écrits respirent une sensibilité douce qui vous pénètre et vous attendrit par degrés. C'est un ami pénétré de votre douleur, qui vous ramène, en vous consolant, à la tombe de ceux qui vous étaient chers, fait repasser votre ame sur tous les sentiments qui l'ont déchirée, et achève ainsi d'épuiser doucement ce qui vous restait de larmes, pour vous affermir dans une tranquillité religieuse et durable.

(Extrait de la vie d'*Hervey*, par LETOURNEUR.)

FRAGMENTS

D'HERVEY.

FRAGMENTS D'HERVEY.

TOMBEAU DE L'ENFANT.

Ce marbre éclatant de blancheur
M'annonce d'un mortel la fin prématurée.
C'est un enfant ; d'un lis il avait la fraîcheur ;
Comme lui, d'un soleil il a vu la durée :
  Faible et timide, il ne s'est arrêté
  Qu'un seul moment aux portes de la vie ;
Du berceau dans la tombe, au gré de son envie,
  Il s'est bientôt précipité :
A peine il entrevit ce monde de misère ;
  Il en trouva la coupe trop amère,
Et, détournant la tête, il s'enfuit pour jamais
  Loin des baisers et des chants d'une mère,
  Dans le séjour de l'éternelle paix.

Heureux enfant! l'ambition perfide,
Les noirs chagrins, les peines, les remords

Ne t'ont point infecté de leur souffle homicide...
    Tu n'as point souffert, et tu dors !
Et vous, tristes parents, séchez enfin vos larmes !
    Quittez ces longs habits de deuil !
L'objet de votre amour, soustrait à tant d'alarmes,
    Se repose dans le cercueil.
Que lui reprochez-vous ? c'est une fleur timide,
    Qui, dans ses feuilles se cachant,
D'une fraîche rosée encore toute humide,
    A prévenu l'orage du couchant.

NOTE.

Happy the babe, who privileg'd by fate to shorter labour, and a lighter weight, receiv'd but yesterday, the gift of breath, order'd to-morrow to return to death.

PRIOR.

Heureux l'enfant privilégié, dont le destin abrége la course et les travaux, et qui reçut hier le don ou plutôt le fardeau de la vie pour le rendre dès demain à la mort.

TOMBEAU
DU JEUNE HOMME.

HÉLAS! c'est pour jamais que repose en ces lieux
Un mortel terrassé dans la fleur de son âge!
Quand de pourpre et d'azur brillaient pour lui les cieux,
Sans doute il était loin de prévoir un orage.
L'allégresse, l'espoir faisaient battre son cœur,
Et pour lui l'avenir n'était que le bonheur.
   Déjà de son hymen on disposait la fête;
Et lui, brûlant d'amour, ivre de volupté,
Il disait, en songeant à sa félicité:
« Je vais donc, sans retour, posséder ma conquête!
» Quelques instants encore, et mes bras amoureux
» Sur le lit nuptial, dont la pompe s'apprête,
» Presseront la beauté qui doit me rendre heureux! »
Qu'a-t-il dit? Plus d'amour, plus de lit d'hyménée!
C'est encore de fleurs la tête couronnée
Qu'au milieu des flambeaux et d'un cortége en deuil,
Le front pâle, étendu dans un étroit cercueil,
Il va d'un long sommeil commencer la carrière.

O vous qui partagiez son bonheur incertain,
Jeunes voluptueux, contemplez cette pierre,
Et ne répondez pas de la revoir demain.
　　L'infortuné! Peut-être, achevant sa parure,
Sa jeune amante veille, et sous l'or et les fleurs
Enchaîne mollement sa blonde chevelure,
Et d'un vase embaumé respire les vapeurs.
Meurtris ton sein d'albâtre, ô vierge infortunée!
Celui que sur ta couche aux plaisirs destinée
Attendaient tes baisers et tes bras caressants,
Est immobile, froid, sourd à tes doux accents :
Sa voix ne viendra plus réjouir ton oreille :
Enveloppé d'horreur, de silence et d'effroi,
Auprès de ses aïeux, sans retour, il sommeille
Dans l'éternel oubli de ce monde et de toi.

NOTE.

C'est un malheur de ce genre que Pline le jeune a peint des couleurs les plus touchantes dans une lettre adressée à Marcellinus.

O triste planè acerbumque funus! O morte ipsâ mortis tempus indignius! Jam destinata erat egregio juveni; jam electus nuptiarum dies; jam nos advocati. Quod gaudium quo mœrori mutatum est! Non possum exprimere verbis, quantum animo vulnus acceperim, cùm audivi Fundanum (ut multa luctuosa dolor invenit!) præcipientem, quod in vestes, margaritas, gemmas fuerat erogaturus, hoc in thura et unguenta et odores impenderentur.

O mort vraiment funeste et prématurée! et dans quel temps!..... O idée plus révoltante et plus amère que sa mort même! elle était sur le point d'épouser un jeune homme accompli. Le jour des noces était arrêté : nous y étions déjà invités. Hélas! quel changement! de quelle joie à quel deuil nous avons passé en un moment! Non, je ne peux vous exprimer par des paroles quel coup je sentis dans mon cœur, lorsque j'entendis Fundanus.... (que la douleur est féconde en tristes inventions!) lorsque je l'entendis donner ordre lui-même que tout ce qu'il devait donner pour des bijoux, des perles, des diamants, fût employé en baumes, en essences, en parfums.

TOMBEAU DU RICHE.

Le faste du tombeau qui vient frapper mes yeux,
Cette lampe d'airain, ce marbre ambitieux,
Cet acier que des temps déjà noircit la rouille,
D'un enfant de Plutus m'annoncent la dépouille.
Cet esclave de l'or, le front chargé d'ennuis,
Dans un palais superbe errant toutes les nuits,
Promenant ses désirs de Windsor à Golconde,
S'entourait, en espoir, des richesses du monde.
Au moindre de ses vœux cent rapides vaisseaux,
D'un hémisphère à l'autre emportés sur les eaux,
A travers les écueils, à travers les tempêtes,
Ramenaient, à ses pieds, d'opulentes conquêtes.
Enfin rassasié d'honneurs et de trésors,
Il allait recueillir le prix de ses efforts...
Quand tout-à-coup la pâle et terrible agonie,
Appelant de ses maux la foule réunie,
Le contraint à vider la coupe des douleurs.
Sans doute il s'écriait, les yeux brûlants de pleurs :
« O Mort, n'approche pas, éloigne-toi, cruelle !
» Je ne te suivrai point dans la nuit éternelle :
» Je veux... » La Mort soudain lève un bras irrité,
Et déjà sur son front pèse l'éternité.

NOTE.

. . . . Hâc mente laborem
Sese ferre, senes ut in otia tuta recedant
Aiunt, cùm sibi sint congesta cibaria.

HORAT.

TOMBEAU

DU PÈRE DE FAMILLE.

Je le vois étendu sur un lit de douleur,
Ce père, cet époux si fidèle et si tendre...
Le ressort de ses jours va bientôt se détendre.
Long-temps de sa famille il a fait le bonheur,
Et, tout près d'arriver à son heure suprême,
C'est pour ses fils qu'il tremble, et non pas pour lui-même.
   Deux serviteurs vieillis au sein de sa maison
Attachent sur leur maître un œil mouillé de larmes;
A vivre sous ses lois ils goûtaient tant de charmes!
L'aspect de ses tourments accable leur raison.
Respectueux encor jusques dans leur tristesse,
Ils pleurent, à l'écart, non loin de leur maîtresse.
Ses amis, dont souvent les sages entretiens
Éclairèrent son ame, adoucirent ses peines,
A l'instant où la mort va rompre ses liens,
Où l'art n'oppose plus que des ressources vaines,
Font éclater leur zèle, et dans un chant pieux
Sollicitent pour lui la clémence des cieux.

Mais c'est au fond du cœur d'une épouse éplorée
Que vont se réunir tous les tourments divers :
Amante, épouse, mère, au désespoir livrée,
Elle sent de ses yeux couler des pleurs amers.
Hélas ! qui désormais pourra veiller sur elle,
De ses jeunes enfants pourra former les mœurs ?
Qui lui rendra ces soins, cette amitié fidèle,
Et d'un si long hymen les constantes douceurs ?
Voyez-la se pencher sur ce lit d'agonie,
Dans un voile de lin, éclatant de blancheur,
Du front de son époux recueillir la sueur,
Disputer au trépas le reste de sa vie,
Et, par excès d'amour, déguiser sa terreur.

Cependant le vieillard, accablé de souffrance,
Se résigne aux décrets de l'arbitre éternel.
Ces pleurs qu'il voit couler, ce tableau solennel,
Ses parents, ses amis déjà sans espérance,
Tout redouble les maux de son cœur paternel.
C'est lui qui, d'une voix avec peine entendue,
Exhorte ses amis, sa femme, ses enfants,
S'attache à consoler leur tendresse éperdue,
Et les entoure encor de ses soins vigilants.
Mais il sent que la mort va fermer sa paupière,
Que sa force s'éteint au milieu des tourments.
Il se soulève alors, et veut par la prière
Consacrer son départ et ses derniers moments;
Puis dans ses bras il presse une épouse chérie,
Tend à ses serviteurs une tremblante main,

Appelle ses enfants, et, penché sur leur sein,
Il murmure ces mots d'une voix affaiblie :
« Je meurs, mes chers enfants, il n'en faut plus douter ;
» Mais Dieu, qui ne meurt point, avec vous reste encore;
» C'est votre premier père, et, prêt à vous quitter,
» Pour vos jours à venir ma tendresse l'implore.
» Et vous, ma digne épouse, ah! retenez vos pleurs.
» Je vous laisse, il est vrai, de soins environnée :
» Gardez-vous cependant d'accuser vos malheurs,
» Dieu même veillera sur votre destinée ;
» Il aime à secourir la veuve et l'orphelin :
» Cet espoir me ranime au bout de ma carrière ;
» Et de ce jour funeste il charme le déclin.
» Adieu, mes chers enfants, souvenez-vous d'un père... »
Il dit... son œil mourant, à sa tendre moitié,
Lance un dernier regard d'amour et de pitié.

LA DESCENTE
DANS LES TOMBEAUX.

Pénétrons, sans pâlir, dans ces demeures sombres;
Osons envisager leurs muets habitants.....
La porte, qui gémit sur ses gonds murmurants,
Semble à regret m'ouvrir le noir séjour des ombres.
Mais d'où vient mon effroi? comment à chaque pas
Qui m'approche des lieux consacrés au trépas,
Sens-je un trouble confus, une terreur secrète?
Rassure-toi, mon cœur; les méchants endormis
Languissent, sans pouvoir, au fond de leur retraite,
Et je marche entouré de fantômes amis.
Hélas! autour de moi nul être ne respire!
Quel funeste silence et quelle obscurité!
Une éternelle nuit tient ici son empire...
Je ne vois qu'un désert par la mort habité.
Un rayon incertain de l'aube qui commence
Se glisse dans ces lieux après mille détours,
Et des cercueils rangés sous cette voûte immense
Il vient obscurément éclairer les contours.

A son éclat douteux, incliné vers la terre,
Je cherche à découvrir le nom de ces mortels
Qui du maître des rois partageaient les autels,
Et montaient, en vainqueurs, sur le char de la guerre.
Transfuges des palais qu'ils avaient embellis,
Dans un espace étroit pressés, ensevelis,
Il ne leur reste rien qu'une couche d'argile
Et qu'un bois odorant comme eux-mêmes fragile.
Qu'ont-ils fait des rubis qui brillaient sur leur sein,
Du diadême d'or qui couronnait leur tête,
De ces adulateurs dont le nombreux essaim,
Célébrant, chaque jour, leur nouvelle conquête,
Déifiait pour eux le meurtre et le larcin !
Mon œil n'aperçoit plus sur leur froid mausolée
Qu'un simulacre vain, qu'arrondit le ciseau
Pour figurer aux yeux leur ombre désolée ;
Et tandis que le deuil règne dans leur tombeau,
Ce monde, qui naguère encensait leur fortune,
A genoux et tremblant abordait leur orgueil,
Affranchi maintenant d'une crainte importune,
Danse, rit et folâtre autour de leur cercueil.
Salut, marbres sacrés, urnes mélancoliques !
Les prestiges du monde et ses biens fantastiques
A votre seul aspect n'égarent plus mon cœur,
Et je vois le néant de l'humaine grandeur.
Dieu ! si dans ces moments un fantôme livide
S'échappait du sépulcre à grand bruit agité ;
Si, devant moi, debout dans sa difformité,

Terrible, il balançait une faux homicide ;
S'il me criait : Demain tu seras avec moi.....
Tout mon sang, dans mon cœur, se glacerait d'effroi !
Et quand la voix de Dieu m'avertit, à chaque heure,
Que la terre n'est point mon unique demeure,
Qu'il faut mourir un jour ; indocile et distrait,
J'écoute, sans pâlir, ce formidable arrêt :
A payer mon tribut je ne puis me résoudre,
Et, sans crainte, je marche aux éclats de la foudre.
Jeunes efféminés, c'est en ce triste lieu
Qu'il faut dire au plaisir un éternel adieu.
Ici ne croissent plus ces roses dont vos têtes
Aimaient à se parer dans les joyeuses fêtes ;
Ici plus de festins, de jeux ni de beautés.
Oh ! comme le trépas verse son épouvante
Sur ces objets si doux à vos yeux enchantés !
Toi, qui dans Florella possédais une amante,
Si tu pouvais revoir son front défiguré,
Tu dirais, de surprise et d'horreur pénétré :
« Est-ce bien Florella qui régnait sur mon ame ;
» Celle que poursuivaient mes désirs amoureux ;
» Celle qui, d'un coup d'œil, récompensait m aflamme
» Et semblait me promettre un avenir heureux ?
» Hélas ! en la voyant et si jeune et si belle,
» Mon cœur l'associait à la Divinité ;
» Chaque instant lui prêtait une grâce nouvelle
» Et faisait sous son voile éclore une beauté.
» Quelle horrible pâleur a couvert son visage !

» Dieu ! le ver se nourrit des trésors de son sein !
» Ses yeux glacés, muets, se couvrent d'un nuage,
» Et son cœur ne bat plus sous ma tremblante main !
» Repose, Florella ! dors, ô ma bien-aimée !
» Qu'une ombre impénétrable, autour de toi formée,
» Te cache, sans retour, aux regards indiscrets !
» Que nul autre que moi ne pleure tes attraits !
» En m'éloignant de toi j'emporte ton image.
» Adieu, ma Florella ! ne crains pas désormais
» Que mon cœur à l'argile adresse son hommage ;
» J'aimerai la vertu qui ne périt jamais. »

NOTE.

I passe with melancholy state,
By all these solemn heaps of fate;
And think, as soft and fad I tread
Above the venerable dead :
« Time was, like m' they life possess'd ;
» And tim'will be, when I schall rest. »

Parnell.

Je ne passe point près de ces lieux où la mort entasse les débris de l'espèce humaine, que la mélancolie ne s'empare de moi. Triste et rêveur, en foulant sous mes pieds tous ces morts vénérables, je me dis : « Un temps fut où ils vivaient comme moi : un temps viendra où je serai mort comme eux. »

LE LEVER DU SOLEIL.

Humide encor des vapeurs sépulcrales,
Portons mes pas dans ce vaste jardin.
Du jour naissant les clartés inégales
    Tremblent à l'horizon lointain.
    De la terre fertilisée,
S'élèvent jusqu'aux cieux les brouillards du matin,
    Et mes pieds foulant la rosée,
Marchent sur des tapis de verdure et de thym.
Les habitants des bois, éveillés par l'aurore,
Font retentir les airs de chants voluptueux;
    Et le ruisseau, dans son cours tortueux,
    Baigne la fleur qui vient d'éclore.
Homme, réjouis-toi! que tes sons éclatants,
    Montent au ciel dont la voûte s'épure,
    Avec le chœur des oiseaux du printemps
    Et les parfums de la nature!
Le soleil, revêtu de force et de splendeur,
Jaillit du fond des mers que la pourpre colore :
Avec quel appareil, quel luxe de grandeur,
Il chasse, devant lui, les nuages qu'il dore!
Salut, sacré flambeau! salut, astre fécond!

Les traits de ta vive lumière
Ont percé de la nuit le sein noir et profond !
Roi du monde et du jour, que l'Inde te révère,
Que le Guèbre et le Mage, éblouis de tes feux,
   A ton retour célèbrent ta puissance ;
Que l'hymne matinal de la reconnaissance
Accompagne le cours de ton char radieux :
L'univers leur répond et s'unit à leur joie.
A peine de ton or le faisceau se déploie,
Des prodiges sans nombre attachent nos regards :
     Les plus douces métamorphoses
     Se succèdent de toutes parts :
L'azur des cieux est parsemé de roses.
La nature revêt ses plus brillants atours,
    Et, comme une vierge pudique
Qui s'anime et rougit à la voix des amours,
Elle laisse flotter sa robe magnifique
   Dont les zéphyrs soulèvent les contours.
Arbitre des saisons, voyageur immobile,
Sans toi, sans ton secours, que serait l'univers ?
Un informe chaos, une arène stérile ;
Plus de fleurs, plus de fruits et plus d'ombrages verts.
Tes feux vivifiants enrichissent l'automne ;
Du pampre le plus frais les coteaux sont parés ;
     La sève fermente et bouillonne ;
Le vin rougit nos doigts et coule à flots ambrés.
O soleil ! grâce à toi, tout se meut et respire ;
Rien dans cet univers n'échappe à ton empire.

Monarque de l'Olympe et de l'immensité,
Tes regards des mortels sont la félicité.
Ton front s'est-il voilé, les cieux même gémissent ;
Mornes et sans couleurs les campagnes languissent ;
La forêt retentit de sourds rugissements ;
Du nocturne hibou les longs gémissements
Portent, au fond des cœurs, le trouble et l'épouvante.
Nous marchons au milieu d'une nuit menaçante,
Sans guide, sans appui, de tristesse couverts,
Et la voix du plaisir se tait dans l'univers.

LES FLEURS.

SECONDE MÉDITATION.

TRAVERSONS l'étroite vallée
Dont l'aspect enchante mes yeux.
Que ma surprise est redoublée !
Quel air je respire en ces lieux !
Partout flottent sur mon passage
Le chêvre-feuille et le jasmin ;
Et, sous un dôme de feuillage,
La rose étale son carmin ;
Du fond de leurs brillants calices
S'exhale un parfum virginal.
Ce fut pour l'homme matinal
Que Dieu prépara ces délices.
Celui qu'un sommeil indolent
Sur sa couche retient encore,
Méconnaît l'éclat opulent
Qui suit le retour de l'aurore.
A son réveil la jeune fleur
Déjà se penche sur sa tige,

VEILLÉES POÉTIQUES.

Le zéphir n'a plus de fraîcheur
Et la nature est sans prodige.
Sous les ombrages éternels
Du jardin tracé par Dieu même,
Quelle félicité suprême
Goûta le premier des mortels,
Quand sa paupière appesantie
S'ouvrit aux feux du premier jour!
Son ame fut anéantie
Dans l'étonnement et l'amour.
Entouré de roses naissantes,
Qui sur son front majestueux
Versaient des vapeurs odorantes,
Frappé des sons voluptueux
Qui s'élevaient de la montagne,
Sans doute il dit à sa compagne :
« Entends la voix de ton époux;
» Éveille-toi, beauté chérie,
» Contemple un spectacle si doux :
» Le ruisseau, le bois, la prairie
» Semblent s'éveiller avec nous.
» Qu'une ivresse joyeuse et pure
» Se répande dans tous nos sens ;
» Que nos hymnes reconnaissants,
» Jusqu'au maître de la nature,
» Des fleurs accompagnent l'encens. »
O ciel! quelle magnificence!
Quel coloris brillant et pur !

Quelle fastueuse abondance
De pourpre, d'émail et d'azur !
Quel pinceau délicat et tendre
Varia ces mille couleurs !
Je vois un océan de fleurs
Qui sous mes pas semble s'étendre.
O nature ! dans ta beauté
Laisse-moi t'admirer encore :
Permets que mon œil enchanté
Sur l'écharpe qui te décore
Se repose avec volupté !
De son bleu pâle décorée,
Mais digne du jardin des rois,
Au pied d'un buisson ignorée,
La violette fuit mes doigts ;
Ici, la tulipe inodore
De perles, d'or et de rubis
Tour-à-tour dessine et colore
L'inconstance de ses habits ;
Là, de la tendre tubéreuse
Le manteau velouté s'étend ;
L'œillet d'un panache éclatant
Couronne sa tête orgueilleuse,
Par-tout en globes, en festons,
En guirlandes, en pyramides,
Dans les bois, sur les prés humides,
Flottent d'odorantes moissons.
Homme, chef-d'œuvre de ton maître,

C'est pour égayer tes loisirs
Que les fleurs s'empressent de naître ;
Mais, symboles de tes plaisirs,
Elles brillent pour disparaître.
Oui, jeunes fleurs, vous périrez,
Quand l'hiver, conquérant sauvage,
Imprimera sur ce rivage
Ses pas de glaçons entourés ;
Alors, les ailes déployées,
En foule du sommet des cieux,
Sur les campagnes effrayées
Fondront les vents séditieux ;
Alors, dépouillé de verdure,
Le front chauve, les bras pendants,
Le chêne blanchi de froidure,
Battu des aquilons grondants,
Avec un sombre et sourd murmure,
Se penchera sur les torrents.
Comme une veuve échevelée,
Qui pleure un époux au cercueil,
La terre, d'un crêpe voilée,
Muette, morne, désolée,
Couvrira sa beauté de deuil.
Adieu, gazons, adieu, feuillages,
Berceaux riants et parfumés !
Les éléments se sont armés ;
Il faut céder à leurs outrages ;
Mais ne craignez pas le tombeau :

Le printemps, votre ami fidèle,
Du fond de la nuit éternelle
Relevera votre berceau.
Telles seront nos destinées :
Un jour, victimes condamnées,
Nous tomberons avec effort;
Mais, à la voix du Dieu suprême,
Le front paré d'un diadême
Que ne flétrira plus la mort,
Brillants d'amour et de jeunesse,
Et de lumière et de beauté,
Pour prix d'un instant de sagesse,
Nous irons respirer, sans cesse,
L'encens de l'immortalité.

LE LEVER DE LA LUNE.

Salut, vierge des nuits! ton sourire charmant
Vient égayer des bois l'ombre silencieuse.
    Tout repose dans ce moment;
Verse, du haut des cieux, ta lumière douteuse;
    Que des zéphyrs rafraîchissants,
Que des songes du soir la foule vagabonde
Bercent tous les mortels dans une paix profonde,
Et des maux de la vie affranchissent leurs sens.
Que cet astre, à la fois, est touchant et sublime!
Déjà des monts voisins il a franchi la cime;
Il s'élève, et son char, roulant au haut des airs,
Sème de diamants le dais de l'univers.
A son premier aspect, les vallons et les plaines
Exhalent leurs parfums les plus voluptueux.
Caché dans l'épaisseur d'un pin majestueux,
Le rossignol soupire et module ses peines;
    Le ruisseau fuit plus mollement
    A travers les fraîches prairies;
Tout dispose notre ame aux douces rêveries,
Et la nature entière est un enchantement.

LE MIDI.

L'astre du jour, au milieu de sa route,
Lance ses traits étincelants,
Et de ses feux les plus brillants
Embrase la céleste voûte :
Le voyageur, brûlé par ses rayons,
A travers des flots de poussière,
Cherche de l'œil, sur le penchant des monts,
Une cabane hospitalière ;
Le moissonneur abandonne sa faux
Et le pâtre de la colline,
Vers la source la plus voisine,
Conduit les pas de ses troupeaux.
O mon maître éternel ! En ce jour redoutable,
Où les cieux tomberont l'un sur l'autre écroulés,
Où les mortels, au pied de ton trône équitable,
Apparaîtront en foule interdits et troublés,
Puissé-je, sans terreur, loin des débris du monde,
Loin des feux allumés par ta juste fureur,
Reposer, près de toi, dans une paix profonde,
Et rendre ton amour témoin de mon bonheur !

PRÉSENCE DE DIEU.

Ces mondes enflammés qui roulent sur nos têtes,
Ces atomes errants dans le vague des airs,
La marche des saisons, le fracas des tempêtes,
Tout proclame, à nos yeux, le roi de l'univers.
Je me souviens encor des jours de mon enfance :
Quand, sous un peuplier mollement étendu,
Je contemplais le ciel sur mon front suspendu ;
L'ordre de la nature et sa magnificence,
Je ne sais quoi de noble et de grand, à la fois,
Portait dans tous mes sens une atteinte profonde :
Il me semblait entendre une puissante voix
M'ordonner le mépris de moi-même et du monde,
Et du Dieu de mon cœur me révéler les droits.
J'entrevoyais cet être indépendant et sage,
De tout ce qui respire et le maître et l'appui ;
Et mes jeunes transports, pour monter jusqu'à lui,
A travers les soleils se frayaient un passage.
Aujourd'hui que les ans m'ont enfin éclairé,
Interdit et tremblant à l'aspect de mon maître,
Je ne tourne vers lui qu'un œil mal assuré.
Et je laisse à mon cœur le soin de le connaître.

NOTICE HISTORIQUE

SUR

JEANNE GRAY.

NOTICE HISTORIQUE

sur

JEANNE GRAY.

Edouard VI, roi d'Angleterre, entrant à peine dans la seizième année de son âge, fut attaqué d'une toux si obstinée, que tous les secours de la médecine et du régime ne purent la calmer; et bientôt plusieurs symptômes de consomption parurent. On espérait que la saison déjà avancée, la jeunesse et la tempérance de ce prince, triompheraient peut-être de la maladie. Cependant on voyait, avec une grande inquiétude, ses forces et son embonpoint diminuer tous les jours. Cet état de langueur du roi rendait Nortumberland, son premier ministre, plus appliqué à l'exécution de son projet. Excepté ses créatures, il changea tous ceux qui approchaient de ce prince, et il l'obséda lui-même avec la plus grande assiduité. Il affectait ainsi l'intérêt le plus tendre à sa conservation; et, par tous ses artifices, il le détermina enfin à régler sa succession sur le plan qu'il lui avait suggéré. Par des lettres-patentes du roi, les deux princesses, Marie et Élisabeth, ses sœurs, furent exclues du trône; et, à leur place, on y appela Jeanne Gray, de la maison de Suffolk.

Northumberland, qui n'ignorait pas les obstacles auxquels il devait s'attendre, avait caché soigneusement les mesures que le roi avait prises. Il voulait, avant de les déclarer, avoir les deux princesses en son pouvoir. Il avait eu la précaution, vers les derniers moments d'Édouard, d'engager le conseil à leur écrire au nom de ce prince : on les invitait, de sa part, à se rendre auprès de lui, sous prétexte que, dans l'état où il était, il avait besoin de leurs soins et de leurs conseils. Le roi expira avant leur arrivée; mais Northumberland tint sa mort secrète pour attirer ces deux princesses dans le piége qu'il avait tendu. Marie était déjà à Hoddesdin, à une demi-journée de la cour. Heureusement que le comte d'Arundel envoya secrètement l'informer de la mort de son frère et de la conspiration formée contre elle. Aussitôt qu'elle en fut instruite, elle se retira en diligence à Kenninghall, et ensuite à Franclingham, dans le comté de Suffolk, d'où elle comptait s'embarquer pour la Flandre, s'il lui était impossible de soutenir ses droits à la succession. Elle écrivit aux grands et à la principale noblesse d'Angleterre, pour leur ordonner de prendre la défense de sa couronne et de sa personne. Elle dépêcha un courrier au conseil, et lui manda que la mort d'Édouard n'était plus un secret pour elle; qu'elle était disposée à pardonner toutes les injures passées, et qu'il eût à donner incessamment les ordres nécessaires pour qu'elle fût proclamée reine à Londres.

Northumberland jugea qu'une plus grande dissimulation serait inutile. Il se rendit à Sion-House, accompagné du duc de Suffolk, du comte de Pembroke, et d'autres grands seigneurs ; il se présenta à Jeanne Gray, dont ce lieu était la résidence, avec tout le respect et le cérémonial que l'on doit à sa souveraine. Jeanne ignorait, en grande partie, ce qui s'était passé en sa faveur ; et ce fut avec autant de chagrin que de surprise qu'elle en apprit alors la nouvelle. C'était une des plus aimables personnes du royaume par les grâces de sa figure, la douceur de son caractère, et les lumières de son esprit. Comme elle était du même âge que le roi, elle avait été élevée avec lui, et comme lui ; cette éducation lui fit faire les plus grands progrès dans les sciences sublimes et dans les belles-lettres. Elle possédait le grec et le latin, indépendamment de plusieurs langues vivantes ; elle aimait beaucoup l'étude, et paraissait n'avoir que de l'indifférence pour les occupations ou les amusements d'une personne de son sexe et de son rang. Roger Ascham, tuteur d'Élisabeth, ayant été lui rendre visite un jour, la surprit lisant Platon, tandis que tout le reste de sa famille se divertissait à la chasse : il ne put s'empêcher de lui marquer son admiration sur le choix extraordinaire de ses plaisirs ; elle lui répondit qu'elle en avait davantage à lire cet auteur, que les gens dissipés n'en pouvaient avoir dans leurs jeux et dans leurs fêtes. Son ame, remplie et satisfaite par ce goût vif pour les beaux-arts et par sa tendresse pour un époux digne d'en être l'objet, ne s'était jamais ouverte aux flatteuses chimères de l'ambition; l'offre d'un trône n'eut rien de séduisant à ses yeux; elle eut même le courage de le refuser. Elle insista sur la justice qu'il y avait à préférer les droits des deux filles de Henri VIII aux siens; elle s'étendit, avec force, sur les conséquences qu'elles prévoyait devoir suivre une entreprise si dangereuse, pour ne pas dire si criminelle, et marqua le désir le plus sincère de ne pas renoncer à la vie privée dans laquelle le sort l'avait fait naître. Vaincue, à la fin, par les prières plutôt que par les raisons de son père, de son beau-père et surtout de son époux, elle se soumit à leurs volontés, et leur sacrifia ses répugnances. Il était alors d'usage, pour les rois d'Angleterre, de passer les premiers jours de leur avénement à la couronne, dans la tour; Northumberland y fit conduire, sur-le-champ, la nouvelle souveraine. Tous les conseillers furent obligés de la suivre dans cette forteresse. Devenus, en quelque sorte, prisonniers de Northumberland, ils se trouvèrent forcés d'obéir. Le conseil donna des ordres pour que Jeanne fût proclamée reine dans tout le royaume; mais ses ordres ne furent exécutés qu'à Londres et dans les environs.

Pendant que les choses se passaient ainsi dans la capitale, les peuples des diverses provinces se soumettaient à Marie. Northumberland, que jusqu'alors l'ambition avait aveuglé, s'aperçut enfin du péril qui le menaçait : il sortit de Londres à la tête des troupes qu'il avait rassemblées à la hâte; mais la victoire se rangea du parti de la reine, qui fit bientôt son entrée triomphante à Londres. Elle commença par faire punir de mort le duc de Northumberland, et fit instruire le procès de Jeanne Gray. Warnigg fut chargé de préparer cette infortunée princesse à la mort. Il y avait long-temps qu'elle s'y attendait. Son innocence et les malheurs de sa vie lui avaient appris à les prévoir sans effroi. La reine, sous prétexte d'un tendre intérêt au salut de sa victime, lui envoya des théologiens qui la tourmentèrent pour la convertir. On lui accorda même un sursis de trois jours, espérant que, dans cet intervalle, ils parviendraient à la persuader. Jeanne eut assez de présence d'esprit, dans cette circonstance, non-seulement pour défendre sa religion par tous les arguments qu'on employait alors, mais encore pour écrire une lettre en grec à sa sœur, et l'exhorter à conserver une constance égale dans toutes les situations où la fortune pourrait la placer. Le jour marqué pour l'exécution de Jeanne, son époux, le lord Gilfort, demanda ardemment à la voir; mais elle eut le courage de refuser cette douloureuse entrevue. Elle lui manda que la tendresse de leurs derniers adieux amollirait trop leurs ames, dans un moment où elles avaient besoin, l'une et l'autre, de toutes leurs forces. « Notre sépara- » tion, ajoutait-elle, durera moins qu'un éclair; nous » allons nous rejoindre en des lieux où nos cœurs se- » ront unis pour toujours, et où la mort, les revers et » les infortunes ne troubleront plus notre éternelle » félicité. »

On avait décidé de faire exécuter Jeanne et son

époux au même instant et sur le même échafaud ; mais le conseil craignit la sensation que cette scène ferait sur le peuple. Les ordres furent changés, et l'on fit décapiter Jeanne Gray dans l'intérieur de la tour. Elle vit passer Gilfort, que l'on conduisait au supplice, et attendit tranquillement l'heure où elle devait subir le même sort. Elle vit bientôt repasser, dans un char sanglant, le corps de son époux. On lui apprit qu'il était mort avec beaucoup de fermeté. Ce récit parut redoubler la sienne jusqu'à lui faire soutenir un spectacle si cruel. Le gouverneur de la tour la supplia, en la conduisant au lieu du supplice, de lui donner quelques bagatelles qu'il pût conserver toute sa vie, comme la chose du monde la plus précieuse, dès qu'il les tiendrait de sa main. Elle lui donna ses tablettes, où elle venait d'écrire trois maximes que l'aspect du cadavre de son époux lui avait inspirées : l'une en grec, l'autre en latin, et la troisième en anglais. Lorsqu'elle fut sur l'échafaud, elle fit un discours pathétique aux spectateurs : la douceur de son caractère s'y peignit d'une manière attendrissante ; elle avoua qu'elle s'était rendue coupable moins par ambition que par respect pour ses parents, auxquels on lui avait appris qu'elle devait obéir ; qu'elle voulait prouver, par sa résignation à son arrêt, le désir sincère d'expier une faute qu'un excès de piété filiale lui avait fait commettre ; qu'elle était punie avec justice pour avoir été l'instrument, quoique involontaire, de 'ambition d'autrui ; qu'elle espérait que l'histoire de sa vie aurait l'utilité de montrer que la pureté des intentions ne justifiait nullement les crimes de fait, sur-tout lorsque ces crimes tendaient, en quelque sorte, à nuire au bien public. Après avoir dit ces mots, elle se fit déshabiller par ses femmes, et tendit son col au bourreau avec une contenance calme et assurée. Le duc de Suffolk fut exécuté immédiatement après elle. Il aurait excité plus de compassion, si sa témérité n'eût pas causé la mort tragique et prématurée d'une fille si intéressante.

TABLE

DES MATIÈRES

CONTENUES

DANS CE VOLUME.

OSSIAN.

	Pag.
Notice explicative	v
Discours préliminaire	vij
Hymne du soir	1
Oïna	3
Notes d'Oïna	8
Darthula	10
Notes de Darthula	27
Chant de Fingal sur la ruine de Balclutha	29
Minona	32
Notes de Minona	42

TABLE

	Pag.
Hymne au Soleil	43
Olgar et Sulmina	45
Carthon	50
Notes de Carthon	63
Combat de Fingal et du fantôme de Loda	65
Comala, poëme dramatique	69
Notes de Comala	77
La mort d'Hidallan	78
Lorma	82
Notes de Lorma	92
Minvane	93
Évélina, fragment du poëme de Fingal	95
Lathmon	99
Note de Lathmon	108
La mort d'Oscar, fils de Caruth, et de Dermide, fils de Diaran	109
Les chants de Selma	113
Chant de Minona	115
Chant d'Ullin	118
Morni et l'ombre de Cormal	126
La mort d'Agandecca, fragment du poëme de Fingal	128
Note d'Agandecca	133
La bataille de Témora, poëme en six chants	135
Chant Ier	137
Notes du chant Ier	151
Chant II	153

DES MATIÈRES.

	Pag.
Notes du chant II	162
Chant III	164
Notes du chant III	177
Chant IV	178
Notes du chant IV	188
Chant V	189
Notes du chant V	198
Chant VI	200
Notes du chant VI	211
Armin et Galvina	212
La guerre d'Inistona	216
Notes de la guerre d'Inistona	223
Uthal	224
La mort de Gaul	231
Notes de la mort de Gaul	244
Les adieux d'Oscar et de Malvina	247
Ossian à Sulmala	250
Notes d'Ossian à Sulmala	252
Dernier hymne d'Ossian	253
Notes du dernier hymne d'Ossian	260
La fête d'Oscar, fils d'Ossian	261

VEILLÉES POÉTIQUES.

Première Veillée	269
Note	277

TABLE

	Pag.
Seconde Veillée.	280
Note.	287
Troisième Veillée.	288
Note.	297
Quatrième Veillée	301
Cinquième Veillée	307
Sixième Veillée.	314
Vue d'un Cimetière de campagne	323
Job, poëme lyrique.	331

FRAGMENTS. NUITS D'YOUNG.

La Nuit et la Solitude	343
Narcisse.	348
Note.	352
Le Caractère de la Mort	353
Le Temps.	356
La Crainte de la Mort	361
L'Amitié	367
Fragments du Jugement Dernier.	370
La Grandeur de l'Ame	374
La Consolation	378
Notice historique sur Hervey	385

FRAGMENTS D'HERVEY.

Tombeau de l'Enfant	389

DES MATIÈRES.

	Pag.
Note.	391
Tombeau du Jeune Homme	392
Note.	394
Tombeau du Riche.	395
Note.	396
Tombeau du Père de Famille	397
La Descente dans les Tombeaux.	400
Note.	404
Le Lever du Soleil	405
Les Fleurs.	408
Le Lever de la Lune	413
Le Midi.	414
Présence de Dieu.	415
Notice historique sur Jeanne Gray	419

FIN DE LA TABLE.

www.ingramcontent.com/pod-product-compliance
Lightning Source LLC
Chambersburg PA
CBHW071059230426
43666CB00009B/1762